国家社会科学基金项目（立项编号：16BJY071）研究成果

宁波大学非公有制经济研究院项目成果

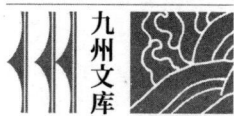

# 制造业智能化升级的机理、路径与策略研究

韩明华 郑大亮 著

九州出版社
JIUZHOUPRESS

**图书在版编目（CIP）数据**

制造业智能化升级的机理、路径与策略研究 / 韩明华，郑大亮著 . -- 北京：九州出版社，2023.7

ISBN 978-7-5225-1936-4

Ⅰ. ①制… Ⅱ. ①韩… ②郑… Ⅲ. ①智能技术 - 应用 - 制造工业 - 产业结构升级 - 研究 - 中国 Ⅳ. ①F426.4-39

中国国家版本馆 CIP 数据核字（2023）第 117776 号

**制造业智能化升级的机理、路径与策略研究**

| | |
|---|---|
| 作　　者 | 韩明华　郑大亮　著 |
| 责任编辑 | 高美平 |
| 出版发行 | 九州出版社 |
| 地　　址 | 北京市西城区阜外大街甲 35 号（100037） |
| 发行电话 | （010）68992190/3/5/6 |
| 网　　址 | www.jiuzhoupress.com |
| 印　　刷 | 唐山才智印刷有限公司 |
| 开　　本 | 710 毫米×1000 毫米　16 开 |
| 印　　张 | 15 |
| 字　　数 | 269 千字 |
| 版　　次 | 2024 年 6 月第 1 版 |
| 印　　次 | 2024 年 6 月第 1 次印刷 |
| 书　　号 | ISBN 978-7-5225-1936-4 |
| 定　　价 | 95.00 元 |

# 前　言

当前，新一代信息技术与制造业的深度融合，对中国制造业发展形成巨大挑战，也为中国制造业的转型升级、创新发展带来了重大机遇。伴随新一轮科技革命与产业变革，我国制造业迈向高质量发展的新阶段，以数字化、网络化、智能化为核心，在互联网、新一代信息技术等"软要素"的支撑下，带动制造业的智能化转型升级，是新形势下中国数字经济与实体经济融合发展的主要方向，也是加快培育优质生产力和新动能的重要突破口。本书沿着智能化这一制造业升级发展主线，结合我国制造业发展现实需求，对制造业智能化升级机理、路径及策略进行了深入研究，以期为通过"智能化"发展加快推进我国制造业质量变革，实现新旧动能接续转换提供一定的理论支持及应用参考。

本书在对现有理论进行系统梳理的基础上，首先从不同层面和角度对制造业智能化升级的内涵进行了界定，并对制造业智能化升级的本质、动因及趋势进行深入分析；其次，对制造业智能化升级的过程、动力系统的结构及其运行机理展开分析，进而分别基于内部和外部两个维度对制造业智能化升级的驱动要素进行识别，并进一步对各要素与制造业智能化升级的关联及其效应发挥作用的机理和过程进行深入剖析。在此基础上，通过微观层面企业调研及问卷调查所获取样本数据的统计分析，对研究提出的理论模型进行了检验；再次，通过查阅、收集大量相关运行数据，结合我国制造业发展现状分析，明确制造业智能化升级的机遇与挑战，并在国内外推动制造业智能化升级及企业典型实践应用案例分析的基础上，总结出可借鉴的经验与启示；接着，从生产流程、价值网络及基于互联网思维三个维度出发提出我国制造业智能化升级的主要路径选择；最后，提出制造业智能化升级的推进策略。

全书共分9章：

第1章：绪论。主要包括对研究背景、意义、目标等的阐述。

第2章：研究综述与理论基础。主要包括对国内外相关研究情况及技术创新、产业结构优化、全球价值链、比较优势、产业融合等相关理论的系统梳理，为全书研究奠定了必要的理论基础。

第3章：制造业智能化升级的内涵、趋势及动因。主要包括对制造业智能化升级的内涵及本质特征以及制造业智能化升级动因及趋势的深入分析。

第4章：制造业智能化升级的驱动机理分析。主要包括对制造业智能化升级过程以及制造业智能化升级动力系统结构及其运行机理的分析；由此识别出制造业智能化升级的驱动要素，并在深入分析各要素对制造业智能化升级的作用机理的基础上，提出相应的概念模型和理论假说。

第5章：制造业智能化升级驱动机理的实证分析。主要包括对基于访谈、调查所获取样本资料数据的统计分析，对制造业智能化升级驱动机理的理论假说及概念模型进行的实证分析与检验。

第6章：国内外制造业智能化升级实践经验总结与借鉴。主要包括结合我国制造业发展实际对我国制造业智能化升级所面临的机遇与挑战进行分析；系统总结世界制造业智能化演化与发展历程；通过对主要工业发达国家推动制造业智能化升级及国内企业智能化升级典型实践应用案例的调查分析，对我国制造业智能化升级可借鉴的经验进行总结。

第7章：制造业智能化升级的路径选择。主要从生产流程、价值网络及基于互联网思维三个维度出发，提出制造业智能化升级的路径选择。

第8章：制造业智能化升级的推进策略。主要从培育产业重点、资金投入、环境建设、人才队伍建设、政策落实见效、引导促进中小企业智能化升级改造等方面提出制造业智能化升级的推进策略。

第9章：结论与展望。对本书研究结论加以总结，并针对本书研究的局限性及未来研究进行了展望。

本书主要研究结论如下：

1. 制造业的智能化升级是一个动态发展的过程，其内涵具有多方面性和多层次性。物联网化、融合化、协同化、互联化是其所具有的本质特征，而重塑制造业竞争新优势、满足用户多样化需求、促进产业价值链的优化提升和体系重构以及缓解环境与资源约束矛盾则是制造业智能化升级发展的主要动因。制造模式的智能化、社会化，生产组织的网络化、平台化，产品模式的规模化、定制化以及服务模式的延伸化、互联化等领域的变革发展是制造业智能化升级的重要趋向。

2. 研究发现动力系统是制造业实现智能化升级的"能量源"，在情境制度能力、双元成长、组织习惯以及组织学习等动力系统构成要素间耦合、协同与互动下，为制造业向更高层次的智能化跃迁提供不竭动力。同时，动力系统的运行会受到由客体所产生的市场需求、信息技术发展以及政策变化等外部驱动要素以及由主体所主导的创新能力、技术能力和人力资源等内部驱动要素的影响。

3. 分析发现，我国制造业发展在取得巨大成就的同时，还面临着劳动生产率偏低、产品附加值不高、自主创新能力弱、资源能源利用率较低、相关产业配套不协调、产能过剩较为严重、产业结构有待进一步优化等诸多矛盾。新发展阶段，我国制造业迎来以数字化、网络化、智能化为引领实现深度转型的战略发展机遇，同时也面临着来自高端制造向发达国家回流以及低端制造向新兴国家转移等方面最为严峻的挑战。

4. 国外制造业智能化升级实践经验为我国制造业智能化升级从制定相应配套的产业政策、对产业发展战略进行适应性调整、鼓励企业大范围协同参与、合理布局企业智能化升级进程、推动制造技术与新一代信息技术的深度融合结合以及构建数字化和智能化服务平台等方面提供了有益的借鉴。

5. 我国制造业可分别从生产流程、价值网络及互联网思维三个维度出发选择适宜有效的智能化升级路径，具体包括：基于制造业生产流程，以关键制造环节为核心的智能化升级路径；基于价值网络连接的制造业产业链横向协同与人机纵向集成的智能化升级路径；基于"互联网+"的制造业新业态、新模式的智能化升级路径。

6. 可从培育产业重点、推进资金投入多元化发展、营造制造业智能化发展的良好环境、加强人才队伍建设、加强政策执行以及积极引导促进中小企业智能化升级改造等六个方面采取相应的推进策略，以保障制造业智能化升级的顺利实施。

# 目　录
## CONTENTS

# 第 1 章

# 绪 论

## 1.1 研究背景与问题提出

经过 40 多年的改革开放，我国制造业持续快速发展，已建成全球门类最齐全、规模最大的工业体系，综合实力不断增强，国际地位明显提升，确立了世界制造业大国的地位。工信部数据显示，2018 年，中国发电设备产量 1.06 亿千瓦，约占全球总量的 61%；汽车产量 2780.8 万辆，约占全球汽车产量的 1/3。在 500 余种工业产品中，有 220 多种产量居世界第一；2019 年中国工业增加值占 GDP 的 38.6%①；工业软件市场规模达到 1678 亿元，约占全球比重的 43.1%②。中国正逐步成为工业软件与制造业融合的强国。中国工程院等机构联合发布的《2019 中国制造强国发展指数报告》显示，2018 年中国制造强国发展指数为 109.94，处于全球第三阵列的前列，在美国、德国、日本之后，名列全球第四，其中规模发展指数（55.16）为近年来最高值且持续位居各国首位。③但长期以来中国制造业一直处于"大而不强"的局面，当前我国制造业增加值率为 21% 左右，这与工业发达国家约为 35%—40% 仍存在较大差距，同时我国人均制造业增加值只有 3000 多美元，仅为发达国家水平的 1/3。此外，我国制造业的发展还面临产业层次和附加值低，大部分集中处于产业链的中低端环节，传统制造业比重比较大，创新能力不强，核心技术薄弱，共性技术缺位，资源浪费、污染严重等诸多难点和瓶颈。且从生产技术和生产方式上来看，目前我国庞大的制造业主体产业大多仍处于"工业 2.0"和"工业 3.0"发展阶段，智

---

① 以上数据来源于：世界银行数据库，网址为 https：//data. worldbank. org. cn/。
② 王云侯. 中国工业软件发展白皮书（2019）[R/OL]. 赛迪顾问，2018-08-03.
③ 以上数据来源于：《21 世纪经济报道》，网址为 https：//m. 21jingji. com/article/20191229/herald/dc4c17dd15b9c66bd18688ebd15b908f. html.

能化生产的"工业 4.0"模式仅散点式体现在较少量的制造业企业中。而随着生产要素资源和市场资源等制约的日益趋紧,我国制造业竞争力的比较优势正逐渐丧失,因此尽快摆脱依靠资源环境消耗、长期处于价值链低端、低附加值和低利润空间的局面,向高端和高附加值领域寻找出路,成为我国制造业发展面临的严峻现实问题。

另一方面,世界制造业的发展在经历了以蒸汽机、大规模流水线生产和电气自动化为标志的三次工业革命之后,进入以云计算、大数据、可穿戴设备、智能移动互联网以及物联网等为代表性技术的第四次工业革命时代。新一代信息通信技术的广泛渗透对制造业的生产方式、发展模式带来了革命性的影响,信息化、自动化、智能化日益成为未来制造业发展的核心内容。而随着新一代信息技术,特别是物联网、互联网等技术与制造业渗透融合进程的不断加快,制造业也再次成为各国竞争的焦点,发达国家纷纷实施"再工业化"和"制造业回归"等战略,如美国制定的"先进制造伙伴计划""先进制造业国家战略计划",德国政府推出的"工业 4.0"等战略,力图抢占高端制造市场扩大竞争优势。与此同时,新兴经济体依靠资源、劳动力等比较优势,以更低的要素成本承接劳动密集型产业的转移,也进一步对我国制造业提出了挑战。

因此,在发达国家制造业的"高端回流"以及新兴经济体的崛起下,如何顺应新一轮科技革命与全球制造业产业变革,通过融入智能化、互联网等高附加值要素,在互联网、新一代信息技术等"软要素"的支撑下,带动制造业的智能化转型升级,已成为新形势下我国尽快实现由"制造大国"向"制造强国"转变所面临的重要课题。

## 1.2 研究意义

当前,以服务化、绿色化、智能化为代表的智能工业的发展趋势日趋明显,新一代信息技术与制造业的深度融合,催生了新的生产方式、新的商业模式和新的经济增长点,对中国制造业发展形成巨大挑战的同时也为中国制造业的转型升级、创新发展带来了重大机遇。面对先进制造发展的最新形态,以数字化、网络化、智能化为核心,通过物联网、互联网、大数据、云计算等技术,促进制造业向智能化方向的转型升级,成为"中国制造"突破价值链低端锁定困境,实现由"低端制造"向"高端制造"转变的主攻方向和重要突破口。为此,从深刻揭示制造业智能化升级的内涵等基本问题入手,在正确把握制造业智能化升级趋势及其动因的同时，针对制造业智能化升级机理、路径、策略等问题展开深入研究，具有重要的理论意义和现实意义。

### 1.2.1 理论意义

随着制造技术与网络技术、数字技术、智能技术等集成应用的加速发展，制造业的智能化发展日益受到广泛关注，并逐渐成为制造业发展领域的研究热点。

基于制造业智能化发展的重要性和先进性，针对现有研究所存在的缺憾，本研究所体现的理论意义在于：

（1）在以往从技术创新、产业结构优化、全球价值链等方面对制造业升级问题所进行的相关研究的成果基础上，将"智能化"作为提升制造业科技含量与创造价值能力的核心要素纳入制造业升级的研究范畴内，是对该领域理论研究的进一步拓展和补充。

（2）通过深入分析制造业智能化升级的驱动机理，构建升级机理模型，从而为认识和理解制造业智能化升级驱动要素及其之间的因果关系提供了一个理论分析框架，具有一定的理论增值价值。

（3）沿着智能化这一制造业的发展主线演进，本研究对制造业智能化升级的趋势、动因及其影响展开考察分析与深入探讨，揭示了制造业智能化升级的内涵、基本特征，对于进一步认识和理解制造业智能化升级的本质，明确制造业智能化转型升级方向，推动制造业向智能化转型升级具有重要的理论指导意义。

### 1.2.2 现实意义

世界经济发展历史表明，制造业是国民经济的重要支柱，也是工业化和现代化的主导力量。长期以来，制造业一直是我国经济快速增长的重要动力，但随着发达国家以重振制造业为核心的"再工业化"战略的实施，中高端制造环节开始出现向发达国家回流的态势；同时，随着"中国制造"低成本竞争优势的逐渐丧失，越南、菲律宾、墨西哥等发展中国家和地区凭借更低的资源、劳动力成本等比较优势开始积极承接劳动密集型制造业的转移。面对全球经济下滑、发达国家制造业战略实施以及发展中国家成本冲击等多重不利因素的叠加影响，我国制造业近年来呈现出增速放缓，处于"上挤下压"的发展态势。因此，在当前全球产业分工体系重构和新一轮工业革命正在展开，我国制造业进入发展换挡期的关键时刻，开展对制造业智能化升级的研究具有多重的现实意义。

（1）以制造业智能化升级这一全球发展趋势为背景，研究从制造业智能化升级的内涵入手，在分析我国制造业智能化升级所面临的机遇与挑战基础上，对制造业智能化升级可实现路径进行分析与探索，对破解制造业升级难题，实现内涵化、可持续发展具有重要的实践指导意义。

（2）通过对日本、美国、德国等工业发达国家以及国内制造业智能化升级典型实践应用案例的调查分析，归纳、总结出可借鉴的经验与启示，对推进我国制造业智能化升级具有重要的借鉴价值。

（3）在对制造业智能化升级机理、路径等问题深入剖析的基础上，进一步提出制造业智能化升级的推进策略。一方面，有助于理顺我国制造业智能化升级的发展方向；另一方面，对于相关部门采取相应措施推动制造业智能化改造和高端化发展具有一定的应用参考价值，从而为推动制造业智能化转型升级提供必要保障。

## 1.3 研究目标

高端智能化是制造业发展的重大趋势，使未来制造业的创新特点发生了显著变化，因而也成为中国制造业产品创新和生产模式创新的重要手段和驱动力。基于此，以制造业智能化升级为研究对象，通过本研究旨在实现以下目标：

（1）在系统梳理国内外相关研究基础上，准确把握"智能制造"的内涵、形态与本质，明确制造业智能化升级的动因及其影响。

（2）准确识别制造业智能化升级驱动要素，厘清各要素与制造业智能化升级的关联及其效应发挥作用的机理和过程。

（3）通过对国内外制造业智能化升级实践经验的归纳总结，找出我国制造业智能化升级的推进过程中可借鉴的启示。

（4）从生产过程、价值网络及基于互联网思维三个维度展开，对我国制造业智能化升级进行路径设计。

（5）从培育产业重点、资金投入、环境建设、人才队伍建设等四个方面提出制造业智能化升级的推进策略。

通过明晰制造业智能化升级机理，对我国制造业智能化升级路径进行设计，进而提出制造业智能化升级的推进策略，本研究有望：一方面，为理论界进一步深入研究制造业智能化升级问题提供理论指导；另一方面，力图为相关政府部门制定产业政策及切实可行的发展策略保障制造业智能化升级提供必要的决策依据与参考。

# 第 2 章

# 研究综述与理论基础

## 2.1　制造业智能化升级相关研究综述

在互联网、大数据、物联网、云计算等新兴技术的支持下，制造业进入了一个新的发展时期，信息技术与制造技术深度融合的数字化、智能化制造成为今后制造业发展主线。为适应新的经济环境要求，制造业有效利用新兴技术推行智能化升级，不仅可以快速提升自身的技术创新能力，还可以对其他相关产业产生关联波及效应，进一步调整和优化产业结构，在全球化经济竞争中获得竞争优势。

关于智能化升级的研究，国内外研究的内容虽然不同，但本质上是相同的。总体来说，主要围绕工业 4.0、智能制造、工业互联网、信息化和工业化深度融合以及制造业智能化升级等方面展开。

### 2.1.1　工业 4.0 的研究综述

工业 4.0 最早由德国提出。工业 4.0 是工业生产方式新一轮的革新，通过利用互联网、云计算、模型构建、大数据等新的技术手段为工业生产带来革命性的变化（Gruber，2013）。德国政府在 2013 年将"工业 4.0"项目加入《高技术战略 2020》的十大未来项目中，其目的是通过应用物联网等新技术提高德国制造业水平（罗文，2014）。工业 4.0 项目在很大程度上是计算机信息技术深层次的应用，属于第三次工业革命中最重要的部分（Keinert et al.，2015），其并不是某个产业或企业的升级，而是围绕工业产品全生命周期各环节的全面提升（赵福全、刘宗巍，2016），是一种集思维创新、技术创新、系统创新、模式创新于一体的生产服务全过程创新（高歌，2017），并通过智能数据分析和互联系统相结合，给工厂改造和生产管理模式带来巨大改变（Olukorede et al.，2019）。

目前，相关研究对德国工业 4.0 计划的理解和认识概括起来主要有以下几个方面：

首先，认为德国工业 4.0 的核心技术是虚拟网络—实体技术（CPS）。通过这个技术，将制造智能化，在 CPS 这个网络平台上，大量功能强大，自主控制的微芯片（嵌入式系统）互联互通，实现机器与机器之间的对话，代替以往人控制的活动（郭政，2014）。这种技术无论是后台的控制设备还是在前段嵌入制造设备的 IT 控件，都可以通过人工开发的软件系统进行数据处理和指令发送，从而达到智能化和人工实时控制的目的（丁纯等，2014），从而能够使制造过程更加智能化（Yu Cheng Chiang et al.，2018）。工业 4.0 通过提高生产过程的灵活性、迅捷度和生产效率，让生产者能对顾客需求做出快速反应，为企业采用新业务模式奠定技术基础（唐林伟等，2020）。

其次，认为"智能工厂"和"智能生产"是德国工业 4.0 研究的两大主题。在智能工厂里，人与机器能够自由地交流，这主要涉及智能化的生产系统、过程及网络分布生产设施的实现；而智能生产则包括整个企业的生产物流管理、人机互动及 3D 打印机的应用等，从而形成高度灵活的网络产业链（罗文，2014）。工业 4.0 生产模式将知识型员工与智能机器组合，其生产的设备、过程及产品具有智能特征（孟涛等，2017）。其中，智能化生产能够完全满足消费者个性化定制需求（李春梅，2019），生产流程的智能化则是实现工业 4.0 的关键。

最后，认为德国工业 4.0 的双重战略主要包括供应商领先战略和市场领先战略。供应商领先战略强调德国装备制造业通过技术创新和信息集成为制造企业提供技术解决方案，将顶尖的技术解决方案和信息技术新潜力结合起来，形成制造企业核心竞争优势（胡权，2015）；市场领先战略强调将德国国内制造业作为主导市场加以培育，率先在德国制造企业内加快推进"工业 4.0"（郭政，2014）。实际上，德国工业 4.0 是一种综合的战略体系（高歌，2017），而在战略的选择上，德国工业 4.0 更加注重让中小企业参与其中，使中小企业成为智能化生产的使用者和受益者，借助创新网络，形成新的创新联盟。

因此，工业 4.0 是通过虚拟生产与现实生产的结合，来提升制造业的灵活性和工程效率的一种新型生产模式（胡晶，2015；吕铁等，2015），通过建设信息物理系统，融合虚拟网络世界与实体物理系统，将资源、信息、物体以及人员紧密联系在一起，实现生产由集中向分散、产品由大规模趋同向个性化定制转变（高歌，2017）。这种新型的生产模式代表了生产制造过程中信息化和工业化之间的交互关系，对于未来智能制造业的发展有着重要的意义（王喜文，

2014）。

### 2.1.2 工业互联网的研究综述

工业互联网是工业 4.0 的重要组成部分（Siqing Shan et al.，2020），它的发展有力推动了新一轮工业革命的兴起。在对工业互联网的理解方面：2012 年美国通用电气公司发布的白皮书认为，工业互联网是开放、全球化的网络，通过将人、数据、智能资产和设备连接起来，并结合云计算、大数据等技术，提高生产效率，降低成本，减少资源的消耗，从而促进新一轮革命的发生（肖俊芳，2014）；IIC（2015）提出工业互联网是由实物、机器、人与计算机及其网络组成的进行数据整合与数据分析的全球开放式智能工业系统。也有部分学者认为，工业互联网就是通过将大数据、传感器和人机结合起来，突破智慧和机器的界限，从而实现工业生产的网络化、智慧化、柔性化和服务化（李培楠等，2015）。因而，工业互联网就是将互联网技术融入工业领域中，利用软件分析技术充分释放其潜能，从而提高工业效率（胡晶，2015），其基于机器、产品、系统及人之间的互联，运用大数据、互联网、云计算等新兴技术对获取的信息和数据进行分析，并反馈到工业生产中，最终实现最优化结果的信息解决方案（石进等，2020）。作为新一代网络信息技术与制造业深度融合的产物，工业互联网是现代化生产中重要的技术条件（任力，2020）。尽管相关研究在对工业互联网的表述上有所不同，但对工业互联网始终涉及人、智能机器和高级数据分析软件三大要素的认识是一致的。此外，有学者还指出工业互联网的发展需要合适的价值共创模式的推动，认为其发展的终极形态应是工业互联网平台生态系统支持下的拉式经济（马永开等，2020）。

在对于工业互联网落脚点分析方面主要包括资产优化和运营优化两方面（闵杰，2015），认为其核心本质是互联网渗透并打通企业经营管理信息系统、生产管理信息系统、工业控制系统和生产线设备，将实体设备、人、产品等相互联系，实现企业内外部生产、经营等环节互通和数字信息处理和共享，从而提升决策水平和效率，降低成本，并推动新模式、新业态和新产品的产生（王建伟，2015）。

基于平台角度来看，工业互联网平台是面向制造业数字化、网络化、智能化需求的开放式、专业化服务平台（李君等，2018），是平台经济在工业领域的创造性应用，是由数字技术驱动的工业新生态（李燕，2019），主要包括分布式 IT 资源调度与管理、工业资源泛在连接与优化配置、工业大数据管理与挖掘、工业微服务与 IT 微服务库以及覆盖工业全生命周期的环境与工具服务等核心功能五个方面（李君等，2019）。

在工业互联网作用方面，认为工业互联网可以改变企业的生产技术和已建立的价值链，实现商业模式创新，保持制造企业竞争力（Leobbeck et al.，2015），是建设制造强国的重要基石和建设网络强国的重要内容，也是网络基础设施演进升级的重要方向（陈肇雄，2018）。工业互联网能够通过优化资源配置模式、生产制造流程、运营管理决策以及促进商业模式创新实现价值升级、制造模式升级管理升级以及业态升级，进而促进制造业的转型升级（王一晨，2019）。

总体说来，工业互联网的目标就是提高生产效率，降低生产成本。从未来发展趋势来看，主要分为四个方向：制造业服务化、定制个性化、组织分散化及制造资源云化（胡晶，2015）。因此，互联网和工业的融合创新不仅有利于发挥各自的优势，还可以加快构建现代产业体系，优化我国经济结构，转变经济发展方式（王建伟，2015）。

### 2.1.3　智能制造的研究综述

信息时代的制造业发展将由数控机床到柔性制造系统、信息计算机系统，最终将走向智能制造系统（贾春玉，2001）。智能制造就是利用自动化技术、传感技术、人工智能技术、网络技术，达到智能化感知、交互与执行（周济，2015），实现对产品全生命周期进行实时管理和优化的智能化制造系统（王媛媛等，2016）。作为一种新型生产方式，智能制造具有自感知、自学习、决策自执行、自适应等典型特征（景熠等，2017；孟凡生等，2018），作为设计、生产、管理、服务等制造活动各环节的主线，通过信息通信技术对产品全生命周期进行控制（吴旺延等，2020），包括产品、装备、生产、管理以及服务的智能化（韩江波，2019）。从集成的角度来看，智能制造是一种由智能机器和人类专家共同组成的人机一体化智能系统，它在制造过程中能进行各种智能活动，从而取代相应的人力劳动（孟俊焕、孙汝军、姚俊红、张秀英，2005），在生产过程中通过使用数据密集型技术达到对顾客定制化需求的智能高效分析（Thoben K D et al.，2017）。

有学者认为智能制造应当包含智能制造系统如多信息感知与融合、联想记忆、智能控制等以及智能制造技术如智能数据库技术、智能数控技术等具体技术两个方面（朱剑英，2013）。并进一步指出智能制造系统是以智能制造技术为基础组成的系统，是由各种智能子系统，并按学习维护级、组织决策级与调度执行级的三层次递阶构成智能递阶层次模型（孟俊焕等，2005），其与传统制造系统有着本质上的区别，具有获取信息并以此来进行自主决策、实现人机一体化、拥有学习和自我维护能力三大特征（幸权等，2011），极大地提高了制造业的生产效率，降低了生产成本；智能制造技术则是将数字制造技术与智能化的方法相结合，特别是将智能化的方法和企业管理结合，形成一种新型的管理模式，如智能企业资源计划、智能制造资源计划等（朱剑英，2013），并指出智能制造技术的发展还能促进组织变革，使管理职能呈现重构趋势（陈旭升等，2020）。

通过智能化的方法和制造技术相结合，可以优化企业的采购、销售与服务，实现企业的零库存，加快市场响应。

### 2.1.4　信息化与工业化深度融合的研究综述

"两化"深度融合是"两化"融合的高级阶段（金江军，2011），是指信息化与工业化在更大的范围、更细的行业、更广的领域、更深的层次、更实的应用、更多的智能方面实现彼此交融（胡晶，2015），其分别是在战略层面上的融合和在转型意义上的融合（姜奇平，2011）。童有好（2008）认为"两化"深度融合其实就是发展战略、工业资源与信息资源、工业实体经济与虚拟经济、工业技术与信息技术、工业装备和 IT 设备之间的融合；魏少平（2011）基于具体技术方面将"两化"深度融合划分为技术融合、产品融合、业务融合以及产业衍生四个层次；耿有维（2012）认为"两化"深度融合是指推进信息技术、信息资源、信息产品等信息要素，渗透融入工业企业的所有领域中，形成新的企业经营方式、组织形态和产业可持续发展模式，转变工业经济发展方式，构建现代工业体系的过程；吴志远（2013）指出信息化与工业化深度融合的重要意义在于信息技术及其理念对工业化过程中经济社会的系统性输入。因此，顾珂里（2014）指出"两化"深度融合可以认为是企业能力和信息化能力的融合，是信息价值与企业价值的融合，也是信息技术和业务全面融合的过程，主要包括智能化机器、数据存储直接处理及安全问题以及专业与复合型人才三大要素（胡晶，2015），而产品信息化、集成应用创新、产业集群"两化"融合、产生新业态则是未来"两化"深度融合的四个发展方向（胡晶，2015）。此外，国内学者还分别对"两化"深度融合从意义、应用领域、存在的问题、方向和措施及其与"两化"融合的区别等方面进行了研究（史炜，2010；王晰巍，2010；胡新，2011；易明，2011；张劼圻，2011；陈潮昇，2012）。

对"两化"深度融合影响因素的研究则主要集中在外部环境，包括有效竞争、市场推动、物流信息化、工业增长方式、社会经济环境（陈火全，2010；

王洪海等，2010；茶洪等，2010；王高山等，2012）等；以及内部环境，包括企业信息化改造能力、目标、人才智力支持、管理水平、信息系统（王洪等，2010；茶洪旺等，2010；崔建军等，2011；王高等，2012；王敏等，2012）。

其他相关研究还包括：利用 R&D 的研发费用、环境责任、经济增长、信息化的投入等评价指标衡量"两化"深度融合程度（陶长琪，2011；李从春，2011；李婷，2012）；推进"两化"融合的路径选择（荣宏庆，2013；顾珂里，2014）以及信息化和工业化深度融合对企业技术创新的影响等（梁益琳等，2019）。总之，"两化"融合的深度发展，既是发展我国国民经济、推动工业发展的必要，也是减少资源、能源及环境压力的需要（于乐，2012），作为新型工业化的精髓（耿有维，2012），其主要任务是推动互联网、区块链、大数据、人工智能、云计算等与实体经济的广泛深入融合（刘九如，2018），进而提升工业经济发展质量，优化产业结构，促进区域经济高质量发展（孙承志，2020）。

### 2.1.5 工业 4.0 与制造业智能化升级的研究综述

Kagermann、Helbig & Hellinger 等（2013）认为智能化是工业 4.0 的本质特征，是以智能工厂为核心，建立起一整套规模化、定制化的产品设计、生产及服务模式；黄英艺（2015）分析了德国推进工业 4.0 的主要战略意图，就是推动德国传统制造产销模式向以大数据分析及其应用为主的智能化制造模式转型，利用信息网络和物理生产系统的融合改变传统的生产方式，转向智能化的生产制造。由于工业 4.0 是实现泛在感知条件下的信息化制造，张曙（2014）指出工业 4.0 的实质就是利用先进的信息技术，有效地优化产品的设计和制造过程，其将智能化、数字化和服务化作为制造业的发展方向，从而实现制造业的高端化发展（杜传忠等，2015）；李政新（2015）分析认为工业 4.0 一体化过程提供的端到端的透明度，还有利于优化决策、实时管理和调整布局；The Boston Consulting Group（2015）指出由于人机结合，工业 4.0 生产模式中整个生产系统的运转速度和效能将提高 30% 和 25%；王喜文（2015）认为工业 4.0 的智能化制造在降低生产成本的同时实现了产品多样性、缩短开发周期，实现工厂运营的全面优化变革。因此，安晖（2015）指出"工业 4.0"以信息物理系统为中心广泛开展技术创新，充分依靠智能制造提升产业竞争力，可以有力地推动制造业"智能化"的转型升级。刘光富、严荣爱、陈晓莉（2016）进一步指出工业 4.0 作为一次全新的生产制造模式的变革，其最终目标是实现智能化互联互通的制造业生产，这种智能化生产模式实质上是以一定规模定制化生产满足消费者独特需求的个性化智能产品（孟涛等，2017）。

### 2.1.6　工业互联网与制造业智能化升级的研究综述

工业互联网整合了工业革命和网络革命的优势，且具有智能机器和高级分析的特点，其发展将给制造业带来一个完全智能的自动化工厂（Kagermann et al.，2013），并改变传统生产模式及传统要素结构，打破产业升级的地理限制与边界限制（闫敏等，2016）。因此，工业互联网为我国制造业进一步的发展创造了新的机遇（邢帆，2014）。肖俊芳（2014）认为工业互联网的发展将为工业要素配置、生产制造模式方面带来众多创新，加快工业生产向网络化、智能化、柔性化和服务化转变，推动我国制造业和信息业的融合；李培楠、万劲波（2015）指出现阶段我国制造业的发展依然离不开工业互联网的支持，认为"互联网技术+平台型企业"将成为未来制造业企业发展的范式，为制造商带来各种先进的数据分析，并将促进中国制造业的产业升级；王建伟（2015）认为互联网可以帮助制造企业加强产品生命周期的管控能力，实现制造企业服务化，形成大规模个性化定制、社区营销等创新模式，延长价值创造周期，提升企业的利润空间；孟涛、周小柯（2017）认为，工业互联网的发展及物联网、服务网与生产制造的深度融合，将使生产制造模式改变，传统工厂向智能工厂升级；吕文晶、陈劲、刘进（2019）指出，工业互联网是中国制造业智能化转型的核心，实施智能制造，建设工业互联网企业级平台是中国制造业企业转型升级的主要方向；李燕（2019）提出，工业互联网平台为我国产业升级及经济高质量发展开辟了新的路径，引领生产方式智能化变革，促进产业提质增效升级。因此，工业互联网不但可以整合制造业价值链的每个环节，还可以融合市场上相互独立的生产单元，对行业内外的供应链都能进行整合，产生协同效应，从而达到"1+1>2"的优化效果（刘俊博，2015）。

### 2.1.7　智能制造与制造业智能化升级的研究综述

智能制造现已成为制造业发展的主流趋势。在传统制造业走向高端制造业的过程中，发展智能制造成为主要途径。路甬祥（2010）指出数字化的工厂降低了劳动力成本，提高了制造业的运行效率；王雷、陈畴镛（2013）认为智能制造将替代传统的经营方式和管理体制，市场的反应速度加快；左世全（2014）认为智能制造不仅是实现制造业升级，重塑制造业新优势的内在要求，还可以拓宽产业的施展空间；董鹏（2015）通过分析认为数字化制造满足了市场个性化的需求，定制化的生产方式也得以逐渐发展起来；姜巍（2015）则指出智能制造将产生新的业态和生产模式，如制造服务化；肖静华、毛蕴诗、谢康（2016）认为互联网和大数据的智能制造新体系可以提高企业智能化制造转型升级能力；吕铁（2019）提出要以智能制造为重点推进企业数字化转型。可见，作为一种生产条件和技术环境，智能制造为制造业升级提供了条件，促成了经济结构积极变化（李景海，2019），由于其能够更有效地提升生产效率、降低废品率、节约人力成本、减少风险等，因此是解决我国传统制造业转型升级的最直接的路径（陈瑾等，2019），也是我国制造业转型升级的必然选择（王剑，2018）。

### 2.1.8 "两化"深度融合与制造业智能化升级的研究综述

Morgan（2005）认为高质量的信息化投资能够产生可观的信息化效应，而信息化和工业化高水平的融合，可以有效地缩短制造业生产过程中的时间，这也是提高制造业竞争力的关键；周振华（2008）、周叔莲（2008）以及史炜（2010）分析认为"两化"深度融合目的就是一种优化和升级，以信息化带动工业化，以工业化促进信息化的发展，加快工业化的发展升级；陶长琪（2009）、金江军（2009）认为信息化和工业化特别是新型工业的融合是技术进步的必然结果，其动力来自技术推动、需求拉动及政府引导，能够带动产业的发展和跨越；魏少平（2011）认为信息技术与传统工业的深度融合，还可以提升工业产业生产效率和附加值，降低研发成本，促进传统工业转型升级；金江军（2011）分析指出"两化"深度融合推动了传统制造业向先进制造业的转变；吴冈（2013）指出两化的融合是一种高层次深度融合，融合的核心是信息化，信息化成为贯穿两化融合的主线，推动着产业的转型升级；荣宏庆（2013）则认为"两化"深度融合是工业转型升级的主要驱动力；李峰（2015）进一步指出了在经济新常态下，"两化"深度融合可催生出新型生产经营和可持续发展模式，促进制造业与服务业的融合，提升制造业网络化、智能化水平，实现生产过程的敏捷化与柔性化，对制造业智能升级发挥着积极作用（刘琳，2020）。

## 2.2 制造业智能化升级的理论基础研究

关于制造业智能化升级的研究与讨论一般始于"工业4.0""工业互联网"等一系列新概念、新战略的提出，因此对其理论基础的研究仍是一个有待进一步深入探索的领域。同时，制造业的智能化转型升级由于涉及技术创新、产业结构优化、价值链的延伸与重构以及产业融合发展等诸多方面，因而涵盖了较为广泛的要素内容，从而具有较为丰富的理论基础。通过对制造业发展研究史的系统梳理，可以发现制造业的智能化升级是对技术创新、产业结构优化、全球价值链、比较优势、产业融合等理论的进一步提炼和升华。

### 2.2.1 技术创新理论

制造业智能化升级的主要原因之一就是技术创新的推动，可以说制造业的智能化升级是在技术创新的基础上发展起来的。因为创新活动就是不断地追求发展与超越，特别是对于以技术为主的制造业来说，技术创新将成为推动企业转型升级的重要因素，同时技术创新对现代经济增长也起着重要的助推作用。

技术创新理论最早是由 Joseph A. Schumpeter（1912）在《经济发展理论》一书中提出，认为创新主要包括新产品、新方法、新市场、新供应来源和新组织形式五个方面的内容。此后，各个理论学派先后出现，逐渐形成了四大学派，即新古典学派、新熊彼特学派、制度创新学派以及国家创新系统学派。新古典学派以索洛为代表，建立了索洛增长模型；新熊彼特学派以卡曼等人为代表，在强调企业家创新的同时，分析涉及技术创新的环境、前提条件以及长波变动模式，侧重研究企业的组织行为、市场结构等因素对技术创新的影响；制度创新学派以道格拉斯为代表，认为建立一个能持续激励人们创新的产权制度用以提高个人收益，才能使得技术创新活动持续进行；国家创新系统学派以纳尔逊为代表，提出技术创新活动是由国家推动的，强调国家专有因素对技术创新活动的影响。综合起来，对于技术创新概念可分别从微观和宏观两个方面理解，从微观角度来看，技术创新就是企业家抓住市场的潜在盈利机会，通过产品创新和工艺创新来获取商业利益的重要手段；从宏观角度分析，技术创新是一个国家的经济实力和综合国力的重要影响因素（彭玉冰，1999；徐洁，2009）。

现阶段，关于技术创新对制造业的影响国内外学者已经进行了较为广泛的研究。Nash 在 1994 年分析了技术创新对产业竞争优势的形成具有重要作用（李垒，2007）。国内学者以北京制造业为例进行实证分析得出结论，认为提升中国制造业竞争力的关键是提高技术创新能力，技术创新是我国制造业获取竞争优势的源泉（赵彦云等，2005；王章豹等，2007）。此外，部分学者通过建立指标体系对制造业的技术创新能力进行评价研究，得出技术创新活动不仅能够有效地降低生产成本，使企业获得成本、价格优势，提升企业的利润空间，还可以促进产业升级，优化制造业产业结构（李垒，2007；冯志军，2012；何师元，2015；米雯静，2015）。

技术创新对企业绩效、产业结构升级以及智能制造的发展都有较为显著的影响，且对企业绩效的影响存在着滞后效应（单春霞等，2017）。而无论环境规制强度和其他因素变化与否，只要技术创新水平提高，就会促进产业结构升级（时乐乐等，2018），其产出和扩散均会促进产业结构优化，但技术创新水平对产业结构优化存在显著门槛效应（吴振华，2021）。同时，制造业服务化也可通过技术创新推动产业结构转型升级（胡昭玲等，2017）。与国家政策、新一代信息技术、人才建设、集成互联、数字化转型等因素相比，技术创新对智能制造发展的正向影响是最为显著的（孟凡生等，2018）。

### 2.2.2　产业结构优化理论

制造业智能化升级优势之一是可以利用制造业发展推动产业结构优化与升级。关于产业结构优化，罗斯托最早在《经济成长的过程》（1953）一书中提出，伴随着经济成长由低级向高级演进，主导的产业群也发生着改变，从而推动着产业结构的改变，而产业结构的优化就是要选择好的主导产业，通过主导产业的发展推动经济的增长。在此基础上，日本学者筱原三代平明确了日本的产业结构划分的基准，并对产业结构如何优化升级进行了详细探讨，认为产业结构优化升级不仅要率先在生产率上升快的主导产业中优化升级，还要在需求增长快的产业中优化升级。美国学者赫希曼在1997年的《经济发展战略》书中进一步深入探讨了产业结构优化，认为在资源有限的国家和地区，应该重点发展一些产业关联度高的主导产业，这些主导产业产生的向后、向前及波及效应，会带动整体产业结构的调整与发展，从而调整产业结构优化升级，推动整体的经济发展。通过对产业结构理论的深入研究和探讨，更多学者开始重点关注产业结构优化升级的理论，至此产业结构优化升级理论基本形成。

国内关于产业结构优化升级的研究主要涉及产业结构优化升级的内涵、判别标准、影响因素及其实证分析这四大方面。国内最早提出产业结构优化升级的是学者周振华，在《产业结构优化论》一书中提出产业结构优化实质就是产业结构的合理化和高度化，即生产要素从低效率生产部门向高效率生产部门转移（赵庆，2018）。可见，产业结构优化的内涵是指在国民经济整体效益最优化的目标下，根据资源条件、经济发展水平、人口环境素质等因素，实现各生产要素的合理配置，从而使得产业结构升级、技术和资金密集度提高，以产业结构合理化带动产业结构高度化，推动各产业的协调发展（熊义杰，2007；陈树良，2008；李红梅，2010；张立厚，2010）。此外，部分学者提出了产业结构优化不仅仅包括产业结构的合理化、高度化，还需要高效化、高级化，才能够真正实现经济增长、社会进步、生态环境的和谐发展（黄继忠，2002；张立柱，2007）。因此产业结构优化的本质内涵就是通过产业结构调整，使得产业结构水平、质量不断提高的过程。

关于产业结构优化的判别标准，常见的模型有产业结构标准模式、库兹涅茨的标准结构、钱纳里-赛尔昆模型等（吕政，2000；杨公仆，2005）。在此基础上，有的学者则采用 KLEMS 方法和数据库为核心构建产业结构优化升级评测体系进行深入研究（张建华，2008）；此外，还有些学者将我国各地区各产业部门的比例关系和劳动生产率的乘积作为产业结构优化的测度指标，得出上海、北京和天津三个直辖市的产业结构高度显著大于 1 的结论，认为上海、北京、天津已经完成了工业化（刘伟，2008）。陆小莉、姜玉英（2021）则以"四化"为视角，对京津冀产业结构优化效果进行了综合测度，并由此提出了非参数几何评价这一新方法用于测度产业结构优化水平。由此，我国产业结构优化的衡量基准逐渐形成带有自身特点的体系。

在产业结构优化的影响因素方面的研究主要包括三个方面，经济增长因素、主导产业因素、技术进步因素（Porter，2000；Peneder，2003；Daveri，2004；Masakazu et al.，2008）。此外，有些学者认为产业结构优化还受到环境因素及生产力因素影响，因为产业结构高级化的过程中会受到巨大的环境负荷压力，而且劳动力作为最重要的生产要素，其数量和质量都对产业结构的优化升级产生影响（夏平华，2008；张学江，2009）。此外，栾申洲（2018）发现，对外贸易与外商直接投资对于中国产业结构优化的影响均为先抑制后促进，两者之间为 U 型关系；胡晓双、裴潇（2020）通过研究发现财政分权对本地及相邻地区的产业结构优化升级具有显著抑制作用，环境税负对本地产业结构的溢出效应并不显著，但二者的协同作用对本地与相邻地区的产业结构优化升级有显著的正向影响效应。现阶段，产业结构优化区域发展呈现不平衡的特点，我国产业结构优化的主要障碍因素主要包括：污水集中处理率、城镇登记失业率以及能源消费弹性系数等（施生旭等，2020）。同时，产业结构优化对区域创新效率的影响在地域上存在差异性（李东海，2020）。

在产业结构优化的实证分析研究方面，学者们基本通过建立模型来分析，主要分为四大模型，基于投入产出法的计量模型和基于博弈论的产业结构优化模型、多目标规划计量模型、基于系统动力学理论的计量模型（唐晓华，2005；马树才，2005；陈树良，2008；林春艳，2011），利用模型将区域产业结构中的各种相互关联的因素联系起来，形成一个复杂系统，并对这个系统进行分析，选出既符合实际经济情况又符合全局的产业结构调整方案，有助于调整和优化产业结构。此外，部分学则利用多元统计分析方法、协同学方法、灰色理论方法、模糊综合评判以及 DEA 测度等方法对产业结构优化进行了具体测量，认为通过对产业结构优化的测量，可以反映一个国家或地区的产业结构相对于目标结构的接近程度，从而更好地建立结构紧凑、相互协调而又具有经济效益的产业体系，同时可以更好地实现经济活动对提高资源配置效率的追求（姜照华，1999；宋锦剑，2000；赵卓，2004）。

### 2.2.3 全球价值链理论

随着经济全球化的兴起，国际贸易发展速度明显高于各国经济增长，全球化趋势日益显著。同时，由于生产的全球配置出现新特征，国际分工纵向深入，制造业的发展方式与内部结构也发生着巨大的改变，其当初面临的产业结构优化升级局面已经转变为在全球价值链背景下进行产业结构调整。因此，在全球价值链背景下，提升制造业在全球价值链中的份额和地位成为其升级过程中亟待解决的问题。

全球价值链理论是在 20 世纪 80 年代西方发达国家全面推进全球化战略的背景下产生的。

表 2-1 归纳了全球价值链理论的演进过程，其中由波特提出并发展起来的价值链理论是全球价值链的理论根源。

表 2-1　全球价值链理论的演进过程

|  | 企业价值链理论 | "片段化"价值链理论 | 全球商品链理论（GCC） | 全球价值链理论（GVC） |
|---|---|---|---|---|
| 代表人物 | 波特 | Kogut | Gereffi 等 | UNIDO、英国 Sussex 大学等 |
| 时间 | 20 世纪80 年代中期 | 20 世纪80 年代中期 | 20 世纪90 年代中期 | 20 世纪90 年代末 |
| 主要观点 | 企业与企业的竞争，不只是某个环节的竞争，而是整个价值链的竞争 | 生产过程的"片段化"，价值链组成环节在全球空间范围内的配置 | 围绕某种产品的生产形成的一种跨国生产组织体系 | 以产品为轴线的全球性跨企业网络组织。着重研究产品的增值环节、价值链内企业关系与利益分配 |

波特在 1985 年出版的《竞争优势》一书中书中提出了价值链（Value Chain）的概念，认为企业的价值创造过程主要由一系列增值活动所组成，这一

过程包括基本活动与辅助活动两大环节。其中，基本活动主要包括内部后勤、生产作业、外部后勤、市场和销售、服务等环节；辅助活动主要由企业基础设施、人力资源管理、科学技术开发和采购等部分构成。以上两个环节中互不相同但又相互关联的生产经营活动，构成了一个创造价值的动态过程，即价值链。以此为基础，Kogut、Dewatripont 等学者进一步扩展了价值链的范围，将价值链上升到国家高度，将企业价值链与国家价值链相融合，提出了全球价值链的内涵，但是并没有准确提出价值链的概念。20 世纪 90 年代，Gereffi（1999）等学者在价值链等理论的基础上将价值链的概念与产业的全球组织直接联系起来，提出了全球商品链（Global Commodity Chain，GCC）的分析框架，认为在经济全球化背景下，商品生产过程被分解为不同阶段，围绕某种商品的生产形成一种跨国生产组织体系，把分布在世界各地不同规模的企业、机构组织在一个一体化的生产网络之中，从而形成了全球商品链。全球商品链理论大致上体现了产业间分工被产业内分工取代、产品间分工被产品内分工取代的全球产业组织的重大转折，但却不能清楚地说明全球范围内的产品价值创造体系中不同价值环节彼此间的交互作用以及商品价值创造、分配、获取等过程中利益分配机制的原理。因此，为了弥补价值链理论与全球商品链理论的局限性，基于价值环节在企业之间分割、组合及其在全球布局的现象，研究者们在融合价值链和全球商品链理论等的基础上提出了全球价值链（Global Value Chain，GVC）的概念和相关理论。Gereffi（2001）在分析全球范围内产业联系以及产业升级问题时，在 GCC 基础上提出了全球价值链（Global Value Chain，GVC）的概念，揭示了全球产业的动态性特征及其价值创造、分布和分配格局。全球价值链是指在全球范围内为实现产品或服务价值而连接生产、销售、回收处理等过程的全球性跨企业网络组织，涉及整个企业经营过程（Sturgeo et al.，2001；Kaplinsky et al.，2002），其优势就在于提供一种基于网络的、用来分析国际性生产的地理和组织特征的分析方法，揭示了全球产业的动态性特征及其价值创造、分布和分配格局（查志强，2008）。可见，全球价值链是在垂直专业化分工的背景下产生的（范永忠，2019），随着各国中间品贸易不断增加，跨越多个国家的垂直贸易链不断延长，每个国家只在商品生产的某个或某几个环节进行专业化生产的分工与贸易（刘宏曼，2018）。对发展中经济体来说，一种观点认为发展中经济体通过融入 GVC，借助"技术溢出效应"，通过"干中学"提高生产率和技术水平，从而逐步向更高附加值环节攀升，但当地政策、制度和环境会影响"干中学"的实际效果（杨翠红等，2020）；另一种观点则担心全球价值链分工可能会对发展中经济体造成价值链低端锁定（吕越等，2018）。

全球价值链理论抓住了全球经济的一体化和具体产业的分散化两者相辅相成这一根本特点，结合宏观和微观两个角度分析当前国际分工状况，明确了不同企业在价值链中处于不同环节的决定因素，以及由此所决定的各自不同的发展战略。因此，随着研究的发展，全球价值链理论作为一个更加成熟的理论，目前已经转化为分析性的研究工具，为解决产业发展问题提供了一个系统性的理论框架：一是，将一个产业或产品的各个价值环节和辅助环节进行分割，然后再将这些环节有机组合成一个完整的价值增值过程，由此就可以基本判断出各个环节的增值程度和空间转移的程度；二是，根据自身条件和价值链的治理模式来找到最合适的切入点或价值环节；三是，根据该价值链条的增值路径安排未来发展战略，谋求产业升级。

### 2.2.4 比较优势理论

随着新一轮技术进步带动全球生产方式和分工格局加速调整，比较优势的变化影响着制造业的国际分工以及地区分工。传统比较优势理论是建立在要素结构不变、要素不可跨国流动、规模报酬不变等假定基础之上的，因而是一种静态的比较优势，其实质就是相对成本优势，其强调本国相对丰裕低级要素的使用，忽视本国高级要素的培育和积累，因而易导致一国陷入比较优势陷阱（吴杨伟等，2018）。为此，从 20 世纪 40 年代以来，学者们围绕着结构变化、技术进步、专业化分工和产品生命周期等方面展开研究，将静态比较优势动态化。随后，学者们还通过产业内贸易理论和相对效用价格比原则两方面对比较优势的认知进行了拓展（吴杨伟等，2018）。现阶段，对制造业比较优势的分析主要从以下四个方面展开：

基于制造业竞争优势来源，邝国良等（2004）通过对珠三角的轻工业制造业研究得出，其发展很大程度上是建立在比较优势的基础上；孙彦平（2006）研究中国制造企业具有比较优势的产业及其存在优势的原因，再通过"贸易竞争指数"进行定量分析，得出中国制造业在密集劳动产业上具有比较优势，在此基础上结合"比较优势陷阱"，提出中国制造企业的发展需要从比较优势向竞争优势进行转变；李钢等（2009）通过实证对中国制造业的比较优势和竞争优势之间的关系进行进一步探究，得出这两者之间并不存在矛盾，目前中国的劳动密集型产业仍然最具比较优势，而最具有竞争优势的产业也是劳动密集型产业，竞争优势变化和比较优势变化之间具有高度联系；黄群慧、贺俊（2015）认为当前全球制造业分工条件下，中国制造业经历多年发展已经在模块化架构及部分大型复杂设备领域内形成比较明显的竞争优势，未来中国制造企业应当加强技术积累，加快建立对于模块化创新的主导权，促使产品架构向模块化发展进行转变，缩短技术生命周期和产品生命周期，主导产品设计的技术路线，使中国制造企业在全球制造业体系中处于比较优势地位。

基于劳动力成本变化，贺聪等（2009）以修正后的单位产出劳动力成本作为指标，将2000—2006年间我国制造业和主要外贸竞争对手的单位产出劳动成本进行对比研究，指出我国劳动成本的比较优势正在减弱；Costinot（2009）对国际贸易理论与国内生产率差异进行分析，指出大国的经济和生产劳动效率决定国家各部门的生产团队规模，且更好的机构和受过更多教育的工人是技术密集型产业比较优势的来源；Melitz和Cuñat（2012）指出劳动力市场的灵活性是波动性较高的部门的比较优势的来源；刘新争（2012）指出我国制造业需要根据劳动成本上升这一因素，转变依靠廉价劳动力发展的外生经济型发展方式，来"倒逼"制造产业进行升级；程承坪等（2012）通过脉冲响应函数分析劳动力成本对我国制造业国际竞争力的影响，提出短期内劳动力成本提升明显地促进了制造业的国际竞争力，但是在长期发展内这种影响是相对均衡增长水平；赵丹妮（2014）提出劳动人员生活成本的上涨带动了劳动力成本的提高，新生代的劳动人员的工作理念和过去阶段存在着不同，这导致我国在劳动力方面的绝对优势正在逐渐下降，再加上相邻国家的竞争，我国在劳动密集型产业上的比较优势正在不断地丧失；娄杰（2015）将我国制造业的劳动密集型产业、生产工序等和发达国家的制造业进行对比，得到我国制造产业在劳动成本上还存在比较强的比较优势，但是相对于其他发展中国家，这种优势正在减弱。

基于国际竞争、技术进步和结构转型，Keesing（1966）、Baldwin（1971）等学者最初就将技术进步和资本作为比较优势的最可能来源；Chor D.（2009）对Eaton-Kortum（EK）模型进行扩展研究，得到产业在生产所需的因素和制度条件上存在着不同，而且各个国家对于一些特定行业要求能力存在着差异，这些因素结合起来就导致比较优势的形成；Le Q. P.（2010）对越南的比较优势产业进行分析，认为经过改革计划后，越南的比较优势结构从初级原材料加工向劳动密集型制造业迅速转变，之后制造业又慢慢向技术密集型发展，然而尽管制造业存在着比较优势，但依然不能靠出口带来显著的增值收益；Harada（2012）提出研发中存在着两种学习效应，即后向和先进的优势，即如果经济分为先进和后向部门，由于后向部门占据着优势地位，就会导致这种比较优势进行循环重复，而先进部门所带来的前瞻性优势也会建立相应稳定的比较优势，这样就导致即使在贸易自由化后那些优势部门依然处在动态的比较优势下；刘丹（2012）对当前全球制造业分工情况进行分析，提出我国制造业需要建立动态比较优势，尽早使我国的制造业从"中国制造"转向"中国创造"；陈长缨（2013）对我国制造业的比较优势发展情况进行总结，指出我国从开始的初级产品出口过渡到以劳动密集型产品出口，但是并没有在相应的资本密集型产业建立比较优势，反而在较为"先进"的部分技术密集型和知识密集型产业率先获得了比较优势，先进部门呈现跨越式发展；周劲（2013）通过分析日本和韩国的制造业情况，提出需要实时提升资源要素禀赋，培养制造业动态比较优势，确立符合我国制造业发展长期战略，并且对相关"先进"产业进行扶植，从而实现制造产业的升级；钱书法等（2017）指出我国本土企业融入全球价值链的过程中要避免无条件无原则地贯彻比较优势原则，以避免因难以掌握关键技术，丧失对价值链的主导权，应将"引进来"与"走出去"进行有机结合，这样既能够发挥我国比较优势，又能够主动引领区域价值链的构建；顾国达（2017）则进一步提出一国高技术产业出口的比较优势可依靠信息化增进。而卢万青、陈万灵（2018）通过研究发现，要建立技术比较优势，完善的营商环境只是一个必要条件。

基于劳动力成本和劳动生产率的合理性，王耀中、杨宝良（2000）通过对劳动生产率、劳动力成本和资源要素等数据进行分析，指出比较优势不足会导致潜在优势难以转化成产业比较优势；吕政（2003）通过对中国制造业比较优势的实证分析，认为劳动力廉价的比较优势是相对的，在技术密集型产业中，这种比较优势相对较弱，因此需要重视制造业劳动生产效率的提高；徐佳宾（2005）对中国制造业成本和劳动生产率进行综合分析，认为劳动比较优势应该是劳动力优势和效率的综合结果，并指出产业升级时不仅需要考虑劳动资源和合理应用问题，还需要注意提高可利用素质；岳希明、任若恩（2008）通过对1980 到 2007 年间我国单位劳动成本和实际有效汇率的测算，指出中国制造业的比较优势不仅取决于劳动力成本，还和劳动生产率之间存在着密切的关系，想要获得进一步的发展，关键是如何能保持相对较低的劳动成本；辛永容（2010）认为需要从劳动生产率方面进行探索，利用高效的生产模式来建立成本竞争优势，从而可以减少劳动力成本上升所带来的负面影响；Amoroso 等（2011）将墨西哥制造业在贸易流动方面的比较优势和其最接近的竞争对手进行对比发现，导致墨西哥及其竞争对手之间的出口模式差异的主要是劳动生产率；胡放之、望艳（2012）则认为保持劳动生产效率的持续提高是促进我国制造业保持比较优势和进行结构转型的主要途径；武慧敏（2014）对制造业 RCA 指数进行回归分析发现，劳动力成本和我国制造业比较优势有显著的负向关系，而劳动生产率和 FDI 有显著的正向作用，且当前提高我国制造业的劳动生产率，才是保持和提高我国制造业比较优势的最佳途径。

此外，在比较优势对地区产业升级的影响方面，毛琦梁、王菲（2017）从生产能力禀赋角度通过实证研究分析了比较优势对我国地区产业升级的影响，认为可达性高的地区产业升级受比较优势的影响存在差异性，区域一体化程度是影响产业升级的重要因素；在比较优势对地区制造业转移的影响方面，陈国生等（2018）运用空间计量模型研究发现地区的潜在性比较优势可以促进产业转移，而显性比较优势对地区产业转移的正向作用非常显著。

### 2.2.5 产业融合理论

产业融合是技术发展与扩散过程中出现的一种新型经济发展模式，随着计算机技术和信息网络技术的快速发展，开始出现信息技术与其他相关行业进行融合的现象。产业融合的演进过程主要包括了技术融合、业务融合、市场融合、制度融合等阶段，每个阶段都包含着特定的属性（李晓钟等，2017）。而早期的产业融合现象源自信息技术的发展，因此较早的研究比较倾向于认为技术创新是产业融合的基础（张来武，2018）。美国学者 Rosenberg（1963）首先从技术视角对美国机器工具产业演化进行研究，发现同一技术会向不同的产业扩散，并把这种现象称为技术融合。此后，Gaines（1998）、Fai 和 Tunzelmann（2001）、Lind（2004）等人均在 Rosenberg 提出的技术融合理论上对产业融合问题开展研究。David（2000）则从产品视角出发，提出产业融合就是依据数字技术对原来不相关的产品进行重新组合。

事实上，产业融合的动因既有技术创新的驱动，又有企业竞争合作的压力，同时还有政府的外部措施支持等（张来武，2018），国内学者植草益（2001）认为已有的技术创新、行业间壁垒的降低，以及企业间加强的竞争合作关系，这些因素共同作用，产生产业融合；厉无畏（2002）等从产业发展的角度，认为产业融合是不同产业或同一产业内的不同行业，通过相互渗透、相互交叉，最终融为一体，逐步形成新产业的动态发展过程；周振华（2003）对产业融合的现象和本质进行了系统研究，认为数字融合是产业融合的基础，产业融合是为了适应产业变化而发生的产业结构边界的变化；马健（2006）认为产业融合是发生在产业边界和交叉处的技术融合，在经过不同产业或行业之间的业务、组织、管理和市场的资源整合后，改变了原有产业产品和市场需求的特征，从而导致产业界限的模糊化甚至重划产业界限。此外，还有部分学者分别从模块理论（朱瑞博，2003）、创新视角（何立胜，2006）、系统自组织理论（胡金星，2007）、产业分离与融合的关系（胡永佳，2008）等方面对产业融合展开了研究。

由此可见，产业融合作为一种扩散性的技术创新，通过一定关联性产业间的技术扩散和融合，有效改变了原有产业产品或服务的形态特征、技术路线等，从而加速了相关产业的产业结构、组织形态等的优化升级，因而是加快推动制造业转型升级的有效途径，亦是制造业智能化升级的基础环节。

在制造业产业融合效率方面，Banker 等．（1998）通过研究指出信息技术的融合会带来企业成本的减少，从而指出产业融合可以改善企业生产效率；Peneder（2003）提出特定类型的产业相对于其他稳定产业而言，产业融合能系统性地达到生产率增长和产出增长，而且随着产业融合的不断深入，多数进行产业融合的制造业自身技术与跨行业技术知识的整合将越来越熟练，制造企业表现出成本降低与生产效率提高的现象（Chakrabarti，2001；Niedergassel，2007）。徐盈之、孙剑（2009）通过实证研究得出制造业的产业绩效与该产业融合度呈现明显的正相关，产业融合是传统产业发展效率增长的新动力；汪德华等（2010）基于对北京与长三角地区生产性服务业与制造业融合对制造业升级影响的比较分析，发现服务业的发展将有利于制造业劳动生产率的提高；姜博（2015）认为产业融合打破了传统制造产业的分布格局，加速了产业间的资源流动，改变了原有产业结构，进而使制造业进行相应的发展调整，影响到制造业创新的方向、模式和效率；李琳、罗瑶（2019）通过研究发现，中国两化融合水平以及制造业创新效率呈现明显的"东—中—西"梯级差异格局，产业融合对全国层面及区域层面的制造业创新效率的提升有着正向促进作用。此外，Young（2003）、胡晓鹏（2003）、Acemoglu（2008）、刘保珺（2007）、李猛（2010）等学者也都对此进行了较为细致的研究。

在制造业产业融合优势方面，产业融合对于产业结构的优化升级起到一定的促进作用，从而提升产业竞争力，同时产业价值链的融合也可促进企业行为转变，从而使市场结构不断合理化（杨明强，2004；Bally，2005；马军，2011），其最终结果是形成新的产业形态（何立胜，2005）。由于融合型产业可以为消费者提供更人性化、更具价值的商品和更舒适的购物体验，引导需求趋势向消费需求进行转变（何立胜，2005），因而将促进产业竞争力的提高（王忠文，2007；张章颖，2009）。吴福象（2011）以北京和上海六大支柱产业为例，通过统计分析和实证检验发现，产业融合对产业结构转换具有明显的提升作用；周正平（2013）认为基于技术创新能力提高和服务水平提升所带来的优势力量集结，使得制造业跨越组织边界，形成新型的竞争合力，即产业融合使资源可以在更大范围内进行配置，从而为企业带来了较好的绩效和市场竞争力。

在制造业产业融合模式方面，不同角度下的分析会有不同的理解。基于产业间视角，可分为高新技术的渗透融合，产业间的延伸融合和产业内部的重组融合（厉无畏，2002）；基于融合形式有产业渗透、产业交叉和产业重组三种形式（胡汉辉等，2003）；基于融合程度和市场效果，可分为完全融合、部分融合、虚假融合三种模式（马健，2006）；基于产业内部分工视角，制造业产业融合是产业间分工内部化的结果（胡永佳，2007），通过产业间的融合打破原有产业链，重新构造组织架构，形成新的制造模式（胡金星，2007）。此外，Gerum和Sjurts等（2004）采用演化经济学与产业生命周期理论分析了产业融合的类型，并认为产业融合具有差异性，且不同产业融合也会影响到产业后续演化以及商业模型的改变；周正平（2013）认为要提升我国制造业技术创新能力，有必要将政府机构、中介机构、科研机构、高等院校等各种促进技术提升的要素进行整合，创建技术创新平台，打造产业融合发展的共同体模式；Hacklin等（2013）以苹果iPod、iPhone和iPad等产品为例分析了产业融合中商业模式创新，认为技术融合的存在是支撑产业融合的前提，通过技术，各个部门才能联合起来做出商业模式创新，伴随着商业模式创新，产品和服务的创新也就应运而生，因此商业模式的创新成为产业融合创新的焦点。

在制造业产业融合的路径方面，周振华（2004）从产品、生产经营层面和产业层面提出新型工业化中产业融合的实现应包括形成利益驱动的相互融合共识、创新投资结构、充分运用资本市场促进资产组合、以信息化改造企业组织与管理；李林（2008）提出信息化与工业化在产业层面融合的三条实现路径，即可从技术、业务和发展网络型企业组织等三个层面实施信息化与工业化的融合；刘珂（2009）将产业融合推动产业集群升级的路径归纳为流程升级、产品升级、功能升级、价值链升级；单元媛、赵玉林（2012）基于对已有研究成果的分析，将制造业产业融合路径归纳为以下三个方面，即以市场需求为主线形成的产业融合路径、以知识扩散为主线形成的产业融合路径以及以科学技术交叉渗透为主线形成的产业融合路径；李芮（2015）基于产业融合视角，对服务和制造业的关系进行研究，发现生产性服务业已经成为制造业拓展其生产制造模式的重要途径，从而指出将服务业渗透到制造环节将是产业融合的创新路径；黄群慧、霍景东（2015）通过案例对比分析，提出制造业产业融合路径主要包括内部纵向拓展、外部横向并购以及价值网络扩张。同时，产业融合也是我国技术创新驱动制造业转型升级的基本路径（赵玉林等，2019）。高智、鲁志国（2019）基于产业融合发展的视角对产业融合对装备制造业创新效率的影响进行了研究，认为装备制造业与高技术服务业的融合发展可通过创新效应、制度效应、配置效应和协同效应等四大机制有效提升装备制造业创新效率。姜博等（2019）通过研究发现产业融合程度与中国装备制造业创新效率间存在倒"U"关系，随着产业融合程度提升，中国装备制造业创新效率呈现出先上升后下降的变化趋势。

# 第3章

# 制造业智能化升级的内涵、趋势及动因

信息技术的发展给传统制造业带来了巨大的影响。在工业4.0、工业互联网等智能时代浪潮的驱动下，全球制造业纷纷以智能化制造为主导，亟欲借助物联网、大数据、虚拟网络—实体物理网络系统（Cyber-Physical System，CPS）以及人机协同作业等相结合的手段，通过制造业领域的资源、信息、物品、人员和设备的互通互联，最终实现新一代智能化的生产方式以替代传统的生产方式。可见，"智能化"代表了新的制造业产业革命的演进方向，包含着制造业在生产模式、组织方式、商业模式以及产业形态等方面的颠覆性变革。因此，制造业的智能化升级也不再是单纯意义上的产业结构高级化，而是被赋予了更加丰富的内涵。

## 3.1 制造业智能化升级的内涵

作为新型制造业发展鲜明、突出的特征，智能化亦是制造业升级的主攻方向。伴随着技术的持续创新、应用的广泛开展以及实践的不断积累，人们对制造业智能化升级的认识也在不断加深，但迄今为止，政府、学者和业界对于制造业智能化升级的内涵有着各种不同的描述，还没有形成一个统一的说法。

制造业的智能化升级是一个动态发展的过程，因此其内涵也不可能有统一的模式，而是具有多方面性和多层次性，因而可以从不同层次、不同角度对制造业智能化升级的内涵做出不同的理解。结合当前制造业发展趋势以及业内学者对智能化升级的相关研究，具体可从技术、企业（微观）、产业（中观）以及宏观战略等四个层面展开分析。

从技术层面上看，制造业的智能化涉及了多种技术的交叉、融合与应用。其中，传感器是实现智能化不可或缺的关键元件，通过现代传感技术、网络通信技术、自动控制技术、人工智能等技术的融入，为生产制造设备准确感知自身状态、操作对象、作业环境以及制造资源、人、产品之间的无缝衔接和交互感知奠定了基础,使生产制造过程具有了自我感知、判断、适应、组织以及决策的能力;大数据是制造业智能化的基础,在制造业领域利用大数据技术可完成对诸如产品数据、订单数据以及生产过程中所产生的海量数据的采集、存储、管理和分析,通过对大数据挖掘,海量数据转化为精准预测,并用以指导下一轮的研发设计、生产制造、销售服务,使精益化贯穿整个定制生产制造过程,为制造业的大规模定制和精准化服务能力的形成提供了条件。互联网为制造业智能化提供了基础性平台,基于云平台的集成性,借助云计算技术对资源的集约利用及强大的动态运算能力,制造业生产全过程具有了海量数据的分布式存储和智能处理能力,为制造业对制造资源的定制化配置和高效协同提供了重要途径。由此可见,新一代信息技术是制造业智能化的核心驱动力。因此,基于技术层面可以认为制造业智能化升级是在新一代信息技术、智能技术与制造业各环节、各层面紧密融合与集成基础上,推进制造业在研发设计、制造过程、生产管理、营销服务等核心业务环节以及制造装备等的智能化升级,通过制造业智能化水平的不断提升,最终实现整个制造业价值链的智能化升级。综上所述,基于技术层面的制造业智能化升级是新一代信息技术加速向制造业渗透、融合的必然结果,而随着信息技术的发展,制造业智能化升级的技术内涵也愈加丰富。

从企业层面上看,智能化是推进制造业企业转型升级、深入发展的关键。首先,在生产制造设备方面,利用集成智能化技术制造业企业可对生产制造设备进行智能化改造,以实现基于智能技术的生产设备高度智能化,例如:通过在企业生产设备上大量安装传感器,借助现代传感技术,使设备拥有环境感知能力和自感知特性,为生产设备的自检测、自诊断、自预警、自适应运行奠定基础;利用嵌入式技术,将嵌入式处理器、相关软件系统等嵌入各种生产设备或工具中,并通过与通信技术、人工智能等技术的结合,使生产设备端的自推理、自学习、自进化成为可能;等等。在产品方面,制造企业通过信息技术在企业产品生产中的创新应用,将信息采集以及数据分析、处理能力赋予其所生产的产品,使产品加载了更多"数据"及"信息"的特征,促进了企业产品智能化水平的提升,具体表现为信息技术与企业产品的渗透融合(例如:在产品中嵌入智能化元器件、数控装置及软件等),使产品在功能上向高端化、智能化拓展,从而促进了企业产品向高附加值领域的升级与扩展。在生产过程方面,信息技术渗透到了制造企业生产过程的各个环节,在生产现场通过对所有生产设备、工位与人员进行统一联网管理,达到了"设备—设备""设备—计算机"

的联网通讯以及"设备—人员"的紧密关联，在整个生产过程中实现了人、设备和系统之间智能化、交互式的无缝衔接，以对企业的生产、质量、物流、资源等方面实行全方位的智能化管控，从而大大提升了制造企业生产的速度、精度与质量。由此可见，基于企业层面的制造业智能化升级是制造企业依托于新一代信息技术与智能化生产设备的集成应用，推动企业在生产设备、生产工艺流程、生产管控以及终端产品等方面的智能化升级改造，以促进制造企业生产技术装备水平、生产效率、产品效能等的大幅提升，进而实现企业升级与价值增长。

从产业层面上看，智能化是制造业产业升级的必然阶段。一方面，制造业智能化的主要推动力是新一代信息技术的创新发展与转化应用，多业务、多学科、多技术融合化趋势不断催生出一系列新应用、新模式、新业态。在此阶段，作为新一代信息技术和产业发展重要方向的物联网、大数据、云计算等与信息化制造技术在制造业中的集成应用，使制造业从制造过程某个特定阶段或部分关键环节的智能化逐渐延伸到各个环节乃至产品全生命周期过程的智能化，进而在不可见的信息网络世界业务活动和过程智能化的驱动下实现现实物理世界中制造业各项业务（包括研发、设计、生产、管理、服务等）活动的智能化，由此带动制造业生产模式的智能化升级，并进一步推动整个产业向智能化高端的升级。另一方面，制造业高端智能化发展在大幅度提升制造型企业生产效率、资源综合利用率，增加产品品质、降低产品成本、缩短产品研制周期的同时，也将对产业链上下游企业间的信息对接和生产消费智能化产生积极拉动作用，即在信息化、智能化制造的实施过程中，将促进产业链上下游行业的聚集，进而借助制造业全产业链的聚集优势，对不同企业间的订单、原材料需求、采购、供应商、销售、客户等众多业务系统进行有效整合，通过信息的内部打通与外部的无缝对接，实现产业链上下游企业间研发、设计、制造、商务、资源、供应链管理等方面的协同，并最终促进制造业全产业链、全价值链的信息交互与智能协作。由此可见，基于产业层面的制造业智能化升级是以新一代信息技术为支撑，对产业中的制造资源和制造能力进行整合共享与优化配置，并通过统一、集中的智能化管理和经营，形成网络化、智能化、协同化的产业生态体系，最终实现整个制造业全产业链智能化程度的升级。

从宏观战略层面上看，制造业智能化作为提升制造业核心竞争力的未来方向，将成为整个国家成长的核心战略选择，在推动制造业智能化的国家战略决策与引领方面将对国家竞争力基础产生深刻影响。国际金融危机以来，美、德、日等主要工业发达国家相继将智能制造列入国家发展计划，并加以大力推广和应用。在此之前，在全球化产业制造所构建的制造环节和服务环节分离的分工模式下，发达国家以服务控制制造，即以整个价值链分配中的服务环节为主导控制生产制造环节形成了对制造业产业的核心控制力。金融危机揭示出服务环节对制造环节控制、影响的效率和持续性正逐渐减弱或丧失，从而引发了以美、日、欧等为代表的发达国家（地区）从战略层面重新审视制造业的发展，尤其是先进制造业在整个经济体系中对经济可持续增长的作用。基于此背景，世界主要工业发达国家纷纷推出以先进制造业为核心内容的重振制造业国家战略和系列行动计划，旨在通过支持和推动制造业智能化发展重塑制造业竞争新优势；与此同时，以中国、印度为代表的发展中国家也在加快谋划和布局，实施制造强国战略，如："中国制造 2025"战略、"印度制造"计划等。这些战略行动计划的实施表明无论发达国家还是发展中国家都已从战略高度将制造业智能化确定为带动制造业的创新发展和产业升级的重要突破口，制造智能化发展无疑已成为各国发展先进制造业的制高点，亦已上升至国家宏观战略层面。由此可见，基于宏观战略层面的制造业智能化升级是一个复杂、系统的转型过程，其既不会是某家企业的智能化升级，也不会是某个行业的智能化，更不会仅仅实现设备级或车间级的智能化升级，而应是从战略全局出发，通过智能化融合以新型商业模式变革和更为紧密的产业互动加快制造业产业链重构，进而推动制造业升级和产业形态的深刻调整，并最终实现产业结构和经济结构的合理化。

## 3.2 制造业智能化升级的本质特性

当前，新一代信息技术所引发的科技革命和产业变革给全球范围内的制造业生产方式、发展模式和生态体系带来了深刻变革，加速了制造业向智能化的升级与演变。制造业智能化升级的意义不仅是互联，更重要的是深度融合（技术、产品、业务等）与智能交互（人、设备、产品等）及由此进一步拓展衍生出来的产业可持续发展的特性，以获得更高的生产效率和资源利用率，进而以此为依托改进人类经济社会活动方式，并最终实现的经济社会最优化发展。但制造业智能化并不是一个突然空降的概念，其本质上是一场具有变革性的制造业模式转变，是制造业依据其发展的内在规律与必然逻辑经过不断升级演化而逐步形成的一种新型的产业发展模式，而物联网化、融合化、协同化、互联化则是其所具有的本质特征。

### 3.2.1 物联网化

当前，制造业正经历用户需求、发展理念、产品性质、技术体系、制造模式和产业形态等的重大变革，在此形势下制造业的升级发展需要智能化的动力趋势，其中就包括物联网体系的支持。

所谓"物联"，即物物相连，因此物联网（Internet of Things，IOT）就是"物物相连的互联网"，意指将各种物品通过信息传感设备，如射频识别（RFID）装置、声音传感器、红外感应器、激光扫描器、全球定位系统等装置，按约定协议与现有网络连接在一起，其目的就是通过网络实现所有事物（包括人）之间及信息流的互联互通，从而实现智能化识别、定位、跟踪、监控与管理。制造业的物联网化就是将物联网思维与技术引入制造业中，通过在制造装备、原材料、零部件及生产设备上广泛植入具有环境感知能力的智能终端，利用通信网络将人员、设备、物料、时间、空间等连接在一起，制造业可实现基于现场数据的设备性能感知、过程控制、智能排产、能耗优化等智能化生产。例如：通过生产设备（包括工艺设备、输送设备、机器人等设备）状态信息的实时参数采集，可以对工艺流程的生产状态进行在线监测和实时监控，从而能够及时了解设备运行状态及生产信息，以便对整个生产工艺进行及时调整，并对生产过程中出现的诸如设备故障、产线异常、质量问题、物料缺料等异常情况及时做出相应的诊断、维护和处理等。借助物联网，制造业实现了对生产过程（包括关键环节、生产工艺、生产流程、生产质量等）的智能监控、智能控制、智能诊断、智能决策以及智能维护，从而推动了制造业基于物联网化思维的智能化转型升级。

### 3.2.2 融合化

制造业智能化升级是制造业经由机械化、电气化、自动化向数字化、网络化、智能化高级阶段不断深化和发展演进的必然结果，是在新一轮产业革命背景下工业化要素与信息化要素全面深度融合的产物，其实质是一个以传统制造模式、产业组织的重塑与升级以及新兴产业的衍生与发展为特征的制造业产业体系转型升级过程。可见，融合化是制造业智能化升级的一种本质特征和表现形式，并按"技术融合化—产品融合化—业务融合化—产业融合化"四个层次逐级推进。

技术融合化表现为工业技术与数字技术、信息技术等技术的融合创新将促进制造业技术体系的重构，进而引领制造业向智能化制造的转型升级。例如，3D 打印（3D Printing）技术与工业的融合，为制造业的产品设计技术、制造工艺技术等注入了新的科技元素，改变了制造业采用的传统"减材"工艺——即在原材料基础上采用切割、磨削、钻孔、熔融等方式，去除多余材料得到零部件，再以拼装、焊接等方法组合成最终产品——是通过"增材制造"，以三维数字模型为基础，在计算机软件控制下，对材料进行分层加工、叠加成型，最终制造出实体产品。这种数字化制造模式，在简化工业设计流程，降低模型制造难度和成本，缩短产品开发周期，提高研发效率的同时，也为个性化、复杂化、高难度的智能制造新技术体系的形成发挥了重要的技术支撑作用。

产品融合化是指基于信息技术的制造业产品性能提升和"智能"，其特征表现为新一代信息技术或产品不断以新的方式渗透、嵌入传统制造业产品中，使原有产品的技术含量和知识含量得到大幅提升，从而引领制造业产品向高附加值化、高端化和智能化方向升级发展。例如，嵌入式信息技术在诸如电子信息制造业、汽车制造业、造船工业、航空工业、新材料等制造领域的广泛应用赋予了传统工业产品更多功能和特色，使之变得更加智能；智能可穿戴产品、智能家电、智能汽车等智能终端产品的出现不断丰富和拓展了传统产品所具有的内涵，使产品功能得到极大丰富，性能发生质的变化。通过对传统产品的智能化改造，使传统产品的附加值和智能化程度得以提升，进而推动制造业产品升级"智能化"。

业务融合化表现为物联网、云计算、大数据、移动互联网等新一代信息技术向制造业研发设计、生产装备、产品制造、企业管理、市场营销、销售服务等各个环节全面渗透，通过与制造业生产模式、业务模式与运营管理的全面融合，促进制造业在制造过程、生产方式、管理和服务等方面的智能化升级。此过程利用信息物理系统（CPS）创造出新的智能化生产环境，涵盖了制造业设计规划、管理控制、生产执行等多个层面。在生产执行层面，由新型传感器、智能控制系统、智能机器人、数字化自动生产线等组成的数字化车间/智能工厂将使简单重复和一般技能劳动不断被智能装备和智能化生产方式所替代；在管理控制层面，通过对生产状态的实时掌控和详细跟踪，实现对物料派发、零部件生产、产品集成组装、质量检验等全生产制造过程的智能化管控；在设计规划层面，长期以来手工、机械的规划设计方式也将被基于数字仿真与优化、计算机辅助设计等精确可靠的自动化、智能化规划设计所取代。最终通过业务的融合化，推动制造业在业务流程各个环节上的全智能化升级。

产业融合化表现为以智能化的信息技术为支撑，依托其强大的渗透力和带动性，制造业产业内部不同行业之间以及制造业与其他产业之间相互渗透、交叉重组，融合发展，进而形成新业态、新产业的智能化变革。例如，在机械、仪器仪表、材料、电子等生产领域发生的诸如机器人的研发、制造和应用；新材料、新能源；3D 打印以及移动互联网等一系列技术革命与创新融合。其中，一部分推动了工业制造中不同行业间重组融合，如汽车与电子、建筑与机器人、能源与信息等，另一部分则在新兴技术成果产业化后形成了带有基础性和引领性的新产业，如增量制造、增材制造、生物制造及微纳制造等。此外，作为创新驱动的重要平台和实现要素，互联网产业与制造业的跨界融合发展也将充分发挥互联网在资源配置中的优化与集成作用，催生以大规模个性化定制、云制造、柔性化制造、服务型制造等为主导的智能化制造新业态、新模式。

### 3.2.3 协同化

随着以互联网为基础的新一代网络技术、数据技术、云技术、智能技术等与制造业融合程度的不断加深，物联化、智能化、互联化开始贯穿于制造业从产品研发、生产制造、运营管理，到产品销售、服务的各个环节以及产品生产周期全过程，引发了制造业生产方式、制造模式、产业形态的巨大变革，从而形成了以信息技术为载体，以数据信息的感知、交互和分析为核心驱动，各类制造要素和资源之间实现端到端高效协同的智能化制造集成体系。在智能化协同制造模式下，制造业企业将不再对生产进行自上而下的集中控制，也将不再从事价值链上单独的设计研发、采购、生产制造、营销服务等，而是充分利用 Interne 等先进信息技术将动态的、分布于多个地理位置的多元化制造资源（包括计算设备，如运算器、存储器等、智能设备、仿真设备、试验设备、制造设备和物料等"硬"资源以及设计资源、软件资源和信息、数据、知识等"软"资源）组织起来形成逻辑上统一的资源整体，促进了制造业企业智能化的业务协同与集成。例如：借助互联网平台开放的协同服务，在制造业企业内部、企业间乃至产业链各环节间实现信息、资源等协同共享的同时也极大扩展了企业、市场与用户的互动程度与范围，降低了企业与用户交互的成本，这一方面为制造业企业更加精准地获取用户多样化、个性化需求，继而做出快速响应提供支持，另一方面，也为制造业解决"个性化"与"规模化"矛盾，使二者之间达到平衡提供了有效途径，即将用户需求与生产制造进行紧密结合，通过智能化匹配将用户需求分解成基于网络的协同化制造的资源与能力，进而利用资源的智能化配置与协同共享以及大规定制的协作生产，确保了最终产品满足用户大规模个性化定制的需求。

### 3.2.4 服务化

在市场竞争日趋激烈、供需对接日益便捷等多重因素的作用下，制造业单纯的制造活动所带来的利润正逐渐减少，其价值链中服务成分对产品增值的作用越来越大，制造活动和服务活动相互融合服务化趋势日趋明显。与此同时，在全球新一轮科技革命和产业变革中，以互联网为代表的新一代信息通信技术与制造业技术的双向融合发展正重塑制造业产业组织与制造模式。在信息技术广泛应用和渗透的基础上，制造业利用互联网、云计算、物联网、大数据等技术建立起高度灵活、个性化、数字化的产品与服务的智能化生产模式。一方面提高了制造业在生产设备、生产过程、产品以及用户数据等方面的感知、传输、交互和智能分析能力；另一方面，也极大地促进了制造业服务体系的延伸，进一步加速了制造业由生产领域向服务领域的拓展。与传统以使用功能为导向的产品生产模式相比，智能化生产方式在原有产品的生产制造基础上，融入信息技术为产品增加"智能化"功能，实现了从机械产品向智能产品的转变，随着产品现有使用功能的智能化提升，产品所提供的附加服务也得到了有效延伸与拓展；而网络化的生产设施及智能化的生产系统则有效促进了机器设备运行、生产物流配送、企业生产以及市场需求之间的实时信息交互，消费者可以更加主动地参与到产品的研发、设计、生产等价值创造过程中。同时，在智能化生产贯穿于生产制造全过程的条件下，制造业生产方式、生产过程智能化程度的提高也为制造业在线生产所需各种制造服务提供了便利，借助于智能化设备与网络，制造业企业可以通过开展在线运维、远程服务等各类增值服务，为用户提供更加丰富的服务体验。由此可见，由单纯的产品制造向"制造+服务"的转型是传统制造业向智能化制造升级过程中一种重要的外在表现形式，随着以知识和技术为主要智力特征的服务要素不断在制造业各环节的渗透与扩张，极大地推动了制造业服务价值的提升和服务内容的创新，提供智能服务也成为制造业智能化的核心内容。

## 3.3 制造业智能化升级的动因分析

当前，全球制造业技术体系、发展模式和竞争格局正面临着重大调整，新一代信息技术向制造业领域的不断扩散与应用，成为引领和支撑制造业新一轮产业革命的基础动力，主导了制造业向智能化升级的演进方向。由此可见，新一代信息技术与制造业的全方位多层次融合是促进制造业智能化升级的重要动因之一。同时，受劳动力成本、资源禀赋、环境承载等条件的制约以及用户多样性需求的日益增长也促使制造业亟须在技术、产品等方面寻求创新与突破，重新打造产业价值链，以在新一轮全球产业分工与竞争中抢占制高点。通过充分利用信息通信技术和网络物理系统等手段，将制造业逐步向智能化转型升级，为制造业实现未来可持续发展提供了持续动力。由此可见，重塑制造业竞争新优势、满足用户多样化需求、促进产业价值链的优化提升和体系重构以及缓解环境与资源约束矛盾，也是驱动制造业智能化升级发展的主要动因。

### 3.3.1　动因之一：信息技术与制造业的全方位多层次融合

科技革命是推动产业革命的动力源泉。某些科技领域基础性科学或关键核心技术的率先突破，引发其他领域多元群发性和系统性科技创新，继而涌现出一大批新兴交叉的前沿方向和领域，进而催生产业技术创新、模式创新、业态创新，推动产业的转型升级。近年来，在物联网、大数据、云计算、互联网、机器人等新一轮科技革命的助推下，全球制造业进入智能化发展的新阶段。智能化工业革命以各项技术的融合为主要特征，3D 打印、高级机器人、新材料、物联网、人工智能、传感技术等是其中代表性技术，各种技术与制造技术相互融合、相互促进，推动了制造业向智能化方向的跨越式发展。在此过程中，以计算机技术、网络技术、自动化技术、现代传感技术、智能感知与识别技术、人工智能技术及智能控制技术等先进技术深度嵌入为依托的智能装备，实现了制造业设计手段、设计过程以及制造过程的智能化；信息技术在工业产品上的嵌入式应用，将新材料、芯片技术、嵌入式操作系统、智能技术、软件技术等有机植入物理产品中，使产品功能得到了极大丰富，性能发生了根本性改变，提高了制造业产品的智能化水平；导入物联网、信息物理系统（CPS）等技术的智能生产线、智能车间、智能工厂，将信息化的效能延伸至生产工厂、生产车间，乃至最底层的生产设备（如：工业机器人、AGV 等），使得知识和技术含量较低的简单、重复性劳动不断被各种智能化设备和智能化生产方式所取代；互联网、云计算、大数据等现代信息技术在制造业生产管理、经营决策、营销服务等环节的综合集成应用，为制造业提供跨平台的海量数据的高速处理以及精准分析和管理，提升了制造业快速响应和柔性高效的供给能力，推动制造业传统管理手段、管理模式以及服务方式向智能化管理和服务的转变。由此可见，信息技术尤其是新一代信息技术与制造业全方位、多层次的融合是带动与支撑制造业智能化转型升级的重要动因之一。

### 3.3.2 动因之二：比较优势动态的变化与制造业竞争优势的重塑

金融危机以来，全球经济发展已由危机前的快速发展期进入深度调整和变革的转型期。从比较优势来看，以往通常认为美、日、德等发达国家具有很强的技术创新和开发能力，并掌握着制造业产业价值链中最关键的核心技术，因而在全球制造业发展中领先地位凸显，是全球制造业技术发展方向和产业价值链配置和走向的主导者；中国、印度、巴西、墨西哥、土耳其等新兴经济体国家利用劳动力等生产成本相对较低优势，凭借自身在成本方面较强的竞争力及其巨大的制造业市场和飞速提升的制造能力成为"世界制造工厂"；拉丁美洲等其他处于工业化初期的国家，缺乏工业基础、先进技术和技能工人等，但原材料等资源较为丰富，因而成为制造业原材料和能源的供应者。但随着各国生产要素禀赋结构的动态变化，比较优势的动态转换特征日趋明显，由于受工资成本上升、土地能源价格上涨等因素的不断影响，新兴经济体国家制造业长期依托的资源要素成本的相对优势正逐渐丧失；发达国家依靠技术创新等手段使能源、基础原料等生产要素在成本上形成了极强的竞争力（如：美国页岩天然气和页岩油的成功开采），进而逐渐形成了制造业领域的成本新优势。波士顿咨询公司对占全球工业制成品出口接近90%的前25位领先出口经济体制造业成本竞争力指数的评估显示：巴西相比美国的制造业成本从2004年低于美国的约3%到2014年已高于美国23%，10年间上升了26%，现在已成为制造业成本最高的经济体之一；2004—2014年过去的10年间，中国相对美国的工厂制造业成本优势从14%下降到5%以下，其中，中国根据生产率调整后的制造业平均工资成本上升了187%，工业用电成本上升了66%，而天然气成本则猛增138%[①]。国际比较优势及制造业相对成本的动态变化加速了制造业全球产业分工的重组与竞争格局的改变，相应地，各国在发展战略也做出了重大调整，纷纷将发展先进制造业上升为国家战略，并积极采取一系列措施振兴制造业，力图通过打造工业生产新范式占领制造业新一轮产业竞争的制高点。不同于以往传统的要素驱动、低成本竞争，面临新一轮的产业调整和结构升级，依托产业技术创新引领制造业转型升级，重构制造业竞争新优势成为各国的共同选择。尽管由于制造业发展水平、产业技术创新能力等的差异性，各国（地区）在制造业产业政策

---

① 以上数据来源于：《The BCG Global Manufacturing Cost-Competitiveness Index》，网址为 https://www.bcg.com/publications/interactives/bcg-global-manufacturing-cost-competitiveness-index。

制定、重点产业发展规划、产业转型目标与速度以及产业重点突破的关键技术等方面也不尽相同，但随着大数据、云计算、移动互联网、3D 打印、物联网、新型材料、机器人等一系列新技术的突破以及产业技术创新与工业发展的深度融合，制造业智能化发展成为各国家（地区）发展先进制造业，抢占新一轮产业竞争制高点的主攻方向。由此可见，随着比较优势的逐渐转化，在技术融合、产业融合，尤其是信息技术的推动下，基于创新驱动的制造业竞争优势重塑是制造业智能化转型升级重要的推动力。

### 3.3.3　动因之三：满足用户个性化、多样化需求

在传统标准化的生产模式下，生产者与用户间的关系更多地表现为一种"一对多"的关系，即生产者在开发出一种产品后，通过组织规模化大批量生产，为用户提供标准化的产品。在此过程中，生产者与用户彼此之间无法进行充分的信息交互，用户的需求也与生产研发、设计等环节相分离，因而用户往往处于被动地位，只能接受生产者提供的特定产品，而这种产品满足的主要是用户的一般性需求。但面临市场竞争的日趋激烈以及消费结构的不断升级，生产者与用户间的互动关系也发生了相应的变革。这主要表现为：一方面，随着消费结构的不断升级，消费者对产品、服务提出了更高的要求，用户需求的重心已由过去所关注的产品的质量、价格等传统功能因素向追求更高品质、个性化、多样化和服务体验式的消费方式转变，以往标准化的产品、统一的营销方式已无法满足同一用户的多种需求或不同用户的不同需求；另一方面，随着用户需求领域的不断拓展、需求层次的不断深化以及个性化需求的不断增强，用户需求成为直接驱动生产者有效供给的重要因素，从而促使生产者由专注于产品生产制造为中心的传统生产模式向以用户需求导向为中心，同时兼顾生产效率的个性化、定制化的生产模式转变。在需求驱动为主的生产模式下，用户将从被动的价值接受者，转为主动地与生产者一起不断融合到产品价值创造的各个环节中；同时，制造业的生产也将逐步从标准化转向定制化，制造系统则逐步从刚性化转向柔性化。在此趋势下，制造业企业需要结合互联网、物联网、云计算、大数据等先进信息技术，以用户需求为源点，一方面，着眼于用户对产品或服务提出的具体需求，开展面向用户个性化需求的产品设计与研发，使用户可以直接参与到产品的设计、研发等过程中，以满足产品创新差异化与多样化的需求；另一方面，还需要凭借信息控制下生产模块的精细化切割与再组合、新制造工艺的编制以及直接面向用户的智能化、网络化制造系统平台等建立起高度灵活的数字化、柔性化智能生产线，以满足大规模用户的个性化定制

需求。此外，在产品功能、服务等方面还可通过对相关产品功能模块的改进、重新重合或提供新的增值服务，使用户体验得到提升。由此可见，制造业通过智能化升级建立起高度灵活的个性化和数字化的产品与服务的生产模式，是更好地满足用户日益增长的个性化、多样性需求的基础与核心。

### 3.3.4　动因之四：产业价值链的优化提升和体系重构

经济全球化催生了基于全球价值链新型国际分工体系的形成，国与国之间的竞争也已经从产品竞争、技术竞争逐渐转变为价值链竞争。在此背景下，一国的产业发展已不可能再独善其身，而是必须通过广泛参与国际分工，嵌入全球产业价值链中。其中，掌握了产业价值链核心环节的国家，不仅可以掌握利益最大化的主动权，而且还可以拥有对未来产业价值链发展方向绝对的主导权。长期以来，在全球价值链发展中，发达国家凭借其强大的竞争实力在制造业全球产业价值链中处于主导地位，占据着研发、设计和营销、服务等价值链高端环节，引导和控制着国际产业竞争的走向，并依托其技术创新等高级要素优势源源不断地获取制造业中的主体价值，以期持续保持这一竞争优势；而包括中国在内的广大发展中国家则凭借着劳动力、原材料、自然资源等低成本要素优势通过对全球价值链的有效参与，积极主动地融入经济全球化，并从中获得了巨大的收益。但由于缺乏自主品牌、营销网络以及对关键技术和核心技术的掌握，长期以来中国等发展中国家在全球产业价值链中处于被动嵌入地位，"中国制造"尽管在全球市场上获得了越来越多的影响力和渗透力，但从中国制造业在全球价值链中的参与程度与分工地位来看，目前中国制造业的平均全球价值链参与程度为0.276，其中：前向全球价值链为0.112（即：通过间接增加值出口导致的全球价值链参与程度），后向全球价值链为0.164（即：通过进口国外中间品导致的全球价值链参与程度），说明后向全球价值链仍然是中国制造业主要价值链参与模式，且价值链的参与程度还有待提高；而中国制造业的平均全球价值链分工指数为-0.046[①]，由此说明现阶段中国制造业在全球价值链分工地位较为低下，整体依然处于全球产业价值链的低端。

新一代信息技术与制造业深度融合，促进了制造业在技术体系、生产方式、业务模式、产业形态等方面的深刻变革，并进一步推动了全球产业价值链的深化与重塑。在新一轮产业变革中，以美欧为代表的发达国家开始陆续将高技术、

---

① 罗兰，龙弘涛，徐骏作. 全球价值链迎来"中国制造"［N］. 人民日报海外版，2016-12-13（11）.

高附加值的制造环节收回至本土，并试图通过推行旨在重塑实体经济的"再工业化"战略以及新贸易投资规则的制定，夺回和保持制造业全球价值链的制高点，以期在未来全球产业价值链竞争中继续维持其所拥有的掌控能力，这将进一步收窄以中国为代表的发展中国家承接产品生产加工的空间，中国制造业也将面临靠加工制造环节中所赚取的微薄利润逐渐流失及产业升级自主性丧失的风险，进而导致中国制造业在全球价值链中利益分配格局中的不利地位和"低端锁定"的状态被继续放大。为应对全球产业价值链的结构性变化与重构以及应对科技创新孕育新突破的趋势，中国制造业唯有提升其在全球产业价值链分工中的地位，延长产业链，实现由低附加值的非战略环节向高附加值的战略控制环节的攀升，才能有效摆脱中国制造业"路径依赖"下的"低端锁定"，在此过程中技术和创新将发挥至关重要的作用。而随着以智能制造为主要特征的新工业革命的不断深化，新一代信息技术将逐渐成为制造业价值创造与增值的重要工具，利用物联网、云计算、大数据、工业互联网等新技术与制造业研发、设计、生产、服务等核心环节的深度渗透与扩散，将进一步加快制造业价值创造过程，提高制造业价值创造效率，进而促进制造业价值链的优化重组与增值，并最终实现中国制造业在全球价值链中产业竞争能力的优化升级。由此可见，面临新一轮全球价值链调整升级所带来的机遇与挑战，通过产业价值链的优化提升与体系重构以培育我国制造业核心竞争力的新优势，是中国制造业向智能化方向转型升级发展，进而实现向全球产业价值链高端跃升的关键推动力。

### 3.3.5 动因之五：缓解环境与资源约束矛盾

制造业是工业的主体和国民经济的重要支柱。18 世纪 60 年代英国工业革命兴起以来，200 多年的工业化进程为人类社会创造了巨大的物质财富，但也付出了有限的自然资源和石化能源被大量消耗以及生态环境遭受巨大破坏的沉重代价。自 20 世纪 80 年代以来，全球性的环境恶化、资源短缺、生态衰败等问题日渐凸显，包括制造业在内的工业污染对环境的破坏达到空前的程度。目前，世界上 3/4 以上的人口生活在生态负债国（指一国的总体消耗已经超出本国的生物承载力），资源被消耗的速度已经超过地球生态自我更新的速度。尽管是制造业大国，但中国制造业的发展模式依旧没有完全摆脱高投入、高消耗、高排放的粗放发展模式，相关数据显示，当前中国已成为世界钢、铜和铁矿石消费的第一大国以及石油、铝消费的第二大国；电动机、变压器、风机和水泵等 21 类机电产品的用电量占全国用电量的 70%，通用机械耗电量约占全国用电量的 30% 至 40%；发电锅炉和工业锅炉的年耗煤量约占全国年耗煤量的 1/3；内燃机消费的油料占全国油料的 80% 以上。另据世界银行、中国科学院和环境保护部的测算，中国每年因环境污染造成的损失约占 GDP 的 10% 左右，环境污染排放物的 70% 来源于制造业①。另从资源、能源看，我国资源、能源相对不足，其中：我国人均淡水、耕地、森林资源占有量仅为世界平均水平的 28%、40% 和 25%，石油、铁矿石、铜等重要矿产资源的人均可采储量分别为世界人均水平的 8.7%、17%、17%②。从环境压力看，环境污染一直比较严重，有 70% 左右的城市不能达到新的环境空气质量标准；水污染状况相当严峻，水污染物的排放总量明显超过环境容量，逾 80% 被测地下水污染严重，河流污染程度显著增加；土壤污染日益凸显，受污染的耕地面积约有 1.5 亿亩，约占 18 亿亩耕地的 8.3%。长期积累的环境矛盾正集中显现，PM2.5、饮用水安全、血铅超标和化学品污染等重大环境事件时有发生。快速增长的资源、环境消耗使得我国制造业的发展越来越接近自然资源、生态环境的约束边界，从而直接影响到其未来的可持续发展。面临资源、能源短缺以及生态环境与生产制造日益激化的矛盾，要想突破局限性就必须加快推动传统制造业模式向资源消耗低、环境污染少的制造模式转变，促进我国制造业的结构调整和提质增效升级。

针对制造业发展方式转变的内在要求，在当前新一代信息技术与制造业的加快融合创新发展的趋势下，物联网、云计算、大数据、人工智能、网络化制造等新技术的持续演进及其在制造业中的深度应用，不仅能使制造业在研发设计、生产制造、经营管理、销售服务等环节上实现互联互通及信息资源的共享共用，以充分提高资源配置与利用效率，亦可以通过改进生产工艺、加强生产过程管理，有效减少生产制造过程对资源、环境的影响。在此过程中，诸如 3D 打印、无废弃物加工制造等流程短、清洁度高的智能绿色制造技术的开发应用，有效减少了生产制造过程中对能源资源消耗，从而实现资源利用的减物质化，达到节能减排的目的。由此可见，以信息化、网络化、智能化推动我国制造业绿色改造，进而以此为基点实施个性化、少污染、高生产率的制造，是从源头上有效缓解资源与环境约束矛盾，实现我国制造业由粗放型制造向集约型制造转变的主要方向。

---

① 刘锟．制造业大国如何摆脱粗放的"三高"模式？[EB/OL]．上观新闻，2016-04-18．
② 《中国制造 2025》解读之三：我国制造业发展面临的形势和环境 [EB/OL]．湖南省工业好信息化厅，2015-06-04．

## 3.4　制造业智能化升级的趋势分析

随着以智能制造为代表的新一轮产业变革的孕育兴起和加速发展，制造业智能化成为全球制造业发展的重要趋势和重塑国家间产业竞争力的关键，而制造业的智能化转型亦成为促进我国制造业提质增效升级的必然选择。未来，借助大数据、云计算、物联网、移动互联网等新一代信息技术在制造业研发设计、工艺装备、生产管控、经营管理、市场营销、产品服务等环节上的进一步深化应用，制造业制造模式的智能化、社会化，生产组织的网络化、平台化，产品模式的规模化、定制化以及服务模式的延伸化、互联化的变革发展将是制造业智能化升级的重要趋向。

### 3.4.1　制造模式的智能化、社会化

信息技术进步加速了各类技术间的相互渗透与交叉融合，在 IT 技术变革的推进与带动下，大数据、云计算、移动互联网等新一代信息技术与机器人、智能制造技术深度融合应用，大大提升了生产装备的数字化与智能化水平，为数据、信息等资源要素的积累和配置提供了有力支撑，提高了制造业产品的信息化比重，进而引发了制造业在发展理念、技术体系、制造手段、制造模式等方面的一系列重大变革。其中，生产全流程智能化以及以社会化协同为主要特征的云制造等新型制造模式的发展是这一变革的重要趋势与核心内容。

首先，"智能工厂"将成为制造业实现智能化生产的重要载体。基于信息物理系统（CPS）、智能装备和终端、智能控制、智能传感、智能工业机器人等技术的智能工厂，将工厂内不同层级的硬件设备从基础元器件到制造单元、制造设备、生产线等进行物理或逻辑上的关联，在物理环境感知的基础上实现人、机、物之间的全面互联互通与数字化集成，通过在机器运行、物料配送、产品生产、市场需求等方面的实时信息交互与信息共享，将实现贯通原材料供应、零部件生产、产品集成组装等制造业全生产过程的高度智能化生产制造模式。

其次，产业大数据聚合将推动制造业全产业链的智能提升。在制造智能化升级实践中，数据类型多样性是工业大数据的重要属性，其来源即包括制造企业日常经营与运营过程中所积累的研发生产、机器设备、产品质量、运维管理等内源数据；也包括供应链上下游供应商、承销商以及合作伙伴、竞争对手、客户、消费者等外源数据，工业云、大数据等技术在制造业原材料采购、生产

制造、销售渠道铺设、物流仓储等产业链全流程各环节的集成应用，将促进行业内源数据与外源数据整合应用有效机制的建立。产业大数据资源聚合与分析应用，使渗透到完整产业链的海量数据及其所对接的供应链资源共享得以实现，最终将在整个产业链"智能"集成基础上构建起制造业的智能产业链。

最后，开放式创新将促进制造业由集约化生产向社会化分布式生产演变。与以往制造业主要以批量化、规模化、流程固定的流水线制造以及集约化生产通过降低生产成本和提高生产效率以形成规模效益的生产方式不同，随着生产过程、制造模式的智能化变革，开放式创新将被引入制造业产品的设计开发、生产制造等环节中，网络众包、开源社区、众创空间、社会实验室等高效、开放的价值创造模式在制造业的应用与发展将有效突破信息的时空局限，并极大地提高创新资源的流动性与可用性。通过广泛的分散化/社会化制造与服务资源的共享与协作，工厂式大规模集中生产将被社会化、分布式、共享型的生产所替代，制造业产品创新效率与价值创造能力也将得到大幅提升。

### 3.4.2 生产组织的网络化、平台化

信息技术尤其是互联网技术在制造业领域日益广泛深入的应用，为产业发展带来了新的变革，集合了数字化、网络化、柔性化、智能化特征的智能制造成为新型生产制造业模式。在智能化生产制造模式下，基于互联化、社会化的生产制造资源配置将使制造业生产经营越来越更多地呈现出在线化、去中心化、碎片化以及离散化的形态，在此趋势下制造业组织内部结构、组织边界及组织间关系也将以更加动态、弹性化的方式得以重新设计，制造业生产组织方式的将更倾向于扁平化、网络化、平台化方向发展。

首先，从组织结构看，信息技术、智能化生产的广泛应用将使得制造业组织管理结构呈现出日益向扁平化、去中间化发展的趋势。制造业向智能化加速转型发展的过程将有效促进海量信息的融合处理与优化，工厂/车间内各网络的互联互通将打破制造业原有业务流程与过程控制流程相脱节的局面，使得分布于各生产制造环节的各层次系统和设备不再存在相互独立的"信息孤岛"，在底层现场层、控制层、执行层、计划决策层之间实现制造数据的实时采集与交互，将有效提高组织双向式数据/信息收集、处理及传输能力，组织信息传递链的缩短将大大减少制造业组织内部信息传递的中间管理层次与环节。同时，智能化生产方式所具有的自感知、自适应、自执行和自决策等功能也将使制造业组织内部一些烦琐的管理层次得以简化，制造业组织中大量承担上传下达任务的中层管理人员将大幅减少。最终，制造业组织管理结构将逐渐向"扁平化"转化。

其次，从合作模式看，网络化、虚拟化将成为制造业企业间合作新方式。制造业在进入智能化制造阶段的过程中，信息技术、通信技术和网络技术所具有的高渗透性和协作性功能将大大减少制造业企业从外部获取产品或服务的成本；同时，在互联网等现代信息网络技术的支持下，企业间也将突破传统合作方式而建立起分散灵活、方便高效的互利合作关系。由此，传统企业的组织边界和物理位置的限制将被打破，制造企业可围绕特定产品和服务的需求充分集合和利用不同地域的现有资源以及不同企业的核心能力，以众包研发、服务外包、协同创新等各种合作形式对相关技术、资源、信息、能力等进行优化和合理配置，这种动态合作需求将促使制造业企业向网络化、虚拟化发展，制造业生产组织将更加灵活便捷，其生产组织形式亦将更趋向于弹性化与柔性化。

最后，从运作模式看，制造业企业将加快向平台化方向转型。制造业智能化的有效推进将加速促进以互联网为基础设施及核心生产力和创新要素的制造业发展新形态的形成。由于受到空间、地域、资源等的限制，传统制造业的产品研发设计、采购、生产制造、营销销售等活动一般主要由企业内部组织完成，随着制造业各领域各环节与互联网技术的全面融合，基于互联网开放性、协作性、交互性、共享性等特性，互联网将充分发挥其高效、便捷以及聚集和优化各类要素资源等优势，为制造业未来发展提供一个基础的开放性平台。借助这一平台，传统的地域限制将被打破，分散的各种物理制造资源也将迅速聚集成虚拟资源，工业设计、产品模型、零部件库存、采购服务、供应链管理、制造能力、3D打印等各类制造资源均可以以"云化"形式融合在一个平台上，继而构建起全球性的制造资源和制造能力"云池"，实现制造资源的高度共享。工业云平台将成为支撑制造业智能化升级的重要基础设施，平台化运作也将成为传统制造业转型升级的重要方向。

### 3.4.3 产品模式的规模化、定制化

始于21世纪初、在数字革命基础上发展起来的第四次工业革命，正在以前所未有的方式对世界经济、社会及科技发展产生了重大影响，也为制造业带来了深刻的改变，泛在互联、智能感知和交互协同成为制造业升级发展的关键要素。同时，随着市场形势变化不确定性的增强，用户需求进入一个"多样化"阶段，要赢得市场、获得竞争优势，制造业须以新的制造技术、新的生产方式、新的制造模式以及新的生产组织方式应对不断动态变化的客户需求，由此所引致的制造业产品模式由标准化、规模化转向规模化、定制化，即从"标准化的大规模生产""个性化的大规模定制生产"的演化将成为产业智能化发展的必然

趋势之一。

在以通用化、标准化、规模化为主要特征的制造业传统产品模式下，制造业往往以产品为中心，以生产为导向进行产品的生产制造，用户缺乏必要的主动权，产品需求调研—策划设计—市场验证—量产销售的过程亦十分冗长，且市场调研与终端用户的脱节以及存在的滞后性导致用户需求难以全面、及时地获取与掌握，同时用户也无法直接参与产品的设计、改良与优化过程，也无法获得良好的用户体验。随着社会生产力的提高和科技的不断发展，商品的供给日益丰富，用户需求出现多元化、个性化、碎片化、周期短的趋势，卖方市场逐渐向买方市场转变，用户将成为制造业价值链和需求链的推动力来源。用户端与生产端的变革必将带来传统以提高生产效率、降低生产成本为目的的链式产品模式的失效，而用户对产品差异化、个性化需求的增长，促使制造业进行产品模式及技术与解决方案的创新。在制造业智能化升级的过程中，信息化及网络技术的应用将使制造企业内外部、企业之间以及制造业价值链各个环节的联系更加紧密并进行高效协作；基于丰富的用户数据，大数据分析挖掘将成为分析用户需求的一种惯性路径；运用互联网、移动互联网、云计算、移动O2O等打造用户聚合平台，使用户能有机会参与到大规模定制技术与组织中；柔性化、网络化、智能化生产方式，将进一步实现用户"个性化需求—个性化设计"的连接，以及个性化产品定制和高效规模化的生产协作，即"智能化大规模定制"。由此可见，"定制化"与"规模化"的融合将成为以智能化升级提升用户个性化需求满意度与制造生产或服务效率的有效模式，亦是产品模式智能化发展的表现形式。

### 3.4.4　服务模式的延伸化、互联化

在互联网、物联网、云计算、大数据等技术的强力支持下，智能化成为当今传统制造业转型的主要路径，以开放、交互、共享、协作等为特征的思维方式逐渐形成，并随着互联网的发展逐渐影响和扩散到制造业服务价值创造过程。在互联网技术的渗透与驱动下，制造端和服务端的距离将被进一步拉近，制造与服务之间的界限也将越来越模糊并逐渐相互融合，从而呈现出制造业"服务化"转型的发展趋向，其服务模式也体现出延伸化和互联化的趋势。

长期以来，作为产品提供者一方的制造企业大多会把管理重心、资金投入等放在大规模、高质量的产出上，而较少地将精力集中在对客户服务需求的了解和满足上。但随着传统制造业生产能力的不断提高，产品的市场供给变得越来越充足，企业面临的竞争压力与开拓市场的难度也不断加大，为创造新的利

润点，越来越多的制造企业不再仅仅关注产品的生产，而是将服务作为产品不可或缺的重要组成部分，在制造产品中嵌入服务要素和增加服务内容，通过产品与服务的衔接实现产品的增值，以获取市场竞争优势，以产品为中心的制造业逐渐向服务增强型制造业转变。制造业的智能化发展将进一步促进制造业由"制造"向"制造+服务"的升级，服务将以各种形式融入制造业研发设计、生产制造、经营管理、销售、运维等环节中，而云计算、大数据、物联网等技术的应用亦将催生出多样化的融合服务创新模式，制造业价值链服务化增值延伸的趋势将愈加明显。

同时，随着制造业智能化的深层次发展，在互联网和物联网等技术的支持下制造业将实现信息资源的互联互通与开放共享（虚拟信息空间）以及制造的物理世界与信息世界的互联互通及制造资源的协作共享（物理/信息空间）。进而，作为制造智能化的延伸，云计算、大数据环境下的智能化制造将进一步实现制造服务的智能化，即依托互联网各种制造服务将以集成化服务的形式和网络化应用服务形态被配置于网络中，并在网络环境下被公开发布、发现、聚合和集成，在制造服务平台的支持下对多个候选制造服务根据其服务质量、能力、成本、时间等信息进行筛选，以实现复杂制造任务与制造服务的动态匹配，进而在基于网络的服务协作与交易基础上将这些服务组织成分布式的制造流程，由此制造业将实现其在现实世界与信息世界的制造服务资源的共享与应用服务的融合，服务互联化将成为制造业提供智能化的重要模式。

# 第 4 章

# 制造业智能化升级的驱动机理分析

智能化不仅是未来制造业发展的主要趋势，也是推动我国制造业加快向高质化、高端化转型提升的根本性驱动力。一方面，借助智能化技术和集成化手段可极大地促进我国制造业行业制造能力和制造效率的大幅度提升；另一方面更为关键的则是，制造系统灵活性、智能性以及自组织能力的不断增强使得我国制造业拥有对市场需求的快速响应能力。为此，在制造业全球竞争激烈环境下，厘清制造业智能化升级的动态演进与实现过程及其动力系统的结构、运行机理，进而确定制造业智能化升级的各影响要素及其作用机理，对我国制造业突破发展瓶颈，依托"智能要素"的独特优势触发生产制造范式的迁移及业务模式的变革不仅必要且十分重要。而智能化作为当前制造业产业发展的一个基本趋势，其在微观层面上直接表现为制造企业借助新一代信息技术的应用通过"智能化+"的升级逐步获得价值增值及能效提升。基于此，本部分将着重从微观企业层面对制造业智能化升级的驱动机理展开分析。

## 4.1　制造业智能化升级过程分析

制造业的智能化升级和价值转型是一个持续而复杂的动态发展过程。制造企业作为制造业行业发展的微观主体，其智能化转型升级的演进过程及表现在很大程度上也集中反映了整个行业智能化升级发展的不同阶段与运行轨迹。

### 4.1.1　制造业智能化升级的基态解析

制造业智能化升级是以智能化发展理念，通过对企业生产、制造、营销等各环节中的某个环节或者某几个环节开展智能化改造升级，将智能化理念和企业的生产发展结合起来，促使企业"智"与"能"的提升。在此过程中可能会因为某一或几部分升级而对其他部分产生倍增或者递减的影响，其情形类似于矢量的合力形成过程，所形成的合力越能适应市场环境的变化和融合现有技术，智能化转型升级就会越成功。

由此可将制造企业初期的状态作为制造企业智能化升级的基态，把从基态被激发到智能化升级状态的推动力分为基础配置升级与关键选择升级，前者主要包括生产制造基础设备、管理方式、信息处理能力、组织方式变革、营销拓展、技术创新等，后者则是对智能化升级贡献最大、对竞争优势的形成起关键作用的定向升级。可见，制造业智能化升级的关键就是要对其中的关键选择升级进行更进一步的提升，通过关键选择升级来推动整个组织形态的改变，实现制造业智能化升级的动态性发展，提升企业对环境的适应能力和现有技术的融合能力，进而在新的竞争中取得持续竞争优势。

制造业智能化升级的基态用函数如式 1 所示：

$$F=G\ (S_1;\ S_2;\ S_3;\ \cdots\cdots;\ S_n) \qquad\qquad （式1）$$

其中，F 表示制造业智能化升级发展情况；$S_i$ 表示选择发展模块（包括基础模块和关键模块），$i=1,\ 2,\ 3\cdots\cdots,\ n$。

由式 1 可以看出，制造业智能化升级就是在基础模块和关键模块共同作用下，且关键模块在发展的过程中逐渐渗透到基础模块，带动更多的模块发生变化，最终在模块不断提升的过程中推动智能化升级。

### 4.1.2 制造业智能化升级的动态演进过程

对环境适应以及技术融合是制造企业生存及其后续发展的根本，在此过程中，最为明显的一个特征就是企业绩效呈现持续增长的状态。但由于受到外在环境变化以及内在能力提升，尤其是当前在互联网、大数据和物联网等新一代信息技术的冲击下，制造企业的绩效呈现出动态波动的状态，其对企业绩效提升产生了新的追求，即在制造智能化的大环境下，以信息技术的突破性为驱动力，通过智能化升级不断增强企业自身对环境适应以及技术融合的能力，以抵御企业面临的内外风险进而实现企业绩效的持久提升。基于此，处于基态的制造企业（指企业环境适应和技术融合能力的初始状态）在环境动荡性（如市场需求、信息技术发展、政策变化等）以及企业能力（如创新能力、技术能力、人力资源等）等动力要素的驱动下达到诱发状态，当诱发状态所提供的临界值等于或者大于现有制造企业发展转型发展所提供的收益时，制造企业智能化升级得以开展。在动力系统的推动下制造企业智能化升级持续推进，并最终达到制造企业环境适应和技术融合能力的新局面，此时企业达到了环境适应和技术融合的"稳态"，实现了企业绩效稳步提升的状态。制造业智能化升级的动态演进过程如图 4-1 所示：

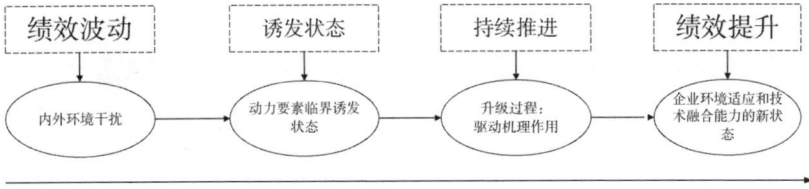

图4-1 制造智能化升级的动态演进路程

### 4.1.3 制造业智能化升级的实现过程

通过制造业智能化升级的动态演进过程的分析可以看出，制造业智能化升级最直观的表现为一个随着时间的推进，作为制造业基本组成单位的制造企业从初始受内外环境干扰的绩效波动，通过智能化制造能力升级最终实现向着绩效提升稳态发展的动态持续性过程。基于此，本研究进一步将制造业智能化升级的实现过程归纳为：由于国家、产业政策激励、技术创新等的快速发展（外生动力），更多引领制造业发展的新模式、新业态的不断涌现，改变了原先的行业竞争环境，制造企业本身因自身能力有限可能会被新的进入者取代，环境的适应能力也开始降低，其智能化升级内生动力由此产生，在对初期基态位置自身基础适应能力和生存发展能力进行整合的基础上，制造企业开始进入智能化升级的启动阶段（即智能化升级的准备环节），并在各驱动要素的引导作用下向智能化升级的诱发状态推进，在此过程中各驱动要素逐渐渗透作用到企业运转层面，从而使得制造企业智能化升级的动力系统得以运行，智能化升级发展开始进入实质性推进阶段（即智能化升级的拓展环节）；通过在推进阶段中对生产制造基础设备、管理方式、信息处理能力、组织方式变革、营销拓展、技术创新等方面的调整，制造企业原有平衡被打破，凸显出企业产品技术、品牌形象、生产效率等的提升，由此进一步推动了企业智能化升级的开展，进而达到企业对环境适应以及技术融合的新基态；在此过程中，企业通过对升级情况的不间断审查发现升级过程中潜藏的轨道偏移问题并及时做出相应调整，从而确保企业智能化升级过程科学、有序、持续地推进（即智能化升级的重审环节）；最终，随着智能化升级的持续推进实现向"稳态"的跃进，制造企业智能化升级的表现将会扩散到整个行业，不仅会带动整个行业的智能化升级发展，更能进一步为制造业智能化升级的持续推进提供源源不断的发展助力，以使制造业整体的升级速度和升级幅度不断得到提升，进而达到制造业智能化升级的目的，即实现绩效的持续改进与提升。制造业进行智能化升级的实现过程如图4-2所示。

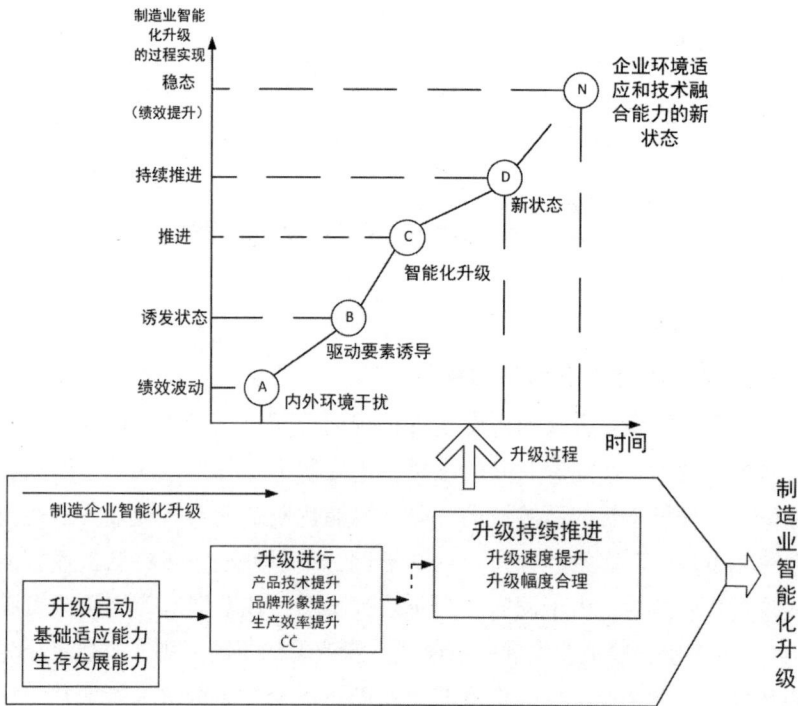

图4-2 制造业智能化升级的实现过程

## 4.2 制造业智能化升级动力系统结构及其运行机理分析

基于前文对制造业智能化升级的过程解析（见文4.1），制造业智能化升级的持续推进需要强有力的动力系统为其发展提供支撑，动力系统是制造业实现向更高层次的智能化跃迁的"能量源"，在动力系统的直接作用下，制造业智能化升级的速度与幅度受到动力系统运行所产生的升级动力的影响。

### 4.2.1 制造业智能化升级动力系统结构分析

从微观层面上看，制造业的智能化升级主要在于通过新一代信息通信技术与先进制造技术的深度融合，在制造企业关键环节逐步分阶段地实施智能化改造，以不断促进企业自身"智"的积累和"能"的提升，并在"智"与"能"这二者的交互作用与彼此配合下，借助智能化手段解决企业在生产控制、管理以及经营等方面的综合问题，最终由内到外实现企业智能化的生产制造与经营管理。而要实现这一目标则需要企业打破固有理念的束缚，在制度层面形成新的认知（Drath et al.，2014；Lasi et al.，2014；姜巍，2015）以及在价值创造层面获得新的突破（Acatech，2015；Czaja et al.，2015；黄群慧，2016），并在员工层面激发开拓创新精神（Hermann et al.，2015），以适应外部环境与市场需求的变化（左世全，2014；李政新，2015；Posada et al.，2015），从而不断激发企业智能化升级的动力。基于此，并结合当前学者们对制造企业升级的相关研究（彭长桂，2016；韩炜，2017；云乐鑫，2017），本研究将制造业智能化升级动力系统构成要素划分为情境制度能力、双元成长、组织习惯、组织学习等四个方面，这四个构成要素通过彼此间的耦合、协同以及交互作用形成智能化升级的动力系统，从而为制造业实现智能化升级提供相应动力。

1. 情境制度能力

制造业的智能化升级是一种跨组织的整合行为，其核心在于通过企业与外部环境间的正向互动与协调以缓解来自规制、规范和认知方面的压力，从而推动企业发展。而情境制度能力则是在变化的市场环境下协调整合企业内部发展与政府、市场环境等方面的制度能力，是企业信息资源与人力资源交叉融合而产生的智能化升级动力，具体可分为：外部制度洞察与创新执行能力以及内部制度洞察与创新执行能力（项国鹏，2009）。企业借助已有的信息资源来实现对外部制度变化的洞察，提升企业对外界环境的感知能力，进而针对外部制度环境变化的压力做出适应性调整，从而使之成为内部制度改革与创新发展动力；在此基础上，通过内部制度变化的洞察，对企业的发展过程中出现的认知性局限做出阶段性的调整；进而，以内部制度创新的执行来解放内部的发展动力。而内部制度创新的执行所带来增长潜力与发展空间反过来又会对外部制度环境造成冲击，并进一步促进外部制度的创新与执行，从而在内部制度创新与外部制度创新之间形成交互式螺旋式的互动发展关系，不断推动企业向着智能化更高层次升级。

因此，在急剧变化的信息环境下，企业应更注重制度能力建设，通过制度方面的创新突破企业发展过程中所受到的外部制度性制约和内部制度性制约，以解放发展思维，促使企业在个体层面与网络层面的协同发展，从而引导企业向着场域位置中心处移动（蔡宁，2017）。可见，情境制度能力有助于制造企业确定其智能化升级发展所从事核心活动的范围，实现对不同业务层面在升级过程所产生差异的有效协调，并对企业的战略行为产生直接影响。

## 2. 双元成长

制造业的智能化升级不仅要注重发展新动能的培育，也要重视传统动能的提升改造。为此，需要建立智能化升级的"双元"发展机制，将发展新动能与改造提升传统动能相结合，促进供给侧与需求侧的有机衔接，依靠"双元"驱动实现"双向"突破。制造业进行智能化升级，在产业价值链层面形成由制造企业的新型智能化生产管理平台、供给方、需求方共同搭建的价值增值创造体系。在新价值创造体系中，供给侧和需求侧成为新型智能化生产管理平台价值增值创造的基点，制造企业依靠智能化升级过程中所搭建的新型智能化生产管理平台能够实现从供给侧到需求侧的生产方式变革或从需求侧到供给侧的结构性变革，从而发挥"双元成长"对制造业实现智能化升级的支撑作用。具体来说，就是通过对智能化升级关联性维度内参与价值增值创造的协同主体价值链（包括：主价值链、上下游价值链以及服务价值链等）的解析重构，以跨越原先不同主体间的壁垒，从而构建起新的产业价值关联链，并将重组的价值链融入由产品的设计、生产、制造、销售、服务等组成的价值链各维度中，从而形成关联链维度和价值形成维度的交叉（杨德明，2018）。而在价值链的解析、重构并融入的推进进程中所形成的交叉价值节点也具备了供给和需求的"正向互构"的属性，即供给和需求相互渗透，彼此支持，正向发展（刘江鹏，2015）。如此，供给侧将从简单的产品供给向着价值增值创造体系中所有价值节点供给的横向延伸，需求侧则将向着价值增值创造体系中所有价值节点需求的纵向拓展，这种横纵方向延伸与拓展的改变，将使每个价值节点具有两维度（横向、纵向）价值定位的新特征，从而为制造业智能化升级的多元实践奠定了基础。

## 3. 组织惯习

在组织成长过程中，由于外部环境的时刻变化，组织为了生存会选择相应的行为方式（主动适应，即组织为适应环境而主动选择一种行为方式，或被动选择，即组织因环境的选择被动而接受一种行为方式），这些行为方式的集合经过长期适应和选择过程会逐渐被固定下来，从而形成组织惯习。组织惯习会对组织产生正向效应或负向效应。对制造企业而言，在以新一代信息技术为代表的科技革命的蓬勃兴起以及制造业出现的智能化、数字化和网络化发展趋势的新情境下需要加强对周围所处环境的敏感性，并进行灵活的战略创新予以应对，通过高效的资源用途转换以及破除因行动迟缓等所造成的组织情境适应性变革的障碍以减弱组织惯习的负向效应；与此同时，还要不断扩散由组织惯习所带来的正向效应，使得企业能够通过员工在认知和行为上的协同性保持、组织内部协调与控制活动的适时展开以及专项渐进式创新的持续性推进等获得动态竞争优势的能力，有效推动企业的高效运行，从而为企业智能化升级的持续推进提供动力。

制造企业持续推进智能化升级的过程中，在战略层面，企业会重点发展前沿的制造技术，保持对战略的阶段性关注和资源的持续性投入，这种关注将会有助于企业对既有技术创新能力的深层次提升；在资源层面，随着智能化设备和技术等专有性资源及相关知识的累积和扩散，员工的技术水平、操作熟练程度以及劳动效率得到了快速提升，企业人力资源的知识性、创新性和灵活性都获得了极大的提高，从而在资源层面脱离了组织惯习的负向影响；在执行层面，随着流程的常态化、惯例的演化以及熟练程度的提高，智能化升级所带来的新技术能力被不断强化，从而刺激企业高效率地完成技术产品创新活动，并培养出新的组织惯习；在网络层面，智能化升级中所带来的泛在信息联通与应用将会产生"熟知"特性，而"熟知"伙伴间的合作将更有利于合作组织关系的确立以及管理时间成本的节约和有效性的提高，从而将组织惯习实现外部扩散（吕一博，2017）。经过在战略层面的支撑、资源层面的解放、执行层面的培养以及网络层面的扩散，组织惯习将会根据组织的变化而做出适应性调整，进而有助于制造企业翻越智能化升级发展过程中的重重障碍与樊篱。

4. 组织学习

制造企业要开展智能化升级需要进行研发活动的多向发散，通过不断寻找新的创新方向逐步架构出新型创新研发网络。如此不仅可以发挥出"连接红利"所带来的前沿技术异质性知识的搜索转化，更可以构建起一个动态学习网络以对内外部知识进行整合和应用，从而将组织学习推向新的发展阶段，并进一步拓展企业内部学习与外部学习的内容。其中，内部学习将从原先基于组织自身层面的经验与知识分享向着合作伙伴层面的交流与沟通发展，从而形成内部知识的螺旋式增长和优良的知识创造氛围（罗仲伟，2017）。制造企业将以人机协作、机器人为代表的新型制造技术的学习作为起点，尤其以前沿制造技术与现有制造技术更替过程中的知识创造为基准，通过内部学习对新技术进行充分理解与应用，创新与改善产品制造技术及流程，在组织层面达到共享扩散并与其他组织间的知识实现整合。而外部学习则可以形成经验的系统性转化，制造企业将其他企业的发展经验通过外部学习以获取或者模仿的形式代入组织，并且在组织内部实现传播。内部学习所形成的螺旋式增长和优良的知识创造氛围将为制造企业带来系统性知识成长，为在组织层面上向着知识型企业转型和核心竞争力的跃迁提供准备；外部学习所形成的对市场动态变化的识别和发展前行的引导，将有助于企业打破发展壁垒，为核心竞争力的跃迁提供方向。在内部学习与外部学习的共同推动下，制造企业将获得的前沿知识和技术与现有知识存量进行整合，组织成员形成良好的学习习惯，有效地扩大企业知识库规模，提高识别机会、规避风险、开拓市场和应用技术的能力，从而成为企业进行智能化发展实现核心竞争力升级的跃迁动力。

### 4.2.2 制造业智能化升级动力系统的运行及相关研究假设

根据上述分析，制造业智能化升级动力系统的基本要素包括情境制度能力、双元成长、组织习惯以及组织学习等四个方面的内容，在制造业智能化升级活动中这四个要素互构共变，形成类似齿轮互动的耦合关系，它们相互渗透、相互依存、相互支持，在动力系统的不断运行下产生不竭动力，从而持续推进智能化升级过程。

1. 情境制度能力与组织学习间耦合——智能提升

情境制度能力与组织学习间的耦合构成了制造企业智能化升级系统运行的智能中枢，引导制造业企业智能发展水平的升级。情境制度能力与组织学习的交互耦合作用使企业基于内部诊断，从变幻莫测的市场中寻找适合于企业发展的机会，进而采取相应的措施与行动，并在此期间建立信任机制。

情境制度能力所具有的感知和创新远见可以通过制度层面的推动将新环境下的新技术、新知识引入组织内部；进而借助组织学习，一方面充分调动组织成员学习的自主能动性，另一方面则对从外部传入新知识的有用性进行鉴别，并对内部知识结构进行调整，进而扩散到整个组织层面。由于受发展过程中情境制度能力与组织学习不稳定冲突的影响，因此需要对于原先的认知和判断进行优化，就如同人工智能经过深度学习算法训练，从而逐渐培养出企业对发展认知的反省、思考等"智性"能力。而在"智性"能力的推动下，情境制度能力与组织学习不断交互升级最终达到相对平衡稳定的状态，从而将企业智能提升到一个新的层次。

2. 智慧渗透下的双元成长——实践应用

在情境制度能力与组织学习耦合的联动效应推动下，双元成长构成了智慧渗透下的制造业智能化升级的企业实践应用。所谓联动效应是指情境制度能力与组织学习能力的"互构共变"而形成的智能升级与双元成长间的耦合效应，其带了企业在价值链形成维度和关联链维度进行拓展与深化，通过协调延伸实现新的发展动能与传统动能提升的双元成长。

在延伸拓展的过程中，"双链"的形成与优化需要将二者的特点相互结合，避免因彼此不协调，不相容而产生"倒挂"现象；同时引入联动机制给予双元成长以"智性",从而为双元成长过程中的智能提升提供支撑;此外,还需提前做好风险防范与规避,以有效减少平台发展过程中潜在的风险。例如,在价值链形成维度成型期间,将智能提升向实践层面渗透,需要对原先的组织合作关系进行微调,避免因一方超前发展或者另一方滞后发展而导致的企业发展出现不协调的状况,由此释放出智能化实践应用所带来的发展活力,创新企业发展模式,从而能够以最小的代价推动企业整体的智能化转型发展。有效的联动与协调有助于不同部门之间的相互了解与相互联系,消除不同部门间的不平等状况,避免发展过程中由于不同部门所处地位的不同而产生的隔阂,使得彼此间如同人体的"骨架"与"肌肉"的关系相互联结接与相互支持,以加强跨越整个企业的整合与协作能力,为制造企业智能化升级发展提供外在基础框架的支持。

3. 智能提升作用下组织惯习调整——架构渐变

情境制度能力与组织学习将在组织惯习层面形成交互,其结果是形成在智能提升影响下组织惯习的调整,从而引起架构渐变,并最终达到组织适应性调整和发展模式跃迁的有机结合。组织惯习的正向效应和负向效应影响着企业在组织层面的发展,当内外环境稳定时,组织惯性受到正向效应主导,这种状态有益于企业进行定向技术创新,对管理创新也具有积极的作用;而当内外环境变动时,负向效应则占据组织惯习的主导权,组织对变化环境的敏感性将有所降低,会使得企业在技术探索与创新方面缺乏应有的动力。架构渐变则体现了智能提升在组织层面的应用,其具有循环模式即"优化——组织惯习转变——再优化——组织惯习再转变"的二阶段升级以及阶段跳跃性的特点。这种循环模式在制造企业智能化升级过程中打破了原有固有的架构壁垒,并重组形成智能体系,最终达到组织结构在智能化升级实践中实现渐变方式的变革。其中,优化加强了企业对于脉络架构的调整,为情境制度能力和组织学习两部分的持续性发展提供相应的框架支持与实践基础,优化后组织惯习的转变得以初步形成;在此基础上,通过分析组织发展状况和环境间的关系,组织继而进行再优化,从最初情境制度能力与组织学习间在组织惯习层面的单项推动向着信息传递交互的更高阶段跃进,组织惯习由此得以再转变,如此循环往复不断推动制造企业向着智能化方向实现跨越式升级发展。组织惯习调整引起的架构渐变,如同跳动的"心脏",从智能提升渗透为主慢慢向着其他层面提供发展前行的动力,确保不同环境下企业内部的协调与整合,以从内部支持制造企业智能化升级系统性变革的开展。

综上所述,在制造业智能化升级动力系统的运行过程中,情境制度能力与组织学习间耦合形成的智能提升、智慧渗透下双元成长的实践应用以及智能提升作用下组织惯习调整的架构渐变三者间相互作用、相互依存，智能提升为企业智能化升级提供了前行方向的指引，使企业具有"智慧头脑"；实践应用为企业智能化升级提供了实践的躯体，使企业具有"能动躯干"；架构渐变为企业智能化升级提供企业发展的内源动力，使企业具有"脉络心脏"。三者彼此支持形成内生逻辑，为制造企业能够在变动的环境下通过智能化升级，持续保持竞争优势发挥了决定性作用。制造业智能化升级动力系统运行机理如图4-3所示。

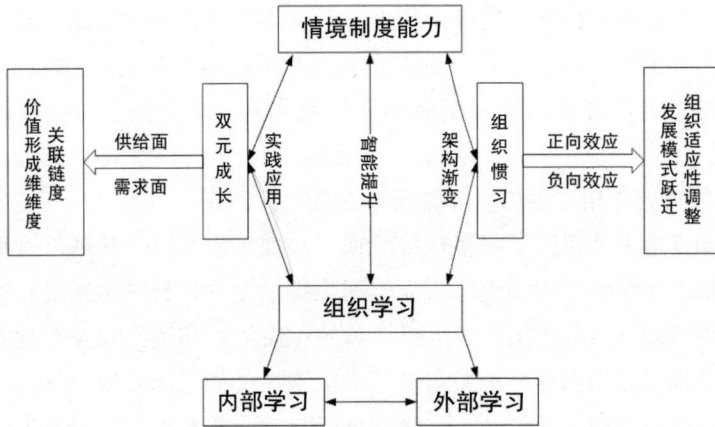

**图4-3　制造业智能化升级动力系统的运行机理**

图4-3中，情境制度能力首先感应并识别环境变化，并将环境变化转换为企业对制造业智能发展新局面在思维层面上的变革，从而起着环境激发作用；接着，双元成长在实践操作层面上，通过对供给面和需求面的解析，结合企业已有的资源在价值形成维度和关联链维度做出调整，以激发生产层面潜力；然后，组织惯习调整则是在将组织的灵活性与稳定性相结合，根据智能化发展所带来的正向效应与负向效应，推动组织的适应性调整和发展模式的跃迁；最后，组织学习将制造企业智能化升级所带来的结构性转变渗入员工层面，通过内部学习和外部学习两种方式加强组织层面的知识积累，尤其是信息知识，为其他方面的持续性发展提供动力。通过制造企业智能化升级动力系统的不断运行破除原有发展壁垒的干扰，形成崭新的发展模式，升级能量的累积与释放为制造业智能化升级提供源源不断的跃迁动力，推动制造业从传统发展模式向着智能化方向的转型。

基于前文对制造业智能化升级实现过程及动力系统运行机理的分析，在智能化升级动力系统运行所产生动力的推动下，制造业企业环境适应性及核心技术能力不断增强，促进了制造业升级幅度与升级速度的大幅度提升以及整体效益的增长。在此过程中，制造业技术和模式创新、组织变革、效率提高以及竞争优势的挖掘速度得到了大幅提升。据此，本研究首先提出如下研究假设：

T1：智能化升级动力与升级速度间存在着正相关关系

T1a：情境制度能力与升级速度间存在着正相关关系

T1b：双元成长与升级速度间存在着正相关关系

T1c：组织学习与升级速度间存在着正相关关系

T1d：组织惯习与升级速度间存在着正相关关系

同时，考虑到一些企业虽然在升级速度上取得了较为明显的竞争优势，但如果过度追求速度而忽视原先的基础差异，无视升级幅度所引起的差异性变化的话，那可能会导致额外的成本浪费，增加升级过程中的冲突，从而可能会影响到智能化升级的持续性推进。根据前文的分析，制造业智能化升级过程中需要依赖于不同动力要素间的相互作用与配合以保持合理的升级幅度从而推动智能化升级得到持续推进。基于此，本研究进一步提出如下研究假设：

T2：升级动力与升级幅度间存在着正相关的关系

T2a：情境制度能力与升级幅度间存在着正相关的关系

T2b：双元成长与升级幅度间存在着正相关的关系

T2c：组织学习与升级幅度间存在着正相关的关系

T2d：组织惯习与升级幅度间存在着正相关的关系

制造业的智能化升级是一个持续性的过程，针对这一过程的表述学者们一般以企业绩效来表示，企业绩效同时也反映了企业制造企业智能化升级动力作用的最终结果。基于此，本研究提出以下假设：

T3：升级速度与企业绩效间存在着正相关的关系

T4：升级幅度与企业绩效间存在着正相关的关系

## 4.3 制造业智能化升级驱动要素及其作用机理的研究假设

前文对制造业智能化升级动力系统结构及其运行机理的分析（见文4.2）表明动力系统各构成要素间的相互作用及其运行为制造业智能化升级的持续推进提供了不竭动力，在此过程中动力系统的运行不能脱离其所处的环境和条件（包括：内部环境与外部环境），因而会受到诸多因素的影响。与传统升级思维倾向于通过对外部环境分析以及内部环境调整以寻求价值提升的策略不同，智能化升级所关注的是以价值创造逻辑为核心的外部环境优化以及内部价值活动体系重塑。在以往多数对制造业转型升级的研究中，制造业的转型升级常被视为由变革主体（管理者）所主导的改变，而忽视了变革的客体（参与者或社会环境）自身演变所产生的影响。而智能化升级作为一种新的生产发展方式，强调主体及客体对整个生产制造的参与。在此过程中，随着主、客体在外部环境优化以及内部价值活动体系重塑中参与程度的加深，由主体所主导的内部驱动要素以及客体所产生的外部驱动要素在智能化升级不同阶段彼此间相互联系、交互作用，促使智能化升级得以不断交错进行。

首先，对于由主体所主导的内部驱动要素内容、结构以及治理（吉艳平等，2018）是其三个主要维度。其中，内容维度关注的是升级过程中所创造的价值属性以及与其相关的活动，企业以此对自身的生产方式进行调整，通过充分吸收现有先进技术、发挥自身学习能力等发展独具特色的制造模式；结构维度关注生产制造价值创造网络中的合作伙伴属性及企业间的关系，旨在基于自身人力资源能力，完成对企业所属价值网络的阶段性调整，打造出有利于整个生产网络的企业间新的合作关系；治理维度则关注创新能力支撑下对自身各种资源的优化整合，强调企业自身在发展过程中与环境、消费者间的互动，从市场当中寻找发展机遇。其次，对于客体所产生的外部驱动要素则主要涉及了升级过程中的市场环境、制度环境以及技术环境（刘海兵，2019；向永胜等，2016；张治河等，2015）等。其中，市场环境方面主要体现了环境变化对企业生产发展所造成的冲击；制度环境方面则是强调了在面临制度压力时企业所采取的策略；技术环境则是着重体现了技术对升级发展过程中价值塑造的重要性以及必要性。

根据上述分析，本研究将驱动制造业智能化升级的影响因素分为内部驱动要素和外部驱动要素。其中，内部驱动要素主要包括创新能力、技术能力和人力资源等；外部驱动要素主要包括市场需求、信息技术发展以及政策变化等。内外驱动要素通过耦合、协同以及交互影响，促进了制造业通过智能化升级实现核心竞争力与环境适应能力的增强。

### 4.3.1　制造业智能化升级内部驱动要素及其作用机理研究假设

内部驱动要素强调为了能够自主动态地适应快速变化的制造环境，主观能动性的企业能力对于制造业智能化升级的驱动作用，具有较强的主动性，体现了企业通过对内外部资源、技术等的阶段性的整合与调整以适应智能化发展需求的能力。具体包括创新能力、技术能力、人力资源等。

1. 创新能力

智能化已成为制造业未来发展的新方向，具有以持续创新能力为基础的技术优势则是制造业智能化升级的核心引领能力，其表现为一个不断发展、螺旋上升的动态过程。随着制造业创新能力不断提升，其对智能化升级发展的驱动作用主要表现为正向促进与反向刺激两个方面。

（1）正向促进作用。由于市场的快速变化，制造业需要改变传统的生产主导模式，主动深入地了解市场创新需求，培养自身的创新意识；同时了解产品市场发展状况、变化趋势以及行业技术发展的最新动态，寻找创新机会，并不断拓宽自身创新方式方法。创新意识的持续增强以及创新方式的多元化选择，将会给企业带来思维层面的变革，由此推动企业做出适应性调整，从而将潜在的机会转变成落到实地的创新规划（吴岩，2014）。在调整的过程中，一方面需要注意评估自身的资源配置情况，判断是否能借助当前的资源完成相应的创新目标，如不能的话，则需要进行创新投入；另一方面则是要选择合适的创新方式，确保创新过程能够顺利开展，不断提升企业运行效率，从而让企业能更早地进入智能化发展轨道。此外，在创新过程中还需要注意对创新活动的管理，以便当创新活动遇到问题时能实时做出调整，并确保创新过程中各环节能够进行紧密有序配合的同时，直至创新成果的产生。

（2）反向刺激作用。制造业借助新一代信息技术与制造技术的融合向智能化实现升级，目的是能够获取更多的发展资源，在此过程中，任何的创新成果都需要接受市场的检验，而市场检验的结果又将反过来决定产业智能化创新发展的方向，即所谓的反向刺激。一方面，如果企业推出的新技术、新产品能够获得市场的认可且认可程度较高将会有利于刺激企业继续进行创新，提升企业的创新意识，同时改善企业与市场间的关系，并有助企业加大创新投入，而创新意识以及创新投入的增加又可以进一步优化企业的创新方式，促进企业更好地进行产品、技术创新，以便推出更好的技术产品以及拓展和延伸后续服务（刘海兵，2019），从而逐渐形成推动企业创新能力不断增强的正反馈机制；另一方面，如果企业推出的技术或产品未能获得市场认同，则会刺激企业对创新方式的调整以及对原先创新投入的重审，同时也会通过对创新活动的管理来带动创新理念的转变，寻求新的发展道路，并借助于新道路的发展而慢慢调整创新意识，以扭转被市场暂时性拒绝的颓势，从而形成对负反馈进行的积极主动响应与控制。

由此可见，创新能力为制造业实现智能化升级发展提供了更多的弹性与空间，在其影响作用下，企业在发现并开拓市场的过程中情境制度能力得以增强

（刘海兵，2019），从而为升级提供了更多机遇；而在高质量创新能力的推动下，组织对其传统的学习方式进行变革（向永胜等，2016）；同时利用所产生的正向促进以及反向刺激作用，不断对自身发展做出实时性调整，以解决组织发展的惯性依赖问题，最终确保企业向着智能化方向升级发展的科学性以及合理性。可见，创新能力的激发可以有效促进制造业智能化升级动力系统的运转，进而推动制造业通过智能化升级实现由价值链低端向高端的跃迁。由此，综合当前学者对企业创新能力的评价（徐立平等，2015；张军等，2014；张治河等，2015），本研究提出以下研究假设：

H1：创新能力对制造业智能化升级动力系统的运行具有正向推动作用

H1a：创新能力与情境制度能力间存在着正相关的关系

H1b：创新能力与组织惯习间存在着正相关的关系

H1c：创新能力与组织学习间存在着正相关的关系

2. 技术能力

技术能力，特别是核心技术能力，是企业、行业发展竞争力的关键，而技术能力的提升则体现为企业内、外部技术交互发展的过程（田丹等，2014），即：一方面，需要对内部技术潜力有效挖掘；另一方面，则是需要与外部技术源展开合作，增强对外部技术利用。在此基础上，通过内部技术孵化与外部技术融合促进企业技术能力的增长。在制造业智能化升级的过程中，需要加速积累能够推动其向智能化发展的专业技术能力。对制造企业来说则可根据自身技术基础，通过对外部技术资源的获取和利用或对内部原有技术潜能的挖掘，更加快速地进行技术创新与迭代，进而不断加强这种技术能力的获取与建设（詹雯婷等，2015）。但无论是从内部挖掘还是从外部引进都离不开技术的扩散与应用这一重要环节，同时还需要对在此过程中所产生的新技术、新知识进行转化与储备。可见，企业技术能力主要应包括两个方面，即：吸收能力与应用能力。

（1）吸收能力。由于受自身技术能力所限，制造企业一方面会面临着无法单纯依靠现有资源进行转型升级的问题，另一方面又会产生原有资源闲置与沉没的困扰，因此有必要从外界获得必要的信息与资源，引入先进的技术，并通过内外部技术资源的有效整合将其转化为自身技术能力的一部分。在此过程中，从开始的技术引进到后续的技术转化，企业的吸收能力都扮演了重要的角色。吸收能力有助于企业对外来技术与资源进行快速有效地融合，促进原有技术范式的改变，进而消除因自身资源、技术瓶颈对升级干扰（原毅军等，2012）。同时，吸收能力还能够帮助企业更好地进行相应技术和知识的储备与积累，而企业知识水平的上升将促进组织员工积极开展有效的针对性的学习，这反过来又会推动吸收能力的提升，促使其得到进一步增强（朱方伟等，2015）。

（2）应用能力。在新一轮工业革命的过程中，市场发生了深刻变化，呈现出分层化、多样化、小众化、个性化的特征，这对产品的生产制造提出了新的要求。为了适应这种变化，制造业需改变传统的生产流程与制造方式，采用适应技术变化与市场变化的新方式（林亚清等，2014）。在此过程中，对现有技术及外部技术资源的整合、应用是推动制造企业智能化升级发展过程中极为关键的一环。一方面，企业利用智能化技术对现有技术进行改造、更新和提升，通过对原有技术力量和管理水平的充分应用，逐渐脱离传统的生产模式，并根据自身行业及产品特点构建合适的新的生产模式；另一方面，企业对现有设备、工艺技术等进行智能化升级改造，在以增量的投入带动存量的调整迅速提高企业现有技术水平的同时，突破自身体制、机制及观念上的束缚，选择与其他企业展开多元合作交流，形成有效的外部技术网络，借助外部技术网络汲取更多的技术资源，并加以充分利用与整合，进而将其转化为企业智能化升级所需技术能力（吴伟伟等，2017）。在制造企业智能化升级的过程中，对现有技术的应用能力是企业构建新业务（生产）模式的基础，同时也有助于推动企业把握新技术的发展趋势；而对外部新技术的引入与应用则又有助于企业对已掌握技术的完善。由此可见，只有具有较强的应用能力才能拓展企业智能化技术的应用与发展空间，切实促进制造企业的智能化升级。

由此可见，技术能力为制造业的智能化升级发展提供了更多的活性。在对技术的吸收过程中，企业通过与外部技术资源建立多样化的链接体系，对市场认知与联系得以进一步加深（李光泗等，2013；江志鹏等，2018），从而解决了市场中冗余信息对升级的干扰，提升了企业情境制度能力（闫泽斌等，2017）；应用能力在制造企业通过对内部技术能力的强化充分挖掘内部技术潜力的同时，又能够通过与其他企业展开合作，利用外部技术网络带动企业技术能力的提升，这种内外交互发展的模式将引导企业进行更为高效的组织学习（彭学兵，2013）。伴随企业技术能力的提升，其关联链维度以及价值形成维度的重构与优化得以顺利开展，企业双元能力逐渐形成，进而推动制造业智能化升级动力系统的有效运转。由此，综合当前学者对企业技术能力的研究（何继江等，2013；林筠等，2016；李光泗等，2013；吴伟伟等，2017），本研究提出以下研究假设：

H2：技术能力对制造业智能化升级动力系统的运行具有正向推动作用

H2a：技术能力与情境制度能力间存在着正相关的关系

H2b：技术能力与双元成长间间存在着正相关的关系

H2c：技术能力与组织学习间存在着正相关的关系

### 3. 人力资源

人力资源是制造业进行智能化转型升级的实践者和推动者，对企业的智能化升级有重要影响，这种影响主要是通过人力资源开发以及人才激励两个方面发挥驱动作用。与以往升级相比，在智能化发展大趋势下企业与其成员间赖以生存的雇佣关系逐渐瓦解，向着基于平等合作的伙伴关系演进（赵曙明等，2019）。在此变革下，企业不仅需要根据自身升级需求对人力资源进行高效开发，还需要采取有效的人才激励措施，以充分调动作为保证智能化升级动力系统顺利运转的内部核心驱动要素之一的员工参与智能化升级的积极性与主观能动性。

（1）人力资源开发

人力资源状况将会影响到企业智能化升级过程的人才供给，而人才供给的数量以及质量又会影响到企业整体人才结构。人力资源开发能够促进不同要素在产业间以及区域间的适当流动，形成平台效应，确保企业智能化转型升级与人力资源的开发、配置相匹配（闫佳祺等，2017）。制造企业进行智能化升级，一方面，会带来企业发展路径的变革，形成新的发展模式，这必然要求企业员工掌握新的技能以及新的知识，从而加速企业对人力资源的开发；另一方面，会带来企业生产主导力量的更替，即从传统的机器依赖向着人才依赖进行转变，而这种转变会引起人才尤其是高科技人才、管理人才的空间集聚，由此促进企业研发、生产、营销等的持续优化，并由此形成专业化人才队伍，不仅可大幅度提升智能化升级发展过程中知识以及技能的转化与吸收，也可极大地降低满足企业智能化升级所需人力资源的开发成本（刘小浪等，2016）。此外，人才集聚所产生的相应的知识溢出效应，也将促进企业人才质量以及数量的转变，企业由此所获得的溢出收益也将使得企业整体人力资源结构得到进一步优化。

（2）人才激励

随着智能化升级过程中信息技术应用的不断渗透，原先存在的信息不对称呈现下降的趋势，信息在组织成员中得到了扩散，且这种信息的扩散进一步激发了组织成员的主动性和独立性，员工自身的价值属性以及价值创造的积极性由此被极大地激发出来，企业的生产方式以及员工的工作方式也都发生了不同程度的变化（肖兴政等，2018；赵曙明等，2016）。在此情况下，企业与员工的关系逐渐从不平等向平等转化，组织中的权利与义务关系也开始发生了变化，员工被赋予更多的话语权的同时也承担了更多的责任。为了实现向这种转变的顺利过渡，需要辅以适当的人才激励措施（孙锐等，2018）。适当的激励措施，一方面可以吸引员工能积极主动地参与到智能化升级的组织变革中，以便将智能化发展理念渗透到企业整体层面，创造良好的智能化升级发展的组织氛围；另一方面，则是可以逆向刺激企业高层管理人员，使其对人才的培养足够重视，为人力资源管理投入更多的资源，完善现有的人才培养机制（陈志霞等，2017）。良好的组织氛围能推进智能化升级过程中由于个人层面内隐态度所形成的阻力；而优化人才培养机制又能够形成多元化的人才培养体系，为企业进行智能化升级所需的人力资源尤其是人力资源的开发提供有力保障。

由此可见，人力资源有利于激活制造业进行智能化升级发展的主动性，促进企业情境制度能力的提升（孙锐，2014）。其中，人力资源开发为企业的横向拓展发展提供了机遇，人才激励为企业的纵向发展奠定了基础。在纵横双向发展的共同推动支持下，企业员工自身价值理念越来越深地与企业智能化发展理念融合在一起，这种理念层面的融合投影在实践层面则表现为员工能够通过有效的学习推动生产制造模式的调整（杨浩等，2015），即组织学习和双元能力的发展。而组织学习和双元能力的发展又将进一步改变组织内在形态，革除过去发展过程中遗留的弊病，发挥组织共情的特性，营造积极的组织惯习，进而确保制造业智能化升级动力系统得以有效运转（肖兴政等，2018）。由此，综合当前学者对人力资源的研究（唐贵瑶等，2015；田立法，2014；陈志霞等，2017；刘善仕等，2018），本研究提出以下研究假设：

H3：人力资源对制造业智能化升级动力系统的运行具有正向推动作用

H3a：人力资源与情境制度能力存在着正相关的关系

H3b：人力资源与双元成长间存在着正相关的关系

H3c：人力资源与组织学习间存在着正相关的关系

H3d：人力资源与组织惯习间存在着正相关的关系

### 4.3.2 制造业智能化升级外部驱动要素及其作用机理研究假设

外部驱动要素主要来源于外部环境，强调由于技术更新、市场需求等外部环境各种因素的快速变化及发展所引发的环境动荡性对于制造业智能化升级的驱动作用。具体来讲，主要包括市场需求，信息技术发展以及政策变化等。

1. 市场需求

市场需求是制造业智能化升级的出发点和落脚点，在制造业智能化变革的大势下，面对新的市场需求变化，制造业要实现由"制造"向"智造"升级需要对原有业务模式、生产流程等进行系统的重新设计与构建，在此背后企业与企业之间以及企业与消费者之间关系的重组蕴含了信息、知识等多种智能化要素。

（1）企业与企业间的关系

制造业进行智能化升级并不是单单局限于某个企业自身的升级发展，在升级的过程中需要注意保持本企业与其合作企业间的关系。这种关系可以分为主动关系以及附属关系（蒋晓荣等，2014）。其中，主动关系意味着企业在升级的过程中掌握着主动权，并能够带动其他处于附属关系地位的企业的转型升级；附属关系则意味着企业在升级的过程中将处于被动地位，由于缺乏必要的资源，在进行智能化升级的时候需要考虑处于主动关系地位的企业所带来的限制。

制造业要顺利进行智能化转型升级，建立良好企业与企业间关系是相当重要的。其中，主动关系是智能化升级过程中的主导力量，占据主动关系地位的一类企业，由于在基础资源储备方面占据一定的优势，并已具备了进行智能化升级所需的智慧型资源和条件，因而其在智能化升级发展过程中通过利用自身与处于附属关系地位的企业间的势差，一方面提升自身在变换市场中转换相应市场资源的能力，使自身智慧型资源得到进一步延伸，以完成从原始积累到应用拓展的转变；另一方面，则是结合自身对于行业发展的洞察力，借助附属企业急于发展的心态，提高行业信息在智能化升级过程中的传递质量与速度，进而带动整个行业的智能化升级发展（盛丹等，2014；郭文钰等，2020）。在此过程中，居于主动关系地位的企业既完成了自身的发展蜕变，又通过多元化合作重构了与其他企业间的关系，进而增强整个产业转型发展的新活力；处于附属关系地位的这一类企业则可结合自身业务特性借此提高对自身已有的有限资源的利用能力，并以发展带动变革，不断积累智能化升级所需的智慧性资源，提高自身势能，为向智能化的跃迁升级做好准备（曹霞等，2016）。

（2）企业与消费者间的关系

保持并加强与消费者之间的关系，对现有客户关系进行重塑，既是制造业智能化升级的追求，也是升级发展的主导。这主要是因为，随着消费需求的日趋个性化、多样化，以往单纯的生产主导市场正逐渐被多元化的消费主导市场所替代（吴瑶等，2017）。相对于过去生产主导的"产品能为自己带来什么价值"这一理念，消费者转而更加关注"利用这种产品会为自己创造什么价值"这一消费者自身价值创造理念，而这种理念的转变势必会扭转企业与消费者之间的关系。制造企业需要更加关注消费者行为，并在各个层面加强与消费者的互动，即从基于交易的消费者互动向基于关系的消费者互动转变，以减少彼此间的信息不对称，并通过激励消费者参与到企业设计、生产环节当中，促进单纯消费者向特殊生产者这一角色的转变。通过让消费者参与到产品的开发、生产的过程中，制造企业将不再独立进行价值创造，而是围绕着消费者价值创造，向着企业和消费者互动共同创造价值发展转变，从而极大地降低企业创新发展的运作风险和经营成本。比如，当消费者参与生产制造时，可以更为直接地选定商品，不仅减少了企业库存压力，同时也增加了企业生产的活性。此外，对现有客户关系的重塑还有利于新的消费文化的形成，从而增加消费者对企业以及行业的信任程度，保证彼此间关系的稳定性与可持续性（肖静华等，2014）。以此为基础，企业通过新一代信息技术的集成应用对自身业务进行动态重组，结合客户需求开展柔性化生产、个性化定制等新型智能化生产服务模式，推动企业组织层面以智能化升级实现良性渐进性的发展变革。

由此可见，处理好与其他企业间的关系是拓展企业自身情境制度能力和双元能力极为关键的组成部分。与其他企业建立起良好的合作关系，不仅可以提高企业对自身资源利用效率，提升其在应对内外环境变化中的制度能力，还可以累积智能化升级所需的智慧性资源，从而形成特色、关联、成链、合作发展的产业集聚体系，为实现智能化升级提供支持与保障（黄阳华等，2013）。而对现有客户关系的重塑不单单影响着企业产品生产情况，对组织学习甚至组织惯习也有着深远的影响。制造企业与消费者建立的新型客户关系越紧密，越有利于企业明确后续组织学习方向，同时这种变化也将渗透到组织惯习层面，使组织惯习逐渐发生变化（肖静华等，2014；吴瑶等，2017）。可见，在市场需求的变化推动下，良好的企业间关系的建立以及企业与消费者之间关系的重构，在一定程度上对智能化升级系统的顺利运转提供了有力保障，进而促进制造业智能化升级的持续健康发展。由此，综合当前学者对市场需求的研究（肖静华等，2014；吴瑶等，2017；熊勇清等，2015；黄阳华等，2013），本书提出以下研究假设：

H4：市场需求对制造业智能化升级动力系统的运行具有正向推动作用

H4a：市场需求与情境制度能力存在着正相关的关系

H4b：市场需求与双元成长间存在着正相关的关系

H4c：市场需求与组织学习间存在着正相关的关系

H4d：市场需求与组织惯习间存在着正相关的关系

2. 信息技术发展

在新一轮由数字化和智能化引发的新工业革命背景下，信息技术，尤其是新一代信息技术与制造技术的融合发展，是制造业为实现参与者角色、制造理念、商业价值等的颠覆与重构，通过战略转型、业务调整、运营变革等一系列变革加速向智能化转型升级的最直接的外在推动力（李淑娟等，2015）。迄今为止，制造业生产方式经历了"单件小批生产—大规模生产—大规模定制—全球化个性化制造"的四次转变，其发展过程也经历了由传统单一化发展方式向着多元化发展方式的转变，而每一次转变都离不开相应的技术范式变革。尤其是现阶段，以互联网、物联网、云计算、大数据、CPS等为代表的新一代信息技术作为核心驱动力，正成为促进制造业向高端化、智能化、服务化方向发展的强劲引擎（黄群慧等，2015）。对制造业来说，信息技术的不断发展与变革正不断改变制造业周边环节，为重塑制造业提供新的技术基础和产业生态。借助信息技术对数据和信息强大的分析处理能力以及嵌入式智能芯片的使用，将极大地提高制造业生产力，并由此带动整个制造业向数字化、智能化和服务化发展。通过信息技术与制造技术的结合。一方面，将根本改变制造业的生产运作方式，不同于传统自动化只侧重于单一目标的自动检测与偏差的自动调节以及特定动作按特定时间、条件的执行，也有别于传统信息化主要侧重于提升企业上层管理效率，这种改变更加侧重于生产全过程中的智能管控，强调通过人机智能交互协作生产，为提高制造业产品附加值提供了条件，也为智能化升级奠定了实践基础（陈志祥等，2016）；另一方面，则是极大地拓展了市场的广度与深度，使企业与企业之间、企业与消费者之间的关系发生了改变，这种关系的改变将会为企业带来重要发展推动的同时又将促使企业不得不进行自身智慧型资源的积累与开发，以便能够应对因这种变化带来的不确定性（冉佳森等，2015）。在工业互联网、物联网、大数据、云计算、人工智能等新一代信息技术的强力支持下，智能感知、普适计算与泛在网络的融合应用能重构制造业技术体系与价值链体系，从而使制造业能够对其在升级发展过程中可能出现的风险进行有效规避，并从不确定中寻找出新的发展机遇，进而对发展路径做出及时修正。同时，信息技术变革力度的不断增加也加速了制造业组织结构的变革，催生出了个性化、智能化、定制化、服务化等一系列新理念、新模式。借助信息化、网络化等手段，一方面，使知识、技术在制造业中得以迅速渗透扩散，极大地缩短了知识创新与技术转化周期；另一方面，则将智能化新理念渗透到制造业价值链、企业运营以及组织管理决策体系中。而信息应用智能化程度的不断提升，不仅能使企业更好地了解市场发展环境，利用互联网还能更便于企业直接与消费者进行更好的沟通，并以此为基础推动整个生产网络更加紧密地围绕消费者与生产者两大核心不断进行优化，进而形成以网络化、智能化、服务化为主的生产制造体系（宁光杰等，2014）。

由此可见，信息技术发展无疑是为制造业以数字化、网络化、智能化为主线进行不断演进升级指明了方向，尤其是为制造业组织学习创造了条件。在信息技术的推动下，企业完成对生产制造流程、人员配置的升级，从而培养双元成长动力。同时，这种升级所产生的扩散效应，会逐渐渗透到各个层面。在组织层面改变组织形态；在员工层面，则可进一步调度员工参与组织升级变革的积极性，并最终通过组织内在价值创造以及员工自我激励培养促进组织惯习的改变，在一定程度上推动制造业智能化升级动力系统的持续运行。由此，综合当前学者对信息技术发展的研究（Freund et al.，2004；Karlsson et al.，2010；Boothy et al.，2010；Bayo-Moriones et al.，2013；李坤望等，2015），本书提出以下研究假设：

H5：信息技术发展对制造业智能化升级动力系统的运行具有正向推动作用

H5a：信息技术发展与双元成长间存在着正相关的关系

H5b：信息技术发展与组织学习间存在着正相关的关系

H5c：信息技术发展与组织惯习存在着正相关的关系

3. 政策引导与支持

在以智能化、信息化为主要方向的智能制造日益成为全球制造业发展主流趋势的大背景下，制造业进行面向智能化的转型升级需要的不仅仅是某项单一技术的升级或引进几条智能化生产线，抑或是简单盲目地"机器换人"，而是更需要破除长期以来形成工业与技术政策的惯性思维，从全局视角出发对工业各个层次、各种要素进行统筹考虑（即顶层设计与总体规划）。在此过程中，相关产业政策的支持与引导是制造业进行智能化改造与转型升级的重要的外在驱动要素之一。具体在政策理念上可从选择性政策以及功能型政策两个方面进行分析。

（1）选择性政策

由于在不同的发展阶段企业拥有不同的资源能力，因此需要企业根据不同发展阶段的需求弥补自身资源与能力的不足。很多企业不愿意参与智能化升级，其中一个重要原因就是本身缺乏智能化升级所需的各种资源。而运用选择性政策则可以较好地避免这一局面的产生。

政府通过出台相应的激励政策，鼓励和刺激制造企业进行智能化升级发展；发挥资源集聚优势，减少因自身基础资源限制对企业智能化升级造成的不利（黎文靖等，2014）。选择性政策的运用亦可以实现两个协同：一是，不同企业间结合自身资源、优势互补进行协同合作，最大化地发挥协同发展优势；二是，政府与企业间的协同，通过政府出台相应的鼓励和规范性政策对企业智能化升级进行引导，企业在政策引导下进行升级，从而充分发挥政府的辅助功能（游达明等，2014）。选择性政策的影响，使参与智能化升级的企业具备比那些持观望态度的企业获取更具竞争力的资源和能力，从而为企业智能化升级提供持续助力。

（2）功能型政策

对于那些处在领先地位的制造企业来说，功能型政策能够促使其更进一步发挥自身积极性与主动性。相较于选择性政策的政府干预甚至市场替代，功能型政策更加偏向于市场制度建设以及市场环境的优化（韩超等，2017）。在此情境下，制造企业将会获得包括市场创造、专属性资源支持以及议价能力等三方面优势。市场创造将让制造企业获得独特的市场窗口机遇，在此条件下企业会最大限度地发挥自身的主动性从而最大化地激活未被释放的潜力（王朝阳等，2018）；专属性资源支持将会解决部分企业资源短缺的问题，充分推动产学研合作的落地，将基础科学研究与技术研究和企业成长发展结合起来，共同打造新的人才教育培养体系，解决企业发展和教育人才培养脱节的问题（南晓莉等，2019）；议价能力则可对既有体系下的市场制度与市场环境起到保护作用，给予企业足够的生存与发展空间，尤其是在技术引进过程中更是获得了政府层面的支持，从而解决了企业生存利益与智能化升级发展不协同的问题（智强等，2013）。

由此可见，政策引导与支持对制造业智能化发展具有不可替代的作用。其中，选择性政策分担了升级过程中所需要面对的风险，而功能型政策则是为智能化发展提供了足够的空间。总体从本质上来说，在政策引导与支持下，企业对资源配置会具有一定的选择偏向性，迫使企业对自身与市场以及政府的关系进行重新考虑，从而推进企业情境制度能力的发展（曾萍等；2014）；同时，这种偏向性也会使企业对发展方式及组织成长方向做出不同选择，而组织发展方式和成长方向又会对双元能力的构建以及组织学习方式产生影响，进而影响制造业智能化升级系统的运行。基于此，综合当前学者对政策变化的研究（苏敬勤等，2004；余明桂等，2016；张杰等，2015；黄群慧等，2017；江飞涛等2018），本研究提出以下研究假设：

H6：政策变化对制造业智能化升级动力系统的运行具有正向推动作用

H6a：政策变化与情境制度能力间存在着正相关的关系

H6b：政策变化与间双元成长存在着正相关的关系

H6c：政策变化与组织学习间存在着正相关的关系

## 4.4 制造业智能化升级驱动机理的假设概念模型

基于前文对制造业智能化升级的过程、动力系统结构及运行机理以及制造业智能化升级驱动要素及其作用机理的分析，本研究进一步构建了制造业智能化升级机理的假设概念模型，如图 4-4 所示。

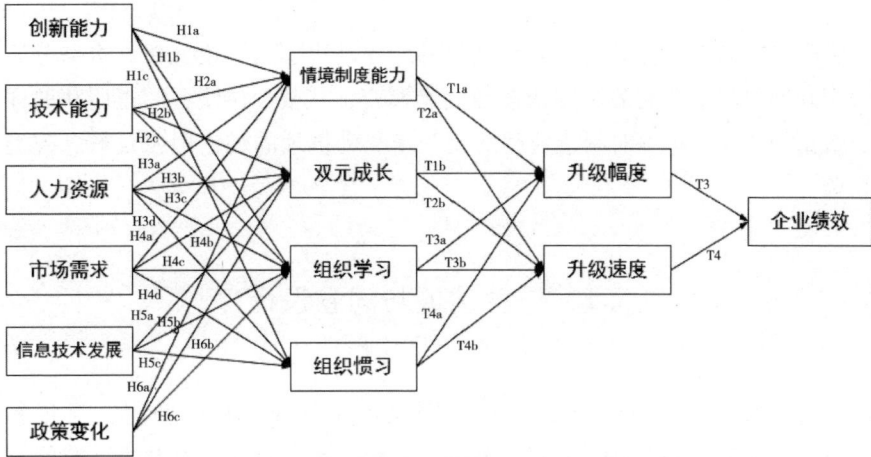

**图 4-4 制造业智能化升级机理的假设概念模型**

67

# 第5章

# 制造业智能化升级驱动机理的实证分析

结合前文第4部分对制造业智能化升级驱动机理的理论分析，本部分研究进一步开展对制造企业的深度访谈与问卷调查，并基于访谈、调查所获取样本资料数据的统计分析，对制造业智能化升级驱动机理的理论假说及概念模型进行检验。

## 5.1 深度访谈与问卷设计

由于本部分研究所需要的大量数据无法从公开资料中获得，因此参考 Churchill（1979）、马庆国（2002，2004）、卫海英（2014）的做法，本部分主要采取访谈和问卷相结合的方法获取研究所需资料和数据，在有关研究变量的选取上，主要依据制造业智能化升级驱动机理分析所构建的假设概念模型中所涉及的项目，由此确定研究变量主要包括：智能化升级驱动要素，创新能力、技术能力、人力资源、市场需求、信息技术发展、政策变化；智能化升级动力系统运行，情境制度能力、双元成长、组织学习、组织惯习；智能化升级绩效，升级速度、升级幅度以及企业绩效。同时考虑到上述变量较难以量化的形式加以度量，因此问卷设计通过编制相应量表对上述变量进行测量，并需要为每个变量设计多个测量问题，以尽可能降低测量误差。并据此展开深度访谈与问卷量表设计，具体按以下四步展开：

### 5.1.1 初始测量问题设计

在智能化升级驱动要素中，对创新能力的初始测量问题主要结合了张军等（2015）、徐立平等（2015）、张治河等（2015）学者对创新能力指标评价的相关研究，以及吴岩（2014）、刘海兵（2019）等学者对企业创新能力的理论梳理，总结了共7个初始测量问题；当前，虽然对技术能力研究的文献比较多，但是关于其测量类的文献相对较少，本部分研究主要从技术能力的概念界定以及制造企业在智能化升级过程中的表现并结合朱方伟（2015）、林亚清（2014）、吴伟伟（2017）等学者的实证研究，总结了共6个初始测量问题；人力资源的研究相对较多，本部分研究以杨浩（2015）的测量量表为基础，同时为了确保研究内容的一致性，添加了闫佳祺等（2017）、肖兴政（2018）、赵曙明（2016）等学者对人力资源的实证研究，总结了共7个初始测量问题；市场需求部分的问题来源由两部分构成，一部分是蒋晓荣（2014）、盛丹（2014）、郭文钰（2020）的实证整理，另一部分则是前期实地调研的归纳，总结了共7个初始测量问题；信息技术发展则是来自李坤望（2015）的研究，反映企业在信息化变革大环境下的选择和企业通过信息化对自身的改造，共6个初始测量问题；政策引导与支持部分是根据游达明（2014）、韩超（2017）、南晓莉（2019）等学者的实证研究，结合前期的实地调研，总结了共6个初始测量问题。

在智能化升级动力系统中，从数据搜集及本部分研究调查目的角度，在与相关从业人员以及专家进行充分的基础上，结合项国鹏（2009）以及蔡宁（2017）的研究，总结了共5个初始测量问题；双元成长主要是根据刘江鹏（2015）的研究，结合本部分研究目的，总结了共4个初始测量问题；组织惯习主要参考吕一博（2016）的研究，通过对组织关系表现架构的解析，总结了共5个初始测量问题；组织学习主要根据陈国权（2016）的研究，总结了共5个初始测量问题。

制造企业智能化升级绩效的测量主要是根据朱美荣（2013）的研究，从升级速度、升级幅度以及企业绩效等3个方面，共提出了13个初始测量问题。

### 5.1.2　半结构化深度访谈编制初始问卷

为了消除初始测量问题中可能存在歧义的问题，通过参考卫海英等（2014）的研究，本部分研究选取了长三角地区三家制造企业，对企业高、中以及基层管理人员就各研究变量的初始测量问题以2∶5∶3的比例分别进行了三次半结构化的深度访谈。以访谈得到的企业一线实践数据为基础，通过与行业（领域）专家、学者的交流以及研究小组成员间的深入讨论，对初始测量问题进行了修订，修改、删减了部分题项，如删除了市场需求中的"企业关注消费者行为"题项；根据访谈的反馈，对部分问题的表述方式逐次进行了调整，以增强问卷中测量问题的通俗性和易懂性等。

基于上述工作编制了本次研究的初始调查问卷，问卷共分四个部分：

第1部分，基本信息。主要包括：被调研企业基本情况，如企业成立时间、规模、所在行业、员工人数等问题；

第2部分，智能化升级驱动要素相关问题。主要包括：①创新能力，7个测量题项；②技术能力，6个测量题项；③人力资源，6个测量题项；④市场需求，7个测量题项；⑤信息技术发展，6个测量题项；⑥政策引导与支持，6个测量题项。

第3部分，智能化升级动力系统运行相关问题。主要包括：①情境制度能力，5个测量题项；②双元成长，4个测量题项；③组织惯习，5个测量题项。④组织学习，5个测量题项；

第4部分，智能化升级绩效相关问题。主要包括：①升级速度，4个测量题项；②升级幅度，4个测量题项；③企业绩效，5个测量题项。

考虑到调查研究范围以及在数据统计检验上能够做到有效区别，问卷中各个题项的测量均采用 Liket Scale 七点等级法，按照1—7的七个数值表示对相应题项的认同程度，依次代表了"完全不赞同""不赞同""不太赞同""说不清""有点赞同""赞同""完全赞同"。

### 5.1.3 初始预调查与正式问卷的形成

初始问卷设计完成后，进行正式调查之前，本研究通过电子邮件、微信、邮寄等方式对50家制造企业的高、中以及基层管理人员分别发放了100、250、150份问卷，开展问卷的初始预调查，收回46家企业的有效问卷86、212、134份。

通过对预调查收集的有效数据分析，发现了初始问卷中部分题项存在的问题。如：创新能力初始问卷共有7个题项，因子分析结果显示其中2个题项出现了多重负荷问题，并且每个因子负荷都低于0.4。针对此类问题，本部分研究借鉴卫海英（2014）的做法，遵从得到的数据分析结果，通过对数据进行内部一致性以及因子分析排查应该删除的选项，保留合理的子维度，经过四轮分析，最终得到5个题项构成创新能力的问卷选项。经过类似处理后，智能化升级驱动要素部分的预调研问卷总共包含38个题项，经过5轮分析，得到了26个题项构成问卷选项；智能化升级动力系统部分预调研问卷总共包含19个题项，经过3轮分析，得到了18个题项构成问卷选项；智能化升级绩效部分预调研问卷总共包含13个题项，没有题项被删除。并由此形成正式调查问卷（附录1）。

### 5.1.4 问卷的发放与回收

正式问卷确定后，本研究从2018年10月至2021年1月（2020年1月至

2020 年 5 月期间调研因受疫情影响暂时被迫中断）开展了正式问卷调查，主要选择浙江、广东、江苏、福建等省份的典型产业及制造企业进行调查，原因在于上述地区尤其是珠三角、长三角地区是我国制造业最为发达地区，对这些地区制造企业的调查研究具有一定代表性与积极的借鉴意义。本次调查问卷发放主要采用了线上发放为主、线下发放为辅的方式。其中，线上主要通过电子邮件以及问卷星、微信、QQ 等平台发放电子问卷，线下主要通过现场或邮件方式发放纸质问卷，此外还委托行业协会及专门调研机构协助进行了问卷发放与回收。整体问卷的发放与回收共分为两个阶段：第一阶段，对 50 家企业的初步调查。对被调查企业高、中以及基层管理人员分别发放了 100、250、150 份问卷，收回有效问卷 65、186、109 份。针对回收的样本数量与预期额存在一定不足，第二阶段，对 30 家企业进行了样本追加调查，对被调查企业高、中以及基层管理人员分别发放了 60、150、90 份问卷，收回有效问卷 48、117、72 份。在对回收的问卷进行筛选的过程中，剔除了无效、不符合规范要求、数据有较大缺失或答案完全一致的问卷，同时对部分有小范围数据缺失的问卷进行适当的处理。最终，本次调查共发放问卷 800 份，回收实效可用问卷 597 份，总有效回收率为 74.6%。

### 5.1.5 变量设置

为能更好地反映各驱动要素对制造业智能化升级的作用关系，对应调查问卷的第二至第四部分，将第二部分智能化升级驱动要素作为解释变量，第三部分的智能化升级动力系统运行作为中介变量，第四部分智能化升级作为被解释变量，每个变量包含多个指标。各变量及其所包含测量项目具体设定如下：

（1）解释变量 6 个，包括：

①创新能力 T1，5 个测量项目 T11～T15；

②技术能力 T2，4 个测量项目 T21～T24；

③人力资源 T3，4 个测量项目 T31～T34；

④市场需求 T4，4 个测量项目 T41～T44；

⑤信息技术发展 T5，4 个测量项目 T51～T54；

⑥政策变化 T6，5 个测量项目 T61～T65.

（2）中介变量 4 个，包括：

①情境制度能力 T7，4 个测量项目 T71～T74；

②双元成长 T8，4 个测量项目 T81～T84；

③组织惯习 T9，5 个测量项目 T91～T95；

④组织学习 T10,5 个测量项目 T101～T105。

(3) 被解释变量 3 个,包括:

①升级速度 T11,4 个测量项目 T111～T114;

②升级幅度 T12,4 个测量项目 T121～T124;

③企业绩效 T13,5 个测量项目 T131～T135。

## 5.2 数据描述性统计分析

根据问卷调查对象所处的发展阶段、企业员工人数、企业进行智能化升级的时间等进行问卷样本的描述性统计分析,其结果如表 5-1 所示。

表 5-1 问卷样本的描述性统计分析

|  | 类别 | 样本数 | 百分比(%) |
|---|---|---|---|
| 企业所处的发展阶段 | 创业期 | 54 | 9 |
|  | 扩展期 | 187 | 31.3 |
|  | 成熟期 | 240 | 40.3 |
|  | 衰退期 | 42 | 7 |
|  | 再创业期 | 74 | 12.4 |
| 企业员工人数 | 100 人以下 | 48 | 8 |
|  | 100—300 人 | 83 | 13.9 |
|  | 300—500 人 | 196 | 32.8 |
|  | 500—1000 人 | 145 | 24.3 |
|  | 1000 人以上 | 125 | 21 |
| 智能化升级的时间 | 1 年以下 | 72 | 12.1 |
|  | 1—3 年 | 134 | 22.4 |
|  | 3—5 年 | 269 | 45.1 |
|  | 5 年以上 | 122 | 20.4 |
| 担任的职务 | 基层管理者 | 113 | 18.9 |
|  | 中层管理者 | 303 | 50.8 |
|  | 高层管理者 | 181 | 30.3 |

从表 5-1 中可以看出:在被调查的企业中,有 31.3% 的企业处在扩展期、

40.3%的企业处在成熟期，处于衰退期的企业仅占7%，这说明此次调研的企业发展情况总体较好，为本次制造业智能化升级驱动机理的理论假说及概念模型的研究提供了较好的支持环境。此外，被调查的样本企业中，从事智能化升级的时间主要是集中在 1—3 年和 3—5 年，占所有调研企业的 67.5%，且被调查对象所担任的职务主要集中在企业中高层管理者，比例达到 81.1%，说明此次被调查的人员对本企业的未来发展规划以及现实发展情况有较为清楚的认识和了解，为本次研究提供了有力支持。

## 5.3　效度与信度分析

### 5.3.1　效度分析

效度是指问卷调查的有效程度。目前检验问卷效度常用方法是因子分析，KMO 检验统计值是判断题项间是否能通过因子分析的关键性指标之一。根据 Kaiser（1974）的观点，当取样适当性数值 KOM 越大（越接近 1）越适合做因子分析，通常 KOM 值在 0.7 以上适合做因子分析（吴明隆，2010），如若对题项间进行因子分析，那么 KMO 的数值至少需大于 0.6（袁小量，2012）。此外，Bartlett's 球形度检验值也是可以说明题项间能否进行因子分析的重要指标，一般 Bartlett's 球形度检验 P 值小于 0.01 时，可以进行因子分析（吴明隆，2010），因子载荷大于 0.6 时，也适合于做因子分析（荣泰生，2009）。利用 SPSS 23.0 对问卷变量进行探索性因子分析，经统计整理问卷效度分析结果如表 5-2 所示。

表 5-2　效度分析结果

|  | 编号 | 因子载荷 | KMO | Bartlett 球形检验卡方值 | 累计方差贡献率（%） | 显著水平 |
|---|---|---|---|---|---|---|
| 创新能力 T1 | T11 | 0.807 | 0.827 | 807.917 | 62.070 | 0.000 |
|  | T12 | 0.805 |  |  |  |  |
|  | T13 | 0.773 |  |  |  |  |
|  | T14 | 0.825 |  |  |  |  |
|  | T15 | 0.726 |  |  |  |  |

| | 编号 | 因子载荷 | KMO | Bartlett 球形检验卡方值 | 累计方差贡献率（%） | 显著水平 |
|---|---|---|---|---|---|---|
| 技术能力 T2 | T21 | 0.813 | 0.819 | 693.222 | 69.746 | 0.000 |
| | T22 | 0.855 | | | | |
| | T23 | 0.862 | | | | |
| | T24 | 0.809 | | | | |
| 人力资源 T3 | T31 | 0.846 | 0.815 | 767.907 | 71.532 | 0.000 |
| | T32 | 0.859 | | | | |
| | T33 | 0.873 | | | | |
| | T34 | 0.804 | | | | |
| 市场需求 T4 | T41 | 0.869 | 0.849 | 1004.455 | 78.583 | 0.000 |
| | T42 | 0.887 | | | | |
| | T42 | 0.898 | | | | |
| | T44 | 0.869 | | | | |
| 信息技术发展 T5 | T51 | 0.834 | 0.829 | 775.248 | 72.190 | 0.000 |
| | T52 | 0.862 | | | | |
| | T53 | 0.865 | | | | |
| | T54 | 0.838 | | | | |
| 政策变化 T6 | T61 | 0.885 | 0.899 | 1384.874 | 75.666 | 0.000 |
| | T62 | 0.860 | | | | |
| | T63 | 0.860 | | | | |
| | T64 | 0.883 | | | | |
| | T65 | 0.861 | | | | |
| 情境制度能力 T7 | T71 | 0.823 | 0.816 | 639.494 | 68.395 | 0.000 |
| | T72 | 0.831 | | | | |
| | T73 | 0.823 | | | | |
| | T74 | 0.831 | | | | |

续表

|  | 编号 | 因子载荷 | KMO | Bartlett 球形检验卡方值 | 累计方差贡献率（%） | 显著水平 |
|---|---|---|---|---|---|---|
| 双元成长 T8 | T81 | 0.855 | 0.830 | 779.037 | 72.371 | 0.000 |
|  | T82 | 0.853 |  |  |  |  |
|  | T83 | 0.847 |  |  |  |  |
|  | T84 | 0.849 |  |  |  |  |
| 组织惯习 T9 | T91 | 0.842 | 0.885 | 1328.086 | 74..119 | 0.000 |
|  | T92 | 0.882 |  |  |  |  |
|  | T93 | 0.830 |  |  |  |  |
|  | T94 | 0.858 |  |  |  |  |
|  | T95 | 0.891 |  |  |  |  |
| 组织学习 T10 | T101 | 0.834 | 0.871 | 1092.117 | 69.895 | 0.000 |
|  | T102 | 0.847 |  |  |  |  |
|  | T103 | 0.820 |  |  |  |  |
|  | T104 | 0.846 |  |  |  |  |
|  | T105 | 0.834 |  |  |  |  |
| 升级速度 T11 | T111 | 0.859 | 0.828 | 865.406 | 74.225 | 0.000 |
|  | T112 | 0.886 |  |  |  |  |
|  | T113 | 0.856 |  |  |  |  |
|  | T114 | 0.845 |  |  |  |  |
| 升级幅度 T12 | T121 | 0.803 | 0.816 | 668.830 | 69.014 | 0.000 |
|  | T122 | 0.831 |  |  |  |  |
|  | T123 | 0.862 |  |  |  |  |
|  | T124 | 0.827 |  |  |  |  |
| 企业绩效 T13 | T131 | 0.838 | 0.889 | 1253.118 | 73.247 | 0.000 |
|  | T132 | 0.845 |  |  |  |  |
|  | T133 | 0.859 |  |  |  |  |
|  | T134 | 0.860 |  |  |  |  |
|  | T135 | 0.877 |  |  |  |  |

从表 5-2 分析结果可以看出，各测量变量的 KMO 值均大于 0.7，Bartlett's 球形度检验 P 均小于 0.01，达到显著。且因子载荷均大于 0.6 以上，累计解释的方差概率也都大于 60%，说明变量间适合做因子分析，问卷具有比较高的效度。

### 5.3.2 信度分析

信度是对测量结果一致性和稳定性的尺度判断，是对所设计的问卷量表中题项的可靠性的检测。目前检验内部一致性的 Cronbach's alpha 系数值是常用的信度检测指标。一般认为，各测量变量 Cronbach's Alpha 系数值不应低于 0.7（Devellis，1991；Henson，2000；荣泰生，2009；吴明隆，2010）。

借鉴朱美荣（2013）的问卷信度检测方法，利用 SPSS 23.0 对问卷信度进行检验，主要计算各变量的 Cronbach's Alpha 值、变量所有编号题项对应的 CITC 构念以及相应已删除题项的 Cronbach's Alpha 值，当 Cronbach's Alpha 值>删除题项后的 Cronbach's Alpha 值>CITC 时，对题项予以保留，否则删除该题项。分析结果如表 5-3 所示。

表 5-3　信度分析结果

| | 编号 | Cronbach's Alpha 值 | CITC 值 | 已删除题项的 Cronbach's Alpha 值 | 是否删除 |
|---|---|---|---|---|---|
| 创新能力 T1 | T11 | 0.846 | 0.678 | 0.808 | 否 |
| | T12 | | 0.675 | 0.810 | 否 |
| | T13 | | 0.630 | 0.821 | 否 |
| | T14 | | 0.707 | 0.800 | 否 |
| | T15 | | 0.582 | 0.834 | 否 |
| 技术能力 T2 | T21 | 0.855 | 0.666 | 0.829 | 否 |
| | T22 | | 0.727 | 0.803 | 否 |
| | T23 | | 0.737 | 0.799 | 否 |
| | T24 | | 0.662 | 0.831 | 否 |
| 人力资源 T3 | T31 | 0.866 | 0.720 | 0.829 | 否 |
| | T32 | | 0.738 | 0.820 | 否 |
| | T33 | | 0.760 | 0.811 | 否 |
| | T34 | | 0.657 | 0.853 | 否 |

|  | 编号 | Cronbach's Alpha 值 | CITC 值 | 已删除题项的 Cronbach's Alpha 值 | 是否删除 |
|---|---|---|---|---|---|
| 市场需求 T4 | T41 | 0.903 | 0.765 | 0.881 | 否 |
|  | T42 | | 0.793 | 0.871 | 否 |
|  | T43 | | 0.810 | 0.865 | 否 |
|  | T44 | | 0.765 | 0.882 | 否 |
| 信息技术发展 T5 | T51 | 0.871 | 0.700 | 0.844 | 否 |
|  | T52 | | 0.743 | 0.827 | 否 |
|  | T53 | | 0.748 | 0.826 | 否 |
|  | T54 | | 0.708 | 0.842 | 否 |
| 政策变化 T6 | T61 | 0.919 | 0.814 | 0.897 | 否 |
|  | T62 | | 0.778 | 0.904 | 否 |
|  | T63 | | 0.778 | 0.904 | 否 |
|  | T64 | | 0.810 | 0.897 | 否 |
|  | T65 | | 0.780 | 0.904 | 否 |
| 情境制度能力 T7 | T71 | 0.845 | 0.677 | 0.807 | 否 |
|  | T72 | | 0.689 | 0.801 | 否 |
|  | T73 | | 0.675 | 0.807 | 否 |
|  | T74 | | 0.687 | 0.801 | 否 |
| 双元成长 T8 | T81 | 0.872 | 0.732 | 0.835 | 否 |
|  | T82 | | 0.731 | 0.835 | 否 |
|  | T83 | | 0.722 | 0.839 | 否 |
|  | T84 | | 0.723 | 0.838 | 否 |
| 组织惯习 T9 | T91 | 0.912 | 0.751 | 0.898 | 否 |
|  | T92 | | 0.805 | 0.887 | 否 |
|  | T93 | | 0.736 | 0.901 | 否 |
|  | T94 | | 0.774 | 0.893 | 否 |
|  | T95 | | 0.819 | 0.884 | 否 |

| | 编号 | Cronbach's Alpha 值 | CITC 值 | 已删除题项的 Cronbach's Alpha 值 | 是否删除 |
|---|---|---|---|---|---|
| 组织学习 T10 | T101 | 0.891 | 0.736 | 0.868 | 否 |
| | T102 | | 0.754 | 0.863 | 否 |
| | T103 | | 0.713 | 0.873 | 否 |
| | T104 | | 0.747 | 0.865 | 否 |
| | T105 | | 0.731 | 0.868 | 否 |
| 升级速度 T11 | T111 | 0.879 | 0.74 | 0.843 | 否 |
| | T112 | | 0.783 | 0.831 | 否 |
| | T113 | | 0.733 | 0.849 | 否 |
| | T114 | | 0.723 | 0.860 | 否 |
| 升级幅度 T12 | T121 | 0.850 | 0.651 | 0.826 | 否 |
| | T122 | | 0.690 | 0.810 | 否 |
| | T123 | | 0.735 | 0.790 | 否 |
| | T124 | | 0.684 | 0.812 | 否 |
| 企业绩效 T13 | T131 | 0.908 | 0.746 | 0.892 | 否 |
| | T132 | | 0.753 | 0.891 | 否 |
| | T133 | | 0.774 | 0.887 | 否 |
| | T134 | | 0.773 | 0.887 | 否 |
| | T135 | | 0.798 | 0.882 | 否 |

表 5-3 信度检验结果显示，各测量指标 Cronbach's Alpha 系数值均大于 0.7 标准，且满足 Cronbach's Alpha 值>删除题项后的 Cronbach's Alpha 值>CITC 要求，具有较好的可靠性。

## 5.4 数据验证性因子分析

为了更准确地分析各解释变量、中介变量与被解释变量间的作用，本部分研究进一步利用 AMOS21.0 软件对制造业智能化升级驱动机理的理论假说及概念模型进行验证性因子分析，同时根据数据分析结果进行相关修正。

### 5.4.1 智能化升级驱动要素的分析

根据前文 4.4 中提出假设概念模型设计，制造业智能化升级驱动要素主要包括"创新能力""技术能力""人力资源""市场需求""信息技术发展""政策变化"等 6 个解释变量。通过对各变量数据验证性因子分析，结果如图 5-1 及表 5-4。

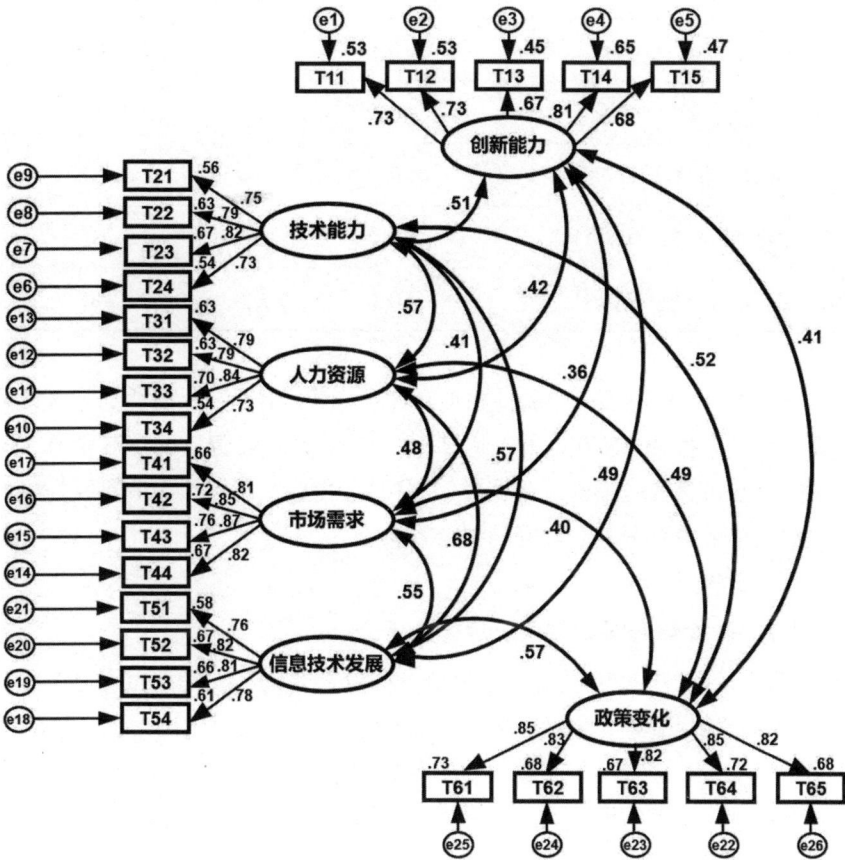

**图 5-1 智能化升级驱动要素路径验证性因子载荷图**

根据图 5-1 可以看出，升级驱动要素路径指标因子载荷在 0.7—0.9 之间，说明假设模型具有较好的适配度，能够达到拟合基本需求。

表 5-4 驱动要素路径验证性因子分析

| 拟合指标 | 数值 | |
|---|---|---|
| | 建议值 | 实际测量值 |
| 卡方与自由度之比（CMIN/DF） | <3 | 2.376 |
| 近似残差均方根（RMSEA） | <0.08 | 0.059 |
| 拟合优度指数（GFI） | >0.9 | 0.886 |
| 比较拟合指数（CFI） | >0.9 | 0.940 |
| 规范拟合指数（NFI） | >0.9 | 0.901 |
| 增量拟合指数（IFI） | >0.9 | 0.940 |
| 简约拟合优度指数（PGFI） | >0.5 | 0.716 |
| 简约规范拟合指数（PNFI） | >0.5 | 0.787 |

根据表 5-4，模型实际检验值除拟合优度指数（GFI）外都达到了建议值要求，而拟合优度指数（GFI）虽未达到>0.9 的建议值，但实际测量值 0.886 与之非常接近在可接受范围内（吴明隆，2010）。由此，可以认为本研究提出的假设概念模型中的该部分具有较好的拟合效果。

### 5.4.2 智能化升级动力系统运行分析

根据前文 4.4 中提出假设概念模型，将为智能化升级提供强有力支撑的动力系统的四个构成要素，包括情境制度能力、双元成长、组织习惯、组织学习等作为中介变量。通过对各变量数据验证性因子分析，结果如图 5-2 及表 5-5 智能化升级动力系统验证性因子分析拟合指标所示：

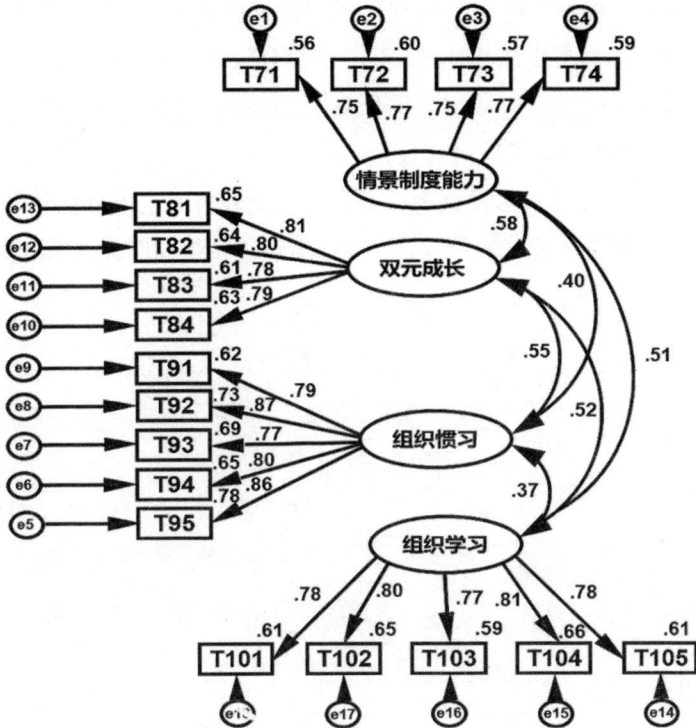

图 5-2 智能化升级动力系统验证性因子分析载荷图

根据图 5-2，智能化升级动力系统指标验证性因子分析因子载荷系数在 0.7—0.9 之间，说明假设模型具有较好的适配度，能够达到拟合基本需求。

表 5-5 智能化升级动力系统验证性因子分析拟合指标

| 拟合指标 | 数值 | |
|---|---|---|
| | 建议值 | 实际测量值 |
| 卡方与自由度之比（CMIN/DF） | <3 | 2.034 |
| 近似残差均方根（RMSEA） | <0.08 | 0.051 |
| 拟合优度指数（GFI） | >0.9 | 0.930 |
| 比较拟合指数（CFI） | >0.9 | 0.969 |
| 规范拟合指数（NFI） | >0.9 | 0.941 |
| 增量拟合指数（IFI） | >0.9 | 0.969 |
| 简约拟合优度指数（PGFI） | >0.5 | 0.702 |
| 简约规范拟合指数（PNFI） | >0.5 | 0.793 |

根据表 5-5，模型实际检验值都达到了建议值要求，由此，可以认为本研究提出的假设概念模型中该部分具有较好的拟合效果。

### 5.4.3 智能化升级实现过程分析

根据前文 4.4 中提出假设概念模型，智能化升级的实现过程包括升级幅度和升级速度。通过对各变量数据验证性因子分析，结果如图 5-3 及表 5-6 所示：

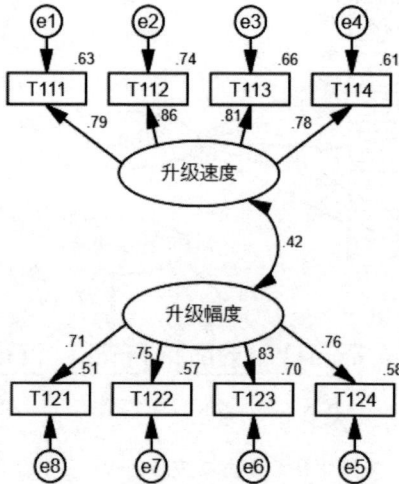

**图 5-3 智能化升级实现过程验证性因子分析载荷图**

根据图 5-3，智能化升级实现过程指标验证性因子分析因子载荷系数在 0.7—0.9 之间，说明假设模型具有较好的适配度，能够达到拟合基本需求。

**表 5-6 智能化升级实现过程验证性因子分析拟合指标**

| 拟合指标 | 数值 | |
|---|---|---|
| | 建议值 | 实际测量值 |
| 卡方与自由度之比（CMIN/DF） | <3 | 2.269 |
| 近似残差均方根（RMSEA） | <0.08 | 0.056 |
| 拟合优度指数（GFI） | >0.9 | 0.976 |
| 比较拟合指数（CFI） | >0.9 | 0.985 |
| 规范拟合指数（NFI） | >0.9 | 0.974 |

| 拟合指标 | 数值 | |
|---|---|---|
| | 建议值 | 实际测量值 |
| 增量拟合指数（IFI） | >0.9 | 0.985 |
| 简约拟合优度指数（PGFI） | >0.5 | 0.515 |
| 简约规范拟合指数（PNFI） | >0.5 | 0.661 |

根据表5-6，模型实际检验值都达到了建议值要求，由此，可以认为本研究提出的假设概念模型中该部分具有较好的拟合效果。

## 5.5 假设检验

通过对样本数据的信、效度分析结果及验证性因子分析拟合结果，本研究认为制造业智能化升级的驱动机理（文4.1）中提出的假设概念模型适宜使用结构方程模型分析法进行检验。由于本部分研究的模型较为复杂，因此为便于后续整体模型的验证，将假设模型分成三部分进行检验。首先，先进行一阶子模型检验，对制造业智能化升级的驱动机理与动力系统关系子模型进行验证；其次，再进行二阶子模型检验，即对升级动力系统与升级实现过程以及企业绩效的关系子模型进行验证；最后，整个假设模型检验。

根据结构方程模型分析法，主要是通过对变量的显著性水平进行判断，显著性水平参考值 $P=0.05$，$P<0.001$（＊＊＊）表示绝对支持；$P<0.01$（＊＊）表示支持；$P<0.1$（＊）表示部分支持。

### 5.5.1 一阶子模型检验

使用 AMOS21.0 软件，得到的一阶子模型路径如图 5-4 所示，运行结果经整理后如表 5-7 和表 5-8 所示。

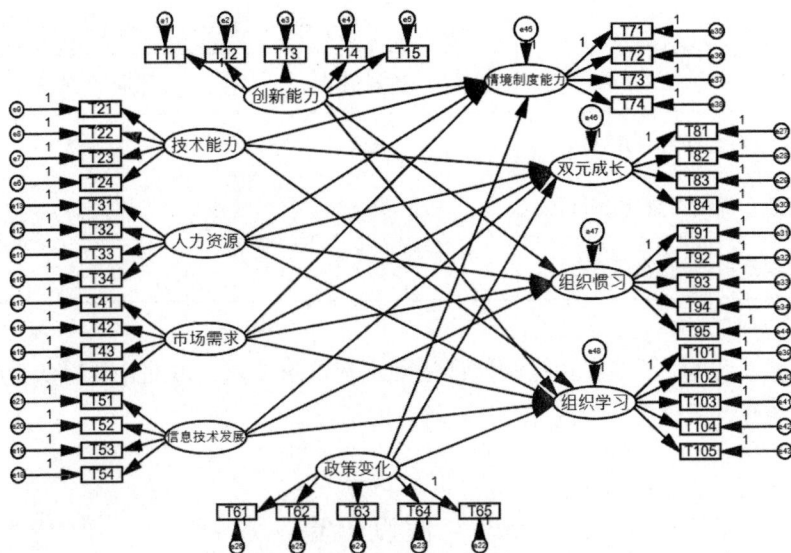

图 5-4 一阶子模型路径图

表 5-7 一阶子模型因子拟合指标

| | 拟合指标 | 建议值 | 模型指标值 | 结果判断 |
|---|---|---|---|---|
| 绝对适配指标 | 卡方值（P） | >0.05 | 0.54 | 合适 |
| | 近似残差均方根（RMSEA） | <0.08 | 0.073 | 合适 |
| | 拟合优度指数（GFI） | >0.9 | 0.862 | 能接受 |
| | 调整拟合优度指数（AGFI） | >0.8 | 0.814 | 合适 |
| | 平均方根残值（RMR） | <0.05 | 0.043 | 合适 |
| 增值适配指标 | 比较拟合指数（CFI） | >0.9 | 0.923 | 合适 |
| | 规范拟合指数（NFI） | >0.9 | 0.936 | 合适 |
| | 相对适合指数（RFI） | >0.9 | 0.938 | 合适 |
| | 增量拟合指数（IFI） | >0.9 | 0.917 | 合适 |
| 简约适配指标 | 卡方与自由度之比（CMIN/DF） | <3 | 1.863 | 合适 |
| | 简约拟合优度指数（PGFI） | >0.5 | 0.663 | 合适 |
| | 简约规范拟合指数（PNFI） | >0.5 | 0.729 | 合适 |

表5-8 一阶子模型结构方程参数分析

| 假设路径 | 标准化路径系数 | 显著性P值 |
|---|---|---|
| 情境制度能力<——创新能力 | 0.162 | * * * |
| 组织惯习<——创新能力 | 0.045 | 0.421 |
| 组织学习<——创新能力 | 0.139 | * * * |
| 情境制度能力<——技术能力 | 0.221 | * * * |
| 双元成长<——技术能力 | 0.338 | * * * |
| 组织学习<——技术能力 | 0.231 | * * * |
| 情境制度能力<——人力资源 | 0.364 | * * * |
| 双元成长<——人力资源 | 0.427 | * * * |
| 组织惯习<——人力资源 | 0.313 | * * * |
| 组织学习<——人力资源 | 0.408 | * * * |
| 情境制度能力<——市场需求 | 0.331 | * * * |
| 双元成长<——市场需求 | 0.367 | * * * |
| 组织惯习<——市场需求 | 0.287 | * * * |
| 组织学习<——信息技术发展 | 0.263 | * * * |
| 双元成长<——信息技术发展 | 0.022 | * * * |
| 组织惯习<——信息技术发展 | 0.287 | * * * |
| 双元成长<——政策变化 | 0.358 | * * * |
| 组织惯习<——政策变化 | 0.281 | * * * |
| 组织学习<——政策变化 | 0.087 | 0.365 |

数据来源：根据AMOS21.0运行结果整理。

根据图5-4一阶子模型路径图可以看出，在一阶子模型中共有19个待检验关系，根据表5-8的结果，可以看出除"组织惯习<——创新能力"与"组织学习<——政策变化"两条路径未能通过显著性检验，不符合假设外，其他路径

均通过显著性检验。

### 5.5.2 一阶子模型修正

根据一阶子模型验证结果（文 5.5.1）进一步对一阶子模型进行适当修正，以更好地提升模型的适合度。修正过程主要是保持模型内生变量以及外生变量不变，通过增加或者减少变量间路径，以达到模型优化调整的目的。由于一次只能修改一条路径，对文 5.5.1 一阶子模型验证中未通过显著性检验的两条路径进行依次删除后得到的修正模型如图 5-5 所示，运行结果经整理后如表 5-9和表 5-10 所示：

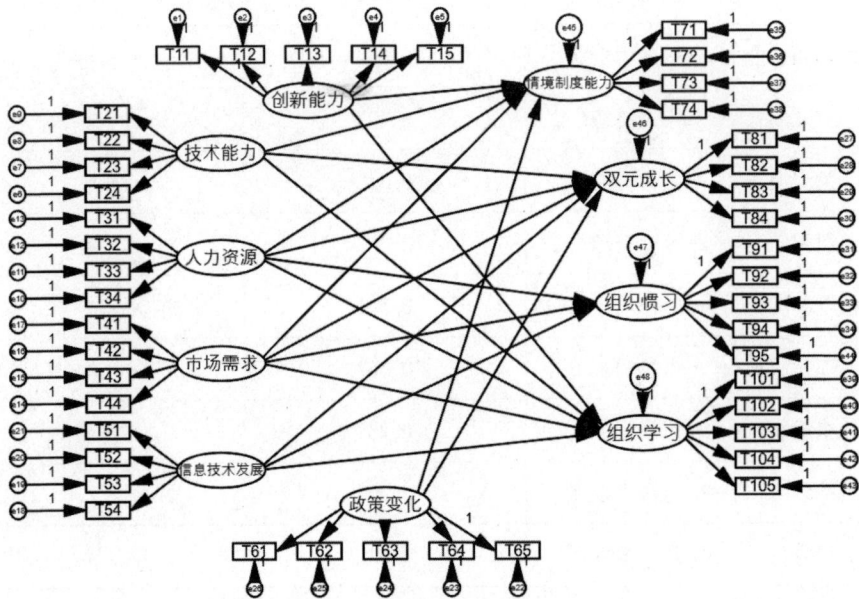

图 5-5　一阶子模型修正路径图

表 5-9 一阶子模型修正后因子拟合指标

| | 拟合指标 | 建议值 | 模型指标值 | 结果判断 |
|---|---|---|---|---|
| 绝对适配指标 | 卡方值（P） | >0.05 | 0.830 | 合适 |
| | 近似残差均方根（RMSEA） | <0.08 | 0.051 | 合适 |
| | 拟合优度指数（GFI） | >0.9 | 0.931 | 合适 |
| | 调整拟合优度指数（AGFI） | >0.8 | 0.832 | 合适 |
| | 平均方根残值（RMR） | <0.05 | 0.031 | 合适 |
| 增值适配指标 | 比较拟合指数（CFI） | >0.9 | 0.926 | 合适 |
| | 规范拟合指数（NFI） | >0.9 | 0.951 | 合适 |
| | 相对适合指数（RFI） | >0.9 | 0.943 | 合适 |
| | 增量拟合指数（IFI） | >0.9 | 0.929 | 合适 |
| 简约适配指标 | 卡方与自由度之（CMIN/DF） | <3 | 1.672 | 合适 |
| | 简约拟合优度指数（PGFI） | >0.5 | 0.742 | 合适 |
| | 简约规范拟合指数（PNFI） | >0.5 | 0.783 | 合适 |

表 5-10 一阶子模型修正后结构方程参数分析

| 假设路径 | 标准化路径系数 | 显著性 P 值 |
|---|---|---|
| 情境制度能力<——创新能力 | 0.229 | ＊＊＊ |
| 组织学习<——创新能力 | 0.213 | ＊＊＊ |
| 情境制度能力<——技术能力 | 0.224 | ＊＊＊ |
| 双元成长<——技术能力 | 0.343 | ＊＊＊ |
| 组织学习<——技术能力 | 0.237 | ＊＊＊ |
| 情境制度能力 <—— 人力资源 | 0.374 | |
| 双元成长<——人力资源 | 0.426 | ＊＊＊ |
| 组织惯习<——人力资源 | 0.317 | ＊＊＊ |
| 组织学习<——人力资源 | 0.418 | ＊＊＊ |
| 情境制度能力<——市场需求 | 0.335 | ＊＊＊ |
| 双元成长<——市场需求 | 0.369 | ＊＊＊ |
| 组织惯习<——市场需求 | 0.292 | ＊＊＊ |

续表

| 假设路径 | 标准化路径系数 | 显著性 P 值 |
|---|---|---|
| 双元成长<——信息技术发展 | 0.285 | * * * |
| 组织学习<——信息技术发展 | 0.305 | * * * |
| 组织惯习<——信息技术发展 | 0.284 | * * * |
| 情境制度能力<——政策变化 | 0.367 | * * * |
| 双元成长<——政策变化 | 0.294 | 0.003 |

资料来源：根据 AMOS21.0 运行结果整理

根据图 5-5 及表 5-9、表 5-10 模型修正后运行结果可以看出，模型经过修正各指标值都达到合适范围，且拟合指标也都达到了优化；同时，各路径显著性 P 值均<0.01，通过显著性检验，可见模型经修正后更加适合。

### 5.5.3 二阶子模型检验

使用 AMOS21.0 软件，得到二阶子模型路径如图 5-6 所示，运行结果经整理后如表 5-11 和表 5-12 所示。

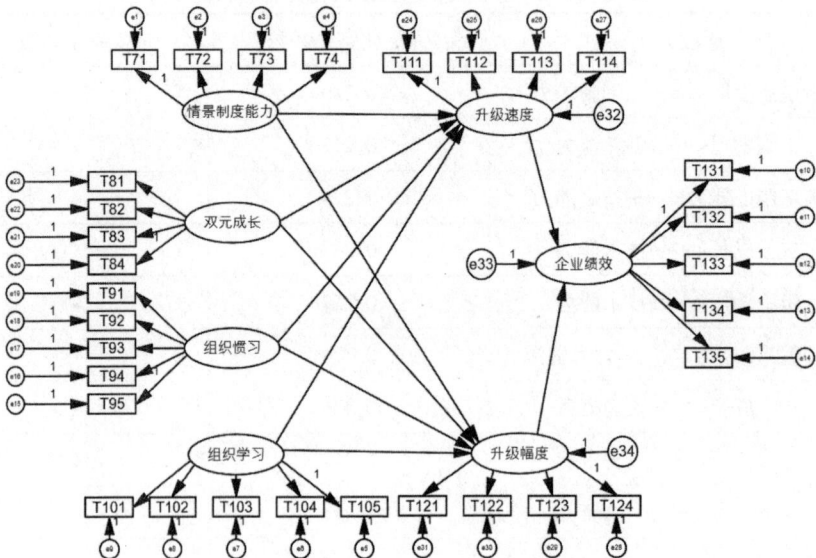

图 5-6 二阶子模型路径图

表 5-11 二阶子模型因子拟合指标

| | 拟合指标 | 建议值 | 模型指标值 | 结果判断 |
|---|---|---|---|---|
| 绝对适配指标 | 卡方值（P） | >0.05 | 0.135 | 合适 |
| | 近似残差均方根（RMSEA） | <0.08 | 0.072 | 合适 |
| | 拟合优度指数（GFI） | >0.9 | 0.934 | 合适 |
| | 调整拟合优度指数（AGFI） | >0.8 | 0.813 | 合适 |
| | 平均方根残值（RMR） | <0.05 | 0.039 | 合适 |
| 增值适配指标 | 比较拟合指数（CFI） | >0.9 | 0.904 | 合适 |
| | 规范拟合指数（NFI） | >0.9 | 0.914 | 合适 |
| | 相对适合指数（RFI） | >0.9 | 0.924 | 合适 |
| | 增量拟合指数（IFI） | >0.9 | 0.945 | 合适 |
| 简约适配指标 | 卡方与自由度之（CMIN/DF） | <3 | 2.783 | 合适 |
| | 简约拟合优度指数（PGFI） | >0.5 | 0.699 | 合适 |
| | 简约规范拟合指数（PNFI） | >0.5 | 0.776 | 合适 |

表 5-12 二阶子模型结构方程参数分析

| 假设路径 | 标准化路径系数 | 显著性 P 值 |
|---|---|---|
| 升级幅度<——情境制度能力 | 0.344 | * * * |
| 升级速度<——情境制度能力 | 0.253 | * * * |
| 升级速度<——双元成长 | 0.341 | * * * |
| 升级幅度<——双元成长 | 0.378 | * * * |
| 升级速度<——组织学习 | 0.245 | 0.003 |
| 升级幅度<——组织学习 | 0.365 | * * * |
| 升级幅度<——组织惯习 | 0.271 | * * * |
| 升级速度<——组织惯习 | 0.312 | * * * |
| 企业绩效<——升级幅度 | 0.459 | * * * |
| 企业绩效<——升级速度 | 0.517 | * * * |

资料来源：根据 AMOS21.0 运行结果整理。

根据图 5-6 可以看出，在二阶子模型中共有 10 个待检验关系。根据表 5-11 和表 5-12 二阶子模型因子拟合指标及结构方程参数分析结果，可以看出二阶子模型各指标都达到了要求，拟合指标都在建议值范围内；同时，各路径均通过显著性检验。

### 5.5.4　假设概念模型检验

使用 AMOS21.0 软件，得到的整个假设概念模型路径如图 5-7 所示，运行结果经整理后如表 5-13 和表 5-14 所示。

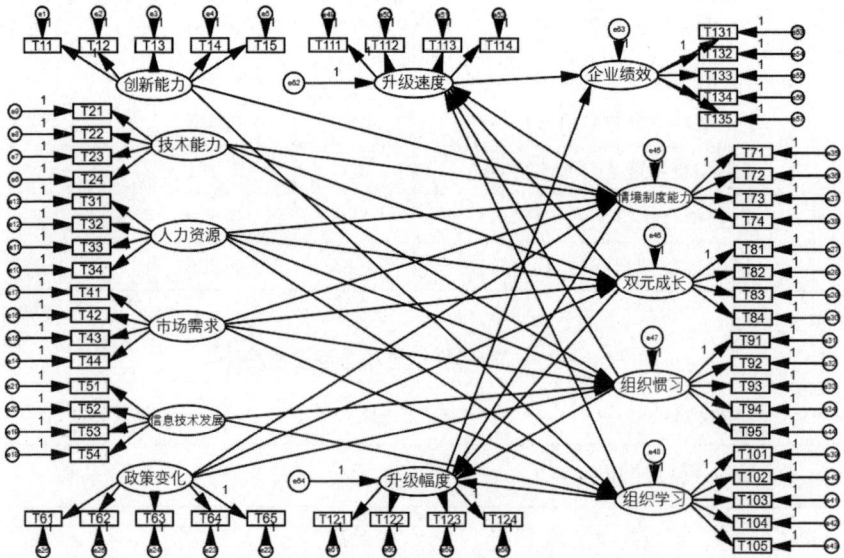

图 5-7　假设概念模型路径图

表 5-13　概念假设模型因子拟合指标

| | 拟合指标 | 建议值 | 模型指标值 | 结果判断 |
|---|---|---|---|---|
| 绝对适配指标 | 卡方值（P） | >0.05 | 0.086 | 合适 |
| | 近似残差均方根（RMSEA） | <0.08 | 0.072 | 合适 |
| | 拟合优度指数（GFI） | >0.9 | 0.894 | 能接受 |
| | 调整拟合优度指数（AGFI） | >0.8 | 0.853 | 合适 |
| | 平均方根残值（RMR） | <0.05 | 0.045 | 合适 |

续表

| | 拟合指标 | 建议值 | 模型指标值 | 结果判断 |
|---|---|---|---|---|
| 增值适配指标 | 比较拟合指数（CFI） | >0.9 | 0.921 | 合适 |
| | 规范拟合指数（NFI） | >0.9 | 0.909 | 合适 |
| | 相对适合指数（RFI） | >0.9 | 0.902 | 合适 |
| | 增量拟合指数（IFI） | >0.9 | 0.925 | 合适 |
| 简约适配指标 | 卡方与自由度之比（CMIN/DF） | <3 | 2.157 | 合适 |
| | 简约拟合优度指数（PGFI） | >0.5 | 0.693 | 合适 |
| | 简约规范拟合指数（PNFI） | >0.5 | 0.748 | 合适 |

表5-14 概念假设模型结构方程参数分析

| 假设路径 | 标准化路径系数 | 显著性P值 |
|---|---|---|
| 情境制度能力<——创新能力 | 0.219 | 0.008 |
| 组织学习<——创新能力 | 0.264 | * * * |
| 情境制度能力<——技术能力 | 0.287 | * * * |
| 双元成长<——技术能力 | 0.39 | * * * |
| 组织学习<——技术能力 | 0.265 | * * * |
| 情境制度能力<——人力资源 | 0.178 | 0.004 |
| 双元成长<——人力资源 | 0.427 | * * * |
| 组织惯习<——人力资源 | 0.353 | * * * |
| 组织学习<——人力资源 | 0.297 | * * * |
| 情境制度能力<——市场需求 | 0.161 | * * * |
| 双元成长<——市场需求 | 0.331 | 0.007 |
| 组织惯习<——市场需求 | 0.275 | * * * |
| 双元成长<——信息技术发展 | 0.294 | * * * |
| 组织学习<——信息技术发展 | 0.236 | * * * |

| 假设路径 | 标准化路径系数 | 显著性 P 值 |
|---|---|---|
| 组织惯习<——信息技术发展 | 0.287 | * * * |
| 情境制度能力<——政策变化 | 0.186 | * * * |
| 双元成长<——政策变化 | 0.237 | * * * |
| 升级幅度<——情境制度能力 | 0.265 | 0.005 |
| 升级速度<——情境制度能力 | 0.534 | * * * |
| 升级速度<——双元成长 | 0.478 | * * * |
| 升级幅度<——双元成长 | 0.255 | * * * |
| 升级速度<——组织学习 | 0.373 | * * * |
| 升级幅度<——组织学习 | 0.329 | * * * |
| 升级幅度<——组织惯习 | 0.347 | * * * |
| 升级速度<——组织惯习 | 0.353 | * * * |
| 企业绩效<——升级幅度 | 0.337 | * * * |
| 企业绩效<——升级速度 | 0.443 | * * * |

资料来源：根据 AMOS21.0 运行结果整理。

根据图 5-7 假设概念模型路径图可以看出，在假设概念模型中共有 27 个待检验关系。根据表 5-14 结构方程参数分析结果可以看出，各路径通过显著性检验；但根据表 5-13 假设概念模型因子拟合指标，虽然模型指标值基本上都达到要求，但如 RMSEA、RMR 等部分指标都与建议值较为接近，因此须对模型进行二次修正。

### 5.5.5 概念假设模型修正

一般地，对模型进行修正遵循 MI 值由大到小的顺序，且每次能且只能修正其中的一个，所修正的 MI 值越大，修正后卡方值越小（吴明隆，2010）。据此，本研究对提出的假设概念模型按如下顺序进行修正：由于 e7 与 e9 间的 MI 值达到了 31.487，e18 与 e21 间的 MI 值达到了 45.276，因此增加路径 e7↔e9 和 e18

↔e21。经过 2 次修正之后得到新的修正模型，如图 5-8 所示，运行结果经整理后如表 5-15 和表 5-16 所示。

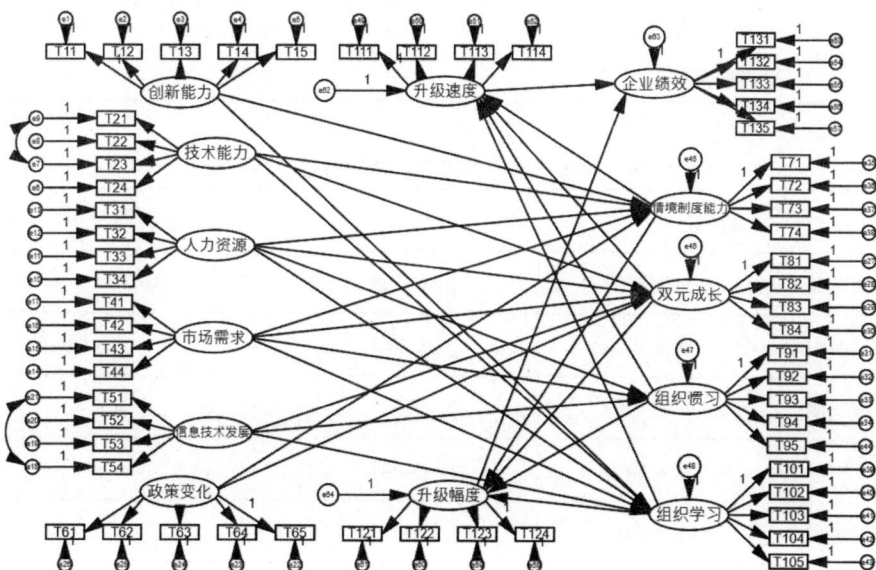

图 5-8 假设概念模型修正路径图

表 5-15 假设概念模型修正后因子拟合指标

| | 拟合指标 | 建议值 | 模型指标值 | 结果判断 |
|---|---|---|---|---|
| 绝对适配指标 | 卡方值（P） | >0.05 | 0.115 | 合适 |
| | 近似残差均方根（RMSEA） | <0.08 | 0.047 | 合适 |
| | 拟合优度指数（GFI） | >0.9 | 0.927 | 能接受 |
| | 调整拟合优度指数（AGFI） | >0.8 | 0.874 | 合适 |
| | 平均方根残值（RMR） | <0.05 | 0.034 | 合适 |
| 增值适配指标 | 比较拟合指数（CFI） | >0.9 | 0.932 | 合适 |
| | 规范拟合指数（NFI） | >0.9 | 0.947 | 合适 |
| | 相对适合指数（RFI） | >0.9 | 0.937 | 合适 |
| | 增量拟合指数（IFI） | >0.9 | 0.947 | 合适 |

| | 拟合指标 | 建议值 | 模型指标值 | 结果判断 |
|---|---|---|---|---|
| 简约适配指标 | 卡方与自由度之比（CMIN/DF） | <3 | 1.593 | 合适 |
| | 简约拟合优度指数（PGFI） | >0.5 | 0.775 | 合适 |
| | 简约规范拟合指数（PNFI） | >0.5 | 0.789 | 合适 |

表 5-16　假设概念模型修正后结构方程参数分析

| 假设路径 | 标准化路径系数 | 显著性 P 值 |
|---|---|---|
| 情境制度能力<——创新能力 | 0.229 | 0.004 |
| 组织学习<——创新能力 | 0.267 | *＊＊ |
| 情境制度能力<——技术能力 | 0.315 | *＊＊ |
| 双元成长<——技术能力 | 0.347 | *＊＊ |
| 组织学习<——技术能力 | 0.279 | *＊＊ |
| 情境制度能力<——人力资源 | 0.215 | *＊＊ |
| 双元成长<——人力资源 | 0.454 | *＊＊ |
| 组织惯习<——人力资源 | 0.376 | *＊＊ |
| 组织学习<——人力资源 | 0.307 | *＊＊ |
| 情境制度能力<——市场需求 | 0.158 | 0.001 |
| 双元成长<——市场需求 | 0.352 | *＊＊ |
| 组织惯习<——市场需求 | 0.287 | *＊＊ |
| 双元成长<——信息技术发展 | 0.312 | *＊＊ |
| 组织学习<——信息技术发展 | 0.239 | *＊＊ |
| 组织惯习<——信息技术发展 | 0.286 | *＊＊ |
| 双元成长<——政策变化 | 0.203 | *＊＊ |
| 组织惯习<——政策变化 | 0.255 | *＊＊ |

| 假设路径 | 标准化路径系数 | 显著性 P 值 |
|---|---|---|
| 升级幅度<——情境制度能力 | 0.264 | 0.003 |
| 升级速度<——情境制度能力 | 0.549 | ＊＊＊ |
| 升级速度<——双元成长 | 0.479 | ＊＊＊ |
| 升级幅度<——双元成长 | 0.289 | ＊＊＊ |
| 升级速度<——组织学习 | 0.384 | ＊＊＊ |
| 升级幅度<——组织学习 | 0.341 | ＊＊＊ |
| 升级幅度<——组织惯习 | 0.353 | ＊＊＊ |
| 升级速度<——组织惯习 | 0.365 | ＊＊＊ |
| 企业绩效<——升级幅度 | 0.343 | ＊＊＊ |
| 企业绩效<——升级速度 | 0.458 | ＊＊＊ |

资料来源：根据 AMOS21.0 运行结果整理。

注：＊＊＊表示0.001水平上显著。

根据图5-8假设概念模型修正路径图及表5-15、表5-16模型修正后运行结果可以看出，模型经过修正各拟合指标有了较为明显的改善；同时，各路径通过显著性检验。

## 5.6　检验结果与对制造业智能化升级启示的讨论

### 5.6.1　实证检验结果分析

本部分主要基于前文（第四章）对制造业智能化升级的核心驱动要素识别及其作用机理的分析，通过对模型修正后的路径系数以及其对应的显著水平对提出的相关研究假设进行进一步检验，实证检验结果分析总结如下：

研究假设 H1：创新能力与对制造业智能化升级动力系统的运行存在着正相关关系的假设检验。结合假设概念模型修正分析结果，创新能力对制造业智能化升级动力系统中组织惯习的路径上表现为较低水平的显著性，即创新能力对组织惯习的影响并不是十分显著，需要拒绝假设 H1b，而在情境制度能力以及组织学习的路径上具有显著水平，即创新能力对情境制度能力以及组织学习的影响十分显著，假设 H1a 和 H1c 得到支持。这是因为制造企业进行智能化转型升级的过程中，创新能力通过正向促进以及反向刺激，使企业加强对内外部环境变化的认知，提升了企业的情境制度能力，而创新能力培育离不开知识吸收，最终推动企业及时进行组织学习，提升了组织的学习能力，但这种改变只是局限在企业部门，尚不能直接作用于企业整体层面，无法短时间内对已有的组织惯习进行调整。由此，本研究对研究假设 H1 选择部分支持。

研究假设 H2：技术能力与对制造业智能化升级动力系统的运行存在着正相关关系的假设检验。结合假设概念模型修正分析结果，技术能力在情境制度能力、双元成长和组织学习的路径上具有显著水平，即技术能力对情境制度能力、双元成长和组织学习的影响十分显著，假设 H2a、H2b 和 H2c 得到支持。这主要是因为技术能力在智能化转型过程中扮演体系塑造的推手角色，技术能力利用技术吸收及技术应用推动企业探索更为广阔的世界。在此过程中，企业对外界的认识得到逐步提升，给予企业发展自身的情境制度能力机会；同时，新知识的产生使得企业的知识得到了更好的积累与更新，并进一步通过组织学习实现创新；新的生产方式得以组织，构建了以企业发展为中心的双元成长模式。由此，本研究对研究假设 H2 选择完全支持。

研究假设 H3：人力资源与对制造业智能化升级动力系统的运行存在着正相关关系的假设检验。结合假设概念模型修正分析结果，人力资源在情境制度能力、双元成长、组织学习和组织惯习的路径上具有显著的水平，即人力资源对情境制度能力、双元成长和组织学习的影响十分显著，假设 H3a、H3b、H3c 和 H3d 得到支持。其中，对双元成长的影响最为显著，对组织惯习的影响次之。这主要是因为人力资源开发为制造企业智能化升级提供的创新的思维源泉，有助于解决企业的生存发展困境，从而为企业的双元成长提供强有力的支撑；而人才激励则能激发起员工更高的工作积极性，为推动组织学习建设奠定好的基础，提升企业对内外部发展的感知并及时做出相应调整的能力，进而达到组织惯习调整的目的，引导企业向着智能化方向不断升级发展。由此，本研究对研究假设 H3 选择完全支持。

研究假设 H4：市场需求与对制造业智能化升级动力系统的运行存在着正相关关系的假设检验。结合假设概念模型修正分析结果，市场需求在情境制度能力、双元成长、组织学习和组织惯习的路径上具有显著的水平，即市场需求对情境制度能力、双元成长、组织学习和组织惯习的影响十分显著，假设 H4a、

H4b、H4c 和 H4d 得到支持。其中，对情境制度能力的影响最为显著，对双元成长的影响次之。这主要是因为满足市场需求，企业需要对原有组织架构进行调整，一方面，与其他企业建立良好合作关系能够提升企业对外部环境的感知以及内部的优化，这不仅有助于培养企业情境制度能力，同时也能推动企业调整其发展模式的，从而推动企业实现双元成长；另一方面，企业与消费者建立起更为紧密的新型客户关系，有利于企业明确后续组织学习方向。同时，这种调整与改变也将逐步渗透到组织惯习层面，对组织惯习的改进产生积极的促进作用，并由此推动企业向具有更好的环境适应性发展。由此，本研究对研究假设 H4 选择完全支持。

　　研究假设 H5：信息技术发展与对制造业智能化升级动力系统的运行存在着正相关关系的假设检验。结合假设概念模型修正分析结果，信息技术发展在双元成长、组织学习和组织惯习的路径上具有显著的水平，即信息技术发展对双元成长、组织学习和组织惯习的影响十分显著，假设 H5a、H5b 和 H5c 得到支持。这主要是因为信息技术发展为企业的智能化转型升级提供必要的技术支持，在信息技术发展的加持下，企业有机会以较低的成本对自身的生产制造流程进行变革，使其在双元成长方面获得长足的成长；而伴随生产制造流程的变革，企业组织层面也同样受到影响，促使企业开展相应的组织学习以适应这种变革，并由此推动组织惯习的改变，进而推动制造业智能化升级动力系统的持续运行。因此，由此，本研究对研究假设 H5 选择完全支持。

　　研究假设 H6：政策变化与对制造业智能化升级动力系统的运行存在着正相关关系的假设检验。结合假设概念模型修正分析结果，政策变化对制造业智能化升级动力系统中组织惯习的路径上表现为较低水平的显著性，即政策变化对组织学习的影响并不是十分显著，需要拒绝假设 H6c，而在情境制度能力以及是双元成长的路径上具有显著的水平，即政策变化对情境制度能力以及双元成长的影响十分显著，假设 H6a 和 H6b 得到支持。这是因为制造企业智能化升级是在内外环境极为复杂的情况下进行的，在具体执行的时候需要考虑到政策变化，从而决定是否继续支持智能化升级的推进。由于政策变化拥有指令性指导作用，而受此影响，企业必须要做出相应的回应，并且这种回应是贯穿整个组织层面的，在调整的过程中，企业的情境制度能力得到锻炼，双元成长也受到影响，因而受政策变化影响最为显著。但政策变化因其一定时效性，短期内还无法发挥对组织学习的推动作用。由此，本研究对研究假设 H6 选择部分支持。

　　研究假设 T1：智能化升级动力与升级速度间存在着正相关关系的假设检验。结合假设概念模型修正分析结果，升级速度在情境制度能力、双元成长、组织学习和组织惯习的路径上具有显著的水平，即升级速度对情境制度能力、双元成长、组织学习和组织惯习的影响十分显著，假设 T1a、T1b、T1c 和 T1d 得到支持。这主要是由于智能化升级是一个持续性的过程，在其初期阶段，企业在情境制度能力推动下，及时抓住发展机遇，在变化的市场环境下做出相应的调整，对企业生产进行改革，形成企业独特的双元成长模式，从而在市场站稳脚根，占据发展的主导，其外在的表现显示为对智能化升级速度产生直接影响。而在后续阶段，企业在做出调整的过程中将组织学习作为发展的重要后续支撑力量，通过不断提升组织学习能力将变革的理念渗透到组织层面，推动旧有组织惯习的转变，逐步形成与智能化升级发展相契合的组织惯习，从而对智能化升级速度起着间接推动的影响作用。由此，本研究对研究假设 T1 选择完全支持。

研究假设 T2：智能化升级动力与升级幅度间存在着正相关关系的假设检验。结合假设概念模型修正分析结果，升级幅度在情境制度能力、双元成长、组织学习和组织惯习的路径上具有显著的水平，即升级幅度对情境制度能力、双元成长、组织学习和组织惯习的影响十分显著，假设 T2a、T2b、T2c 和 T2d 得到支持。其中，对组织学习的影响最为显著，对组织惯习的影响次之。这主要是由于智能化升级实践过程中不仅需要保持组织的稳定性，还离不开现有组织成员提供相应的支持，为此就要在新环境下保持学习，并且对原有的组织惯习进行调整，为制造企业智能化实践提供后续的支撑力量。由此，本研究对研究假设 T2 选择完全支持。

研究假设 T3：升级速度与企业绩效间存在着正相关关系的假设检验。结合假设概念模型修正分析结果，企业绩效在升级速度的路径上具有显著的水平，即企业绩效对升级速度的影响十分显著，假设 T3 得到支持。这是因为制造业智能化升级最显著的外在表现就是企业绩效的提升，智能化升级速度越快，越能有效占据先发优势，从而在市场竞争中处于领先地位。由此，本研究对研究假设 T3 选择完全支持。

研究假设 T4：升级幅度与企业绩效间存在着正相关关系的假设检验。结合假设概念模型修正分析结果，企业绩效在升级幅度的路径上具有显著的水平，即企业绩效对升级幅度的影响十分显著，假设 T4 得到支持。这是因为智能化升级幅度越大，智能化升级转型的运转就越稳定，在生产制造方面的智能化改造就越加成熟，从而能够有效提升产品在市场上的占有率，对企业绩效的改善也就越明显。由此，本研究对研究假设 T10 选择完全支持。

### 5.6.2 对制造业智能化升级启示的讨论

**1. 结合智能制造新趋势，调整制造业转型升级战略重点**

以数字经济为重点，推动产业从"承接制造+产品创新"向着"产品创造+过程创新"进行转型升级。以往制造业基于产业层面的转型升级一般主要从两个方面来理解：一是从产业结构升级视角，提升高技术在产业内的比重；二是从全球价值链升级视角，推动制造业向着微笑曲线两端发展。但是，制造业智能化升级带来的变革重构了原有的劳动密集型产业和传统价值链环节，如果仍按照原先的产业升级策略，密集型劳动产业的转型升级将是以"技术改造"为实践主题取代原先的"技术引进"模式，即要求制造企业进行制造系统（主要是模块化生产流程）的技术升级和基础设备更新。如果按照这个趋势发展下去，新的制造技术和制造系统将逐渐在传统行业实现替代。对中国传统制造产业来说，在考虑如何实现技术改造升级的同时，还需要考虑如何在智能化要素投入后，保持新旧两套制造体系相适应，避免短期野蛮发展等不均衡问题的出现，进而最终走向新的优化发展轨道。此外，制造业智能化升级背景下制造业的转型升级除了加快传统制造业的智能化改造升级、高新技术产业发展以及产品附加值环节升级外，还将衍生出众多新产业、新模式、新业态。因此，在制造业转型战略调整重点还应包括利用智能化引领下的现代制造技术赋予制造产业与制造环节新的活力以实现新的竞争优势，即从产品生产向产品创新、过程创新转变。

**2. 重构企业信息化，逐渐实现智能化数字化转型**

信息技术发展作为制造业智能化升级的重要动力，是企业实现在新时期内继续保持竞争力，适应环境发展的关键。随着产业间壁垒的降低，尤其是信息化设备对生产制造的改造，新的组织形式以及新的工艺流程也随着信息技术的升级改造应运而生。制造企业需要抓住机遇，做出相应的调整，特别是加强在信息化重构升级方面的投入，以此获取比竞争对手更强的适应能力和生产制造能力。具体来说：首先，积极进行企业基础设施升级，不断加强企业自身的信息化基础性建设，通过先进的信息设备支持企业间信息的有效交流，并以此为基础促使不同企业间的动态合作发展，进而以基础设施信息设备升级推动整个产业向互助发展模式转变。其次，对企业基础设施生产设备进行智能化改造与替换，进而以生产设备信息的互联互通实现企业基础设施在空间协作的优化升级，促进企业智能化分布式发展，并由此构建企业智能化发展的基点，进而培养出新的核心竞争力。再次，积极进行前端业务数字化和数据化布局，提高企业数据处理能力。新工业革命背景下，大数据已经成为制造企业向智能化发展的核心驱动要素，作为企业与市场联系的纽带之一，企业通过对营销、销售等环节收集的数据进行专项化分析处理，在及时获取市场发展动向基础上实现与制造环节同步的数据化生产，同时还能根据市场需求对生产经营做出及时调整实现供需的精准对接与智能匹配。最后，在企业内部实现全流程信息共享和业务协同的基础上，在互联网、大数据、云计算、人工智能等新一代信息技术的支撑下以供应链为主线，通过构建高效、智能的供应链管理平台将供应链上所有相关企业（供应商、制造商、分销商、零售商）及用户无缝整合，打破企业间"业务孤岛"；进而基于物联网感知信息，通过供应链、大数据分析与挖掘支持供应链业务流程的优化与调整，并借助这种广泛的互联互通推动制造业供应链的网络化协同管理；同时，进一步整合产业链上具有互补性的企业间优势资源，利用互联网、云计算等技术建立企业与企业间的数据集中、交互与开放平台，以推进产业链企业间信息资源的集成与全面共享，在此基础上实现产业链各企业间乃至跨产业链的无缝合作与业务协同，进而借助制造业产业链整合所形成的强大虚拟化资源整合能力，逐步构建自主可控、实时互联、高效协同的智能制造产业生态体系，逐步形成广泛而高效的制造业全产业链协同发展的新生态体系。

3. 增强企业持续创新能力

创新能力是制造企业通过智能化发展实现升级跃迁的重要保证，在此过程中企业创新能力的持续增强为制造企业智能化升级目标的实现提供了不竭动力。要不断增强企业持续创新能力，首先，要保持研发投入的稳定性与持续性，同时更要注重研发投入的有效性。通过建立研发投入预算管理制度（又称"研发准备金制度"），有计划、持续稳定地增加研发投入，为企业内部研发项目提供资金保障，在此基础上研发投入还应始终围绕企业智能化发展的核心技术、应用技术等方面的需求，不断增强研发投入的有效性，进而优化企业研发体系，并由此实现企业技术创新知识累积。其次，加强技术创新管理，构建新型创新合作平台。在企业内部，通过技术创新管理运作，制造企业对自身的技术水平、知识积累以及专利情况等进行系统梳理，在此基础上结合企业自身特色、创新环境、需求等，提出符合企业发展实际的创新目标、创新策略；在企业外部，加强与上下游企业、同行业企业的合作，充分利用互联网信息技术所带来的红利构建新型创新合作平台，促进不同企业间创新资源的互补与整合，实现集研发设计、智能物流、数据分析、生产制造、营销服务等技术创新多元主体的融合与融创。此外，还应积极参与产学研合作平台建设，与高校及科研机构共同参与智能装备、智能制造技术的研发与创新，共同建设智能制造技术和装备研发与创新团队，通过补偿机制解决企业在技术瓶颈、资金短缺、设备老旧、人才不足等方面的问题。

4. 注重对现有人才素质的提升与培育开发

企业现有人才是支撑企业持续创新的直接参与者与推动者，因此随着智能化升级的逐步开展，需注重对现有人才素质的提升与培育开发。通过开展相应培训计划加大对员工在智能制造知识与技术方面的培训与学习，提升现有人才对智能化升级的理解与认知，激发其创新意识，使其更加主动地参与到企业智能化升级中，并进一步通过现有人才培育计划，完成现有人才在企业智能化升级实践中的有序过渡，使之成为符合企业智能化升级需要的参与者与改革者，增加企业智能化升级创新活力。同时，还需要构建多元化的后备人才引进体系。作为企业持续创新的储备力量，通过多元化后备人才引进体系。一方面企业可以与后备人才建立起更强的联系，形成与企业智能化升级相统一的发展理念和发展意识，从而缩短后备人才进入企业的适应期，有效提升人才成长速度；另一方面则是可以提前做出筛选，避免人才引进的浪费，同时可以做好人才的归类分级，有利于专业智能化人才的高效选拔。此外，还可通过招聘会、员工内推、专家推荐等多种方式招聘具有丰富的智能制造实践经验、掌握智能制造核心技术的国内外高端人才和研发团队。

# 第6章

# 国内外制造业智能化升级实践经验总结与借鉴

在技术融合、产业融合尤其是新一代信息技术加速与制造技术深度融合的推动下，当前制造业正经历着深刻的产业变革。基于 CPS、物联网和互联服务的新工业革命改变了传统的生产方式和商业模式，促进了新产业、新业态、新模式的快速形成，而实现制造业的智能化变革不仅成为未来制造业发展的全新驱动因素，也成为各国重塑产业竞争优势的重要依托。为此，为应对全球范围内新一轮制造业转型升级的挑战，世界主要工业发达国家纷纷加紧谋划和布局，制定了一系列政策和措施以促进制造业的智能化发展，其国内制造企业也在智能化升级实践中取得了明显的成效。作为制造业大国，中国亦从战略全局出发适时提出了"中国制造2025""互联网+"等产业升级计划，随着制造强国战略的深入实施，我国企业以新一代信息技术为依托，两化深度融合，推进产业向着高端化、智能化、服务化方向升级的步伐正在加快，部分企业先行先试、重点突破，并已经在制造智能化领域积累了一定的发展经验。因此，在制造业向数字化、智能化、网络化发展的工业新常态下，立足我国制造业发展实际，总结国内外制造业智能化升级的实践经验，能够为我国推动制造业智能化升级提供众多可供借鉴的启示与思路。

## 6.1 我国制造业智能化升级面临的机遇与挑战

制造业是一个国家工业的主体，也是推动国民经济发展的关键力量。改革开放以来，利用低要素成本优势与对外开放、承接国际产业转移相结合，我国制造业得到了突飞猛进的发展，综合实力不断增强，其增加值占世界制造业比重从1990年的2.7%逐年上升直至达到2019年的28.1%，先后超过了德国、日本和美国，从而一跃成为制造业第一大国，中国制造业在世界制造业中的地位和影响日益凸显。但就发展现状而言，中国制造业的产业规模自2010年后虽已连续多年居世界首位,却仍面临着产业结构不合理、自主创新能力不强等诸多亟待解决的问题。全球制造业竞争格局的调整与发展趋势的变革,一方面使得中国制造业的发展同时面临着内部挑战和外部环境变化的双重挑战,另一方面也为中国制造业带来了一次重大的历史性发展机遇。新形势下,中国制造业既要正视面临的挑战,也要在困境中抢抓机遇,加快智能化转型,以重新定义中国作为全球首席制造业大国的内涵,进而实现"中国制造"向"中国智造"的转变。

### 6.1.1　我国制造业发展的基本现状分析

自20世纪90年代以来,随着经济体制改革的进一步深化和对外开放步伐的不断加快,中国经济实现了高速增长,在此过程中制造业的快速发展发挥了重要的引擎作用,由一个只能制造初级工业产品的国家逐渐发展成为世界重要的制造业基地。目前,中国制造业已建立起较为完备的产业体系,具备了较为厚实的产业基础,在全球制造业中占据了举足轻重的地位。具体地,对我国制造业发展的基本现状可从以下两个方面加以概括和分析:

1. 我国制造业发展所取得的成就

(1) 中国制造业经历了飞速发展,产值规模得到大幅提升

改革开放以来,我国制造业凭借低廉的劳动力、土地成本及环境等要素优势快速崛起,从极端落后的工业国家迅速发展成为"世界工厂"和全球制造业大国,对我国经济发展做出了巨大贡献。

从制造业生产总值来看(表6-1所示),我国制造业生产总值从2007年的353630.8亿元增加到2016年的1040606.31亿元,增长率为194.26%,虽然近年来制造业生产总值增长速率有所放缓,但依旧呈稳步上升的态势(如所示)。

表6-1　2007—2016年我国制造业生产总值　　(单位:亿元)

| 年份 | 制造业生产总值 | 年份 | 制造业生产总值 |
| --- | --- | --- | --- |
| 2007 | 353630.8 | 2012 | 791362.5 |
| 2008 | 441358.4 | 2013 | 894476.7 |
| 2009 | 579199.7 | 2014 | 967514.3 |
| 2010 | 609558.5 | 2015 | 988377.7 |
| 2011 | 733984.0 | 2016 | 1040606.3 |

数据来源:根据2008—2018年《中国工业统计年鉴》以及2008—2019年《中国统计年鉴》整理计算。

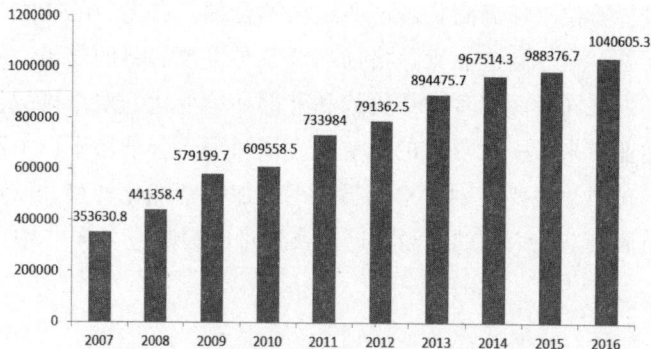

**图 6-1  2007—2016 年制造业产值变化**

数据来源：根据 2008—2018 年《中国工业统计年鉴》以及 2008—2019 年《中国统计年鉴》整理计算。

从制造业增加值来看（如表 6-2 所示），我国制造业增加值从 2007 年的 87466.0 亿元增加到 2018 年的 264820.0 亿元，增长率为 202.77%，几乎呈现出直线式增长（如图 6-2 所示）。

**表 6-2  2007—2018 年我国制造业增加值    （单位：亿元）**

| 年份 | 制造业增加值 | 年份 | 制造业增加值 |
|------|------|------|------|
| 2007 | 87466.0 | 2013 | 181868.8 |
| 2008 | 102539.5 | 2014 | 195620.3 |
| 2009 | 110118.5 | 2015 | 202420.1 |
| 2010 | 130326.0 | 2016 | 214289.3 |
| 2011 | 150598.2 | 2017 | 240506.4 |
| 2012 | 169807.6 | 2018 | 264820.0 |

数据来源：根据 2008—2019 年《中国统计年鉴》及国家统计局（http：//www.stats.gov.cn/tjsj/ndsj/）整理计算。

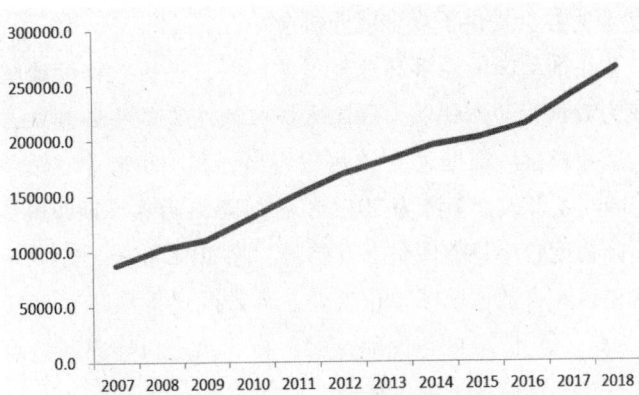

**图6-2 2007—2018年制造业增加值变化**

数据来源：根据2008—2019年《中国统计年鉴》及国家统计局（http：//www. stats. gov. cn/tjsj/ndsj/）整理计算。

此外，从制造业占GDP的比重来看（如表6-3所示），2007至2018年期间，我国制造业增加值占GDP比重均在30%左右，而世界制造业增加值占世界GDP的比重则一直保持在15%—17%水平，前者基本是后者的两倍。可见，在过去十年间我国制造业取得了十分辉煌的成就与发展，作为我国国民经济的支柱产业和经济增长的主导部门，制造业对我国经济持续快速增长起到了重要的推动作用，在我国国民经济增长中占据了不可或缺的位置。

**表6-3 2007—2018年制造业增加值占GDP的比重 （%）**

| 年份 | 中国 | 世界 | 年份 | 中国 | 世界 |
|------|------|------|------|------|------|
| 2007 | 32. 38 | 17. 94 | 2013 | 30. 67 | 16. 40 |
| 2008 | 32. 12 | 17. 49 | 2014 | 30. 50 | 16. 39 |
| 2009 | 31. 60 | 16. 62 | 2015 | 29. 51 | 16. 50 |
| 2010 | 31. 62 | 16. 91 | 2016 | 28. 96 | 16. 27 |
| 2011 | 30. 86 | 16. 79 | 2017 | 29. 30 | 16. 45 |
| 2012 | 31. 53 | 16. 61 | 2018 | 29. 40 | 17. 82 |

数据来源：根据2008—2019年《中国统计年鉴》，国家统计局（http：//www. stats. gov. cn/tjsj/ndsj/）以及世界银行数据官网（https：//data. worldbank. org. cn/）相关数据整理计算。

（2）制造业为社会提供了众多就业机会

我国制造业在推动国民经济高速发展的同时，还极大程度地解决了我国的就业矛盾，成为吸收劳动力就业、提高人民收入水平的主要领域部门，为社会创造了大量的就业机会。根据表6-4可以看出，我国制造业城镇单位就业人数从2007年的3466.4万人，上涨为2018年的4178.3万人，期间虽然部分年份有所下降，但下降幅度较小且整体呈上升趋势。除2018年外，2007—2018年期间制造业城镇单位就业人数占城镇单位就业总人数的比重均超过25%，2013年甚至达到了34.51%。虽然2008年国际金融危机导致出口导向制造企业规模缩小甚至倒闭影响到制造业就业人数占就业总人数比重有所下降，且2013年之后比重又再次下降，但制造业仍为社会创造了近四分之一的就业机会。

表6-4 2007—2018年我国制造业就业人数 （单位：万人）

| 年份 | 就业总人数 | 制造业就业人数 | 制造业就业人数与就业总人数之比（%） |
|---|---|---|---|
| 2007 | 11713.2 | 3466.4 | 29.59 |
| 2008 | 12024.4 | 3434.3 | 28.56 |
| 2009 | 12192.5 | 3491.9 | 28.64 |
| 2010 | 12573.0 | 3638.2 | 28.93 |
| 2011 | 13051.5 | 4088.3 | 31.32 |
| 2012 | 14413.3 | 4262.2 | 29.57 |
| 2013 | 15237.4 | 5258.9 | 34.51 |
| 2014 | 18108.4 | 5243.1 | 28.95 |
| 2015 | 18062.5 | 5068.7 | 28.06 |
| 2016 | 17888.1 | 4893.8 | 28.36 |
| 2017 | 17643.8 | 4636.5 | 27.27 |
| 2018 | 17258.2 | 4178.3 | 24.21 |

数据来源：根据2008—2019年《中国劳动统计年鉴》《中国统计年鉴》整理计算。

图6-3显示，2007—2018年我国制造业就业人员平均工资呈现直线上涨，且上涨趋势与我国就业人员平均工资上涨趋势几乎一致，说明制造业对于我国

就业人员工资上涨起到了重要作用。可见，制造业不仅为大量的城镇就业者提供了工作机会，而且也成为提高居民收入的重要部门。

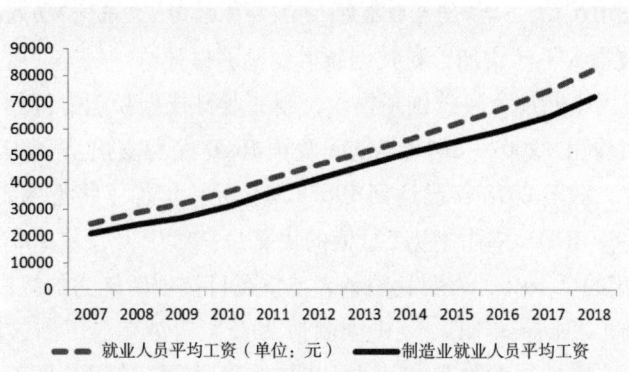

**图 6-3 2007—2018 年我国制造业就业人员平均工资变化**

*数据来源：根据 2008—2019 年《中国统计年鉴》整理计算。*

（3）中国制造业在国际分工中的地位不断上升

改革开放以来，我国制造业利用劳动力以及资源禀赋等比较优势积极加入国际分工体系中，并成为全球价值链中必不可少的重要组成部分。根据联合国工业发展组织发表的《2016 年工业发展报告》的数据，1990—2014 年间，我国制造业得到长足发展与进步，在全球制造业增加值中的比重从 1990 年的 2.7% 提高到 2012 年的 18%，增加了 6 倍，仅次于美国，成为全球第二大制造业国家。此外，根据德勤发布的《2016 全球制造业竞争力指数》报告，2016 年中国制造业竞争力依然保持在第一名（如表 6-5 所示），美国次之，且差距较小，德国排名第三，说明我国制造业经过将近 40 年的高速发展，已经在国际上具备相当的竞争力。

**表 6-5 2016 年全球制造业竞争力指数国家排名**

| 排名 | 国家 | 指数评分 | 排名 | 国家 | 指数评分 |
|------|------|---------|------|------|---------|
| 1 | 中国 | 100.0 | 6 | 英国 | 76.8 |
| 2 | 美国 | 99.5 | 7 | 墨西哥 | 69.5 |
| 3 | 德国 | 93.9 | 8 | 加拿大 | 68.7 |
| 4 | 日本 | 80.4 | 9 | 新加坡 | 68.4 |
| 5 | 韩国 | 77.7 | 10 | 印度 | 68.2 |

数据来源:《2016 全球制造业竞争力指数》,https://www2. deloitte. com/cn/。

注:指数评分=100,代表制造业竞争力指数最高;指数评分=10,代表制造业竞争指数最低。越靠近 100,表示竞争力指数越高;相反越靠近 10,表示竞争力指数越低。

(4) 科技投入不断增加,科技创新得到显著提升

近年来我国不断加大科技创新投入,制造业科技创新能力得到了显著提升。从图 6-4 可以看出,2007—2018 年期间我国 R&D 经费支出从 2007 年的 3710.2 亿元逐年上涨,截至 2018 年已达到 19678.9 亿元,增加了将近 4.3 倍。2007 年至 2018 年期间,R&D 占国内生产总值的比重也持续上升,从 2007 年的 1.37% 增加到 2018 年的 2.19%,表明我国越来越重视科技创新能力的提高,尤其是近年来我国提出了"创新驱动"、《中国制造 2025》等战略,不断鼓励技术创新,加大科技投入,支持技术改造,以进一步加快我国经济转型以及产业升级。

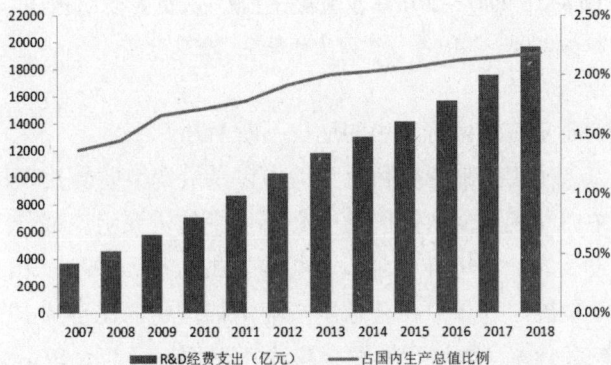

**图 6-4 2007—2018 年中国 R&D 经费支出情况**

数据来源:根据 2008—2019 年《中国统计年鉴》整理计算。

从我国规模以上工业企业新产品开发数量和专利申请数来看(图 6-5),2008—2018 年期间,新产品开发项目数由 184859 增加到 558305,增长率 202.02%,除 2015 年有所下降,其他年份均呈上涨状态,专利申请数变化趋势与新产品开发项目数的趋势几乎一样,但上涨幅度比新产品开发大,除在 2015 年专利申请数下降外,其他年份均上涨,由此可以看出,我国制造业的科技创新能力在近十年来得到了显著提升。

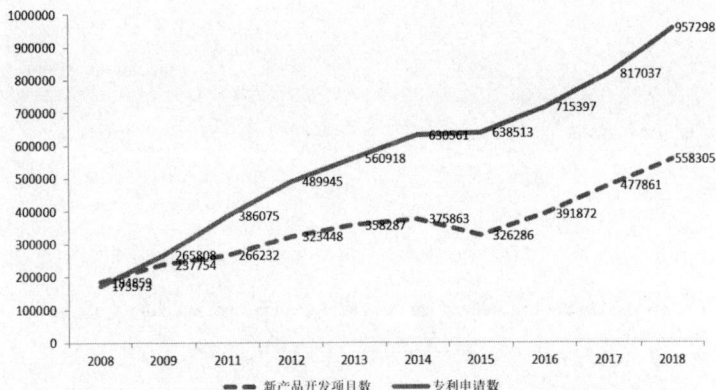

图 6-5 2008—2018 年规模以上工业企业新产品开发及专利情况

数据来源：根据 2009—2019 年《中国统计年鉴》整理计算。

（5）工业发展呈现重工业化趋势

改革开放以来，我国工业得到了高速发展，其内部结构从最初的轻工业主导不断发展为重工业占主导，根据轻工业和重工业总产值占工业总产值的比重，可将其变化历程分为四个阶段。第一个阶段为 1978—1990 年，在这一阶段，我国工业产业结构出现轻工业与重工业发展比例失调的问题，导致生活资料供给短缺严重，因此我国政府加大了对轻工业的支持力度，以提升居民生活水平，推动轻工业快速发展。轻工业总产值占工业总产值的比重从 1978 年的 43.10% 增加到 1990 年的 49.38%，1981 年、1982 年甚至达到了 51.50%、50.23%，重工业总产值占工业总产值从 1978 年的 57.90% 降到 50.62%。第二个阶段是 1990—1999 年，在该阶段，轻工业、重工业总产值占工业总产值的比重发展相对稳定，两者都保持在 50% 左右。第三个阶段是 1999—2010 年，2000 年重工业总产值占工业总产值比重从 1999 年的 50.80% 激增至 60.20%，增加了 9.4%，之后重工业得到了长足的发展，重工业发展速度明显高于轻工业，重工业总产值占工业总产值比重逐年增加，2010 年增至 71.36%，11 年间比重增加了 20% 多，该阶段是重工业比重上涨最快的一个时期，工业发展呈现重工业化趋势。第四个阶段为 2010 年至今，在此阶段重工业总产值占工业总产值比重基本维持在 71% 左右，比重基本处于比较稳定状态，我国工业发展基本实现了重工业化（见图 6-6）。

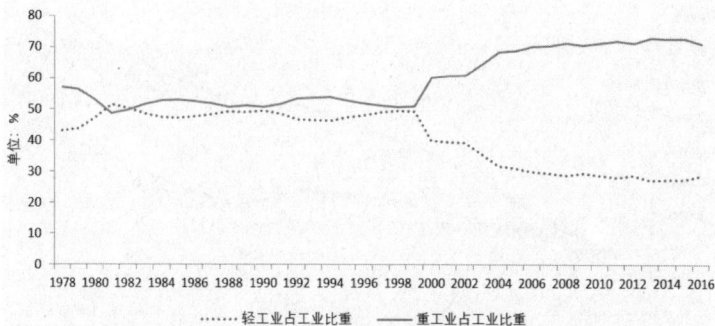

**图 6-6　1978—2016 年重工业与轻工业总产值占工业总产值的比重**

数据来源：根据 1979—2018 年《中国工业统计年鉴》整理计算。

**2. 我国制造业发展过程中所遭遇的现实困境**

我国制造业在取得辉煌成绩的同时，在发展过程中也面临着一些现实困境，主要表现为：劳动生产率低，产品附加值不高；研发投入不够，自主创新能力不强；能源利用率低，环境污染严重；缺乏高素质技能型与创新型人才，人才培养基础设施不完善；劳动力供给不足，劳动力成本上升；外商直接投资不断下降；相关产业配套不协调；产能过剩；等等。

（1）我国制造业劳动生产率偏低，产品附加值不高

根据《2016 年国际工业年鉴》数据测算，2015 年我国制造业的劳动生产率为 55411.86 美元/人年，而同期日本、韩国、美国、德国等发达国家的劳动生产率则为 80960.99 美元/人年、83840.74 美元/人年、135888 美元/人年以及 87560.87 美元/人年，分别是中国的 1.46 倍、1.51 倍、2.45 倍和 1.58 倍，我国制造业劳动生产率偏低，与发达国家还存在着较大差距。此外，由于较低的劳动生产率，我国制造业多是以低成本优势加入国际分工体系中的生产、加工环节，由于该环节主要处于价值链的低端，产品附加值不高。因此，未来我国制造业发展需要努力提高劳动生产率，提升我国在国际分工中的地位和产品附加值，实现向价值链高端环节的攀升。

（2）研发投入仍需加大，自主创新能力有待加强

从研发投入来看，虽然我国近年来不断加大科技研发投入，且科技创新能力有一定的提升，但与美国、德国、日本以及韩国等发达国家相比，还处于较落后地位。从表 6-6 可以看出，2007 年，我国 R&D 经费支出占国内生产总值比率为 1.37%，之后持续增长，2018 年达到 2.19%，而德国、日本、韩国、美国

R&D 经费支出占 GDP 之比早在 2007 年就已分别达到 2.46%、3.34%、3.00%、2.63%。与 2018 年同期相比，德国、日本、韩国、美国 R&D 经费支出占比率分别为 3.13%、3.28%、4.53% 以及 2.83%，其中韩国 R&D 经费支出约是我国的 2.1 倍，可见相比发达国家而言，我国的科研投入还远远不够。

此外，从制造业的技术创新能力上看，我国制造业自主创新能力不强，长期以来依靠外商直接投资引入国外的先进技术，通过"干中学"和竞争机制实现技术溢出，进而实现技术水平的提升，促进制造业的发展，但发达国家牢牢控制着关键技术，使我国长期锁定在价值链的低端，同时带来了我国制造业缺乏自主知识产权的产品、自主创新能力薄弱、对外依赖过高等问题，因此我国制造业需要不断加大科技投入，加强基础性研究，完善科技创新体制，提高自主创新能力。

表 6-6 2007—2018 年主要国家 R&D 经费支出占 GDP 之比 （%）

| 年份 | 中国 | 德国 | 日本 | 韩国 | 美国 |
|------|------|------|------|------|------|
| 2007 | 1.37 | 2.46 | 3.34 | 2.87 | 2.63 |
| 2008 | 1.45 | 2.62 | 3.34 | 2.99 | 2.77 |
| 2009 | 1.67 | 2.74 | 3.23 | 3.15 | 2.81 |
| 2010 | 1.71 | 2.73 | 3.14 | 3.32 | 2.74 |
| 2011 | 1.78 | 2.81 | 3.25 | 3.59 | 2.77 |
| 2012 | 1.91 | 2.90 | 3.21 | 3.85 | 2.68 |
| 2013 | 2.00 | 2.84 | 3.32 | 3.95 | 2.71 |
| 2014 | 2.02 | 2.88 | 3.40 | 4.08 | 2.72 |
| 2015 | 2.06 | 2.93 | 3.28 | 3.98 | 2.72 |
| 2016 | 2.10 | 2.94 | 3.16 | 3.99 | 2.76 |
| 2017 | 2.12 | 3.07 | 3.21 | 4.30 | 2.81 |
| 2018 | 2.14 | 3.13 | 3.28 | 4.53 | 2.83 |

数据来源：经济合作与发展组织官网，https://data.oecd.org/rd/gross-domestic-spending-on-r-d.htm。

（3）资源、能源利用率较低，能耗偏高，环境污染比较严重

长期以来，我国制造业依靠高污染、高投入、高能耗、低效益的粗放式模式得以发展，但随着资源紧缺、环境恶化等问题的出现，我国制造业粗放式发展模式带来的原材料价格上涨、工业污染不断加剧等弊端日益显现。近年来，我国 GDP 单位能源消耗不断增加，但仍远远落后于发达国家。根据世界银行数据库的数据显示，2014 年我国 GDP 单位能源消耗为 6.30 购买力平价美元/千克石油当量，低于同期世界水平的 8.27 购买力平价美元/千克石油当量。与美（8.20 购买力平价美元/千克石油当量）、英（16.90 购买力平价美元/千克石油当量）、德（13.40 购买力平价美元/千克石油当量）、日（11.30 购买力平价美元/千克石油当量）、韩（8.20 购买力平价美元/千克石油当量）① 等国相比（其中，英国将近是我国的三倍，德国、日本为我国的两倍多）仍存在较大差距，可见我国能源利用率整体较低。

此外，2019 年中国统计年鉴数据表明，虽然按 2010 年可比价格计算，我国万元国内生产总值能源消费量已从 2010 年的 0.87 吨标准煤/万元下降到了 2015 年的 0.71 吨标准煤/万元，下降率为 19.32%；按 2015 年可比价格计算，从 2015 年的 0.63 吨标准煤/万元下降到了 2017 年的 0.57 吨标准煤/万元，下降率为 9.52%。但全国能源消费总量却仍在增加，2010 年全国能源消费总量为 324939.15 万吨标准煤，2017 年全国能源消耗总量为 448529.14 万吨标准煤，增长率为 38.03%。而世界银行数据也显示，2016 年中国二氧化碳排放量为 0.561 千克/PPP 美元 GDP，美国为 0.301 千克/PPP 美元 GDP，日本为 0.243 千克/PPP 美元 GDP，德国为 0.189 千克/PPP 美元 GDP，英国为 0.16 千克/PPP 美元 GDP②，我国二氧化碳排放量远高于美、日、德、英等发达国家，环境污染较为严重，我国制造业发展面临的资源和环境压力依然较大。

（4）劳动力供给趋紧导致劳动力成本的持续上升

长期以来，我国制造业主要凭借廉价的劳动力等低成本竞争优势快速融入全球价值链分工中的加工、装配等劳动密集型环节，跃升成为世界第一制造业大国。然而随着老龄化问题的不断加重，我国劳动年龄人口的增长速度逐渐减缓，出现了劳动力尤其是青年劳动力供给越显不足等问题。2015 年我国劳动力人口（15—64 岁年龄段）的年增长率第一次转为负数③，劳动力供给的日益消

---

① 数据来源：世界银行数据库，https：//data.worldbank.org.cn/。

② 数据来源：世界银行数据库，https：//data.worldbank.org.cn/。

③ 2016 全球制造业竞争力指数［EB/OL］. 德勒中国［发布时间不详］.

减以及中产阶级的爆炸性增长，导致招工难、民工荒问题越来越严重，进而加速了劳动力成本的不断上升。

如图 6-7 所示的我国制造业就业人员平均工资情况可以看出，近年来我国制造业就业人员平均工资呈直线上升趋势，2007 年我国制造业就业人员平均工资为 21144 元，之后持续上涨到 2018 年的 72088 元，上涨了约 3.4 倍。其中，2007—2014 年期间，制造业就业人员工资增长率均保持在 10% 以上，2010 年甚至一度达到了 18.60%。根据德勤发布的《2016 全球制造业竞争力指数》报告，2015 年我国制造业劳动力成本为 3.3 美元/每小时，而同期与之相比较的东南亚国家中，制造业劳动力成本均远远低于我国，如：2015 年印度制造业劳动力成本约为我国的一半水平仅为 1.7 美元/每小时，而印度尼西亚的制造业劳动力成本甚至还不到中国的五分之一。我国制造业劳动力成本的不断上升逐渐削弱了制造业的低成本优势，未来我国劳动密集型产业的发展将面临部分产业向更低成本的新兴经济体转移的压力。

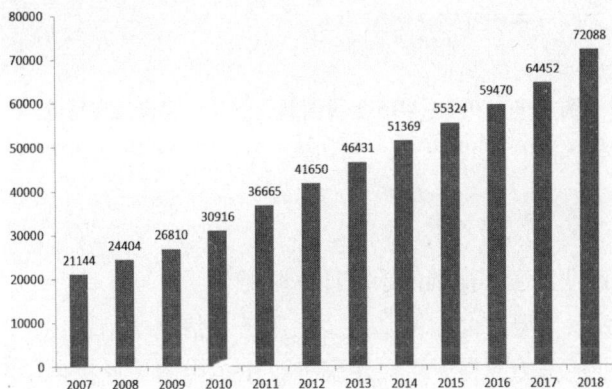

**图 6-7 2007—2018 年我国制造业就业人员平均工资情况**

数据来源：根据 2007—2019 年《中国统计年鉴》整理计算。

（5）制造业 FDI 持续下降

过去，中国利用外国投资，打造了无与伦比的制造业规模竞争优势。但是随着近年来环保力度的不断加强，能源尤其是劳动力成本的大幅度上涨，我国制造的成本优势正在逐渐消失，国外投资者开始将国内投资撤走，转而选择到劳动力成本更低的越南、泰国、印度、印度尼西亚等东南亚国家建厂投资。图 6-8 所示，2007—2018 年我国外商直接投资虽然整体呈上升趋势，但是制造业外商直接投资自 2007 年 4086482 万元上涨到 2011 年的 5210054 万美元之后，便开始持续下降，且下降率持续增长，2018 年制造业外商直接投资为 4117421 万美元，相比 2017 年下降率达到了 22.89%。另一方面，制造业外商直接投资占外商直接投资总额比重也持续下降，从 2007 年的 54.66% 下降为 2018 年的 30.51%，且下降趋势十分明显，由此说明我国制造业对外商直接投资的吸引力正不断下降。

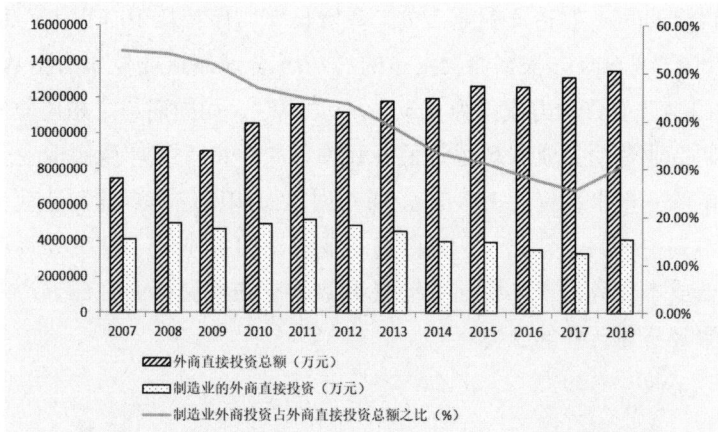

**图 6-8  2007—2016 年我国制造业外商直接投资情况**

数据来源：根据 2008—2018 年《中国工业年鉴》及 2008—2019 年《中国统计年鉴》整理计算。

（6）相关产业配套不协调的矛盾日益显现

制造业的发展需要与之相配套的金融服务、信息通信服务、交通运输等相关生产性服务业的强力支撑。生产性服务业作为为制造业提供中间性服务与产品的配套产业，其与制造业的协同与融合能够有效增加制造业增加值，提高制造业的竞争力与创新能力以及提升产品附加值，进而促进制造业转型升级。但根据图 6-9 所示的我国生产性服务业发展的基本情况可以看出，虽然 2007—2017 年我国生产性服务业增加值占 GDP 的比重整体呈增长趋势，但仍处于 20% 至 28% 水平之间，这与德、美等发达国家生产性服务业增加值占 GDP 的比重均在 50% 以上相比还存在较大差距。

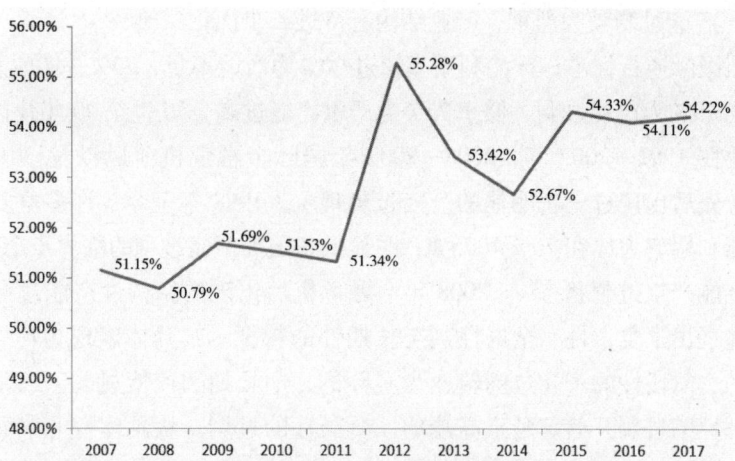

**图 6-9  2007—2017 年我国生产性服务业增加值占 GDP 的比重**

数据来源：根据 2008—2019 年《中国统计年鉴》整理计算。

　　而如图 6-10 所示，2007—2017 年期间，我国生产性服务业占服务业增加值比重虽在 2009 年、2014 年部分年份有所上升，但整体却呈下降趋势，生产性服务业占服务业增加值比重较低，这说明我国生产性服务业整体发展水平偏低，发展速度仍然缓慢，生产性服务业的发展与制造业的高速发展匹配程度不高、部分非均衡等矛盾正日益显现。

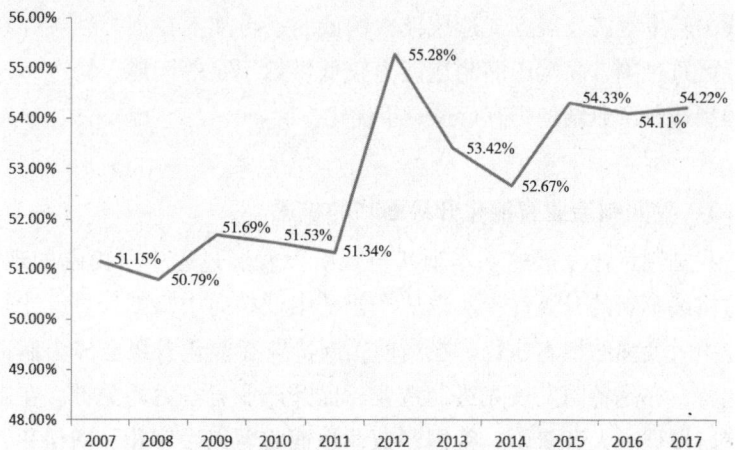

**图 6-10  2007—2017 年我国生产性服务业占服务业增加值比重**

数据来源：根据 2008—2019 年《中国统计年鉴》整理计算。

(7) 产能过剩较为严重, 产业结构有待进一步优化

按照国际通行标准, 产能利用率超过90%为产能不足, 79%—90%为正常水平, 低于79%为产能过剩, 低于75%为严重产能过剩。20世纪90年代以来, 我国制造业在1992—2002年、2008—2009年国际金融危机前后以及2013—2016年期间曾先后出现过三次明显的产能过剩现象。1998年至今, 许多重要行业的平均产能利用率大体在70%至75%, 明显低于国际产能过剩的临界点79%水平, 均处于产能严重过剩状态①。2008年金融危机后出现的结构性产能过剩相较于以前更体现出了复杂性、全局性甚至长期性的特征。其具体表现为: 一是, 以前潜在的、阶段性的产能过剩转变为实际的、中长期的产能过剩。二是, 低端的、局部性的过剩开始蔓延至高端的、全局性的过剩。从具体行业来看, 传统制造业中钢铁、水泥、有色、电解铝、石化等行业产能普遍过剩, 部分行业甚至出现了绝对过剩; 这一现象也从传统产业蔓延至船舶、汽车、光伏、机械、多晶硅、风电设备等部分战略性新兴产业。

2016年以来, 随着我国针对产能过剩行业一系列"去产能"调控政策的出台以及供给侧结构性改革的逐步展开, 产能利用率得到一定改善, 但是就目前而言, 产能过剩问题并未得到全面的解决。2018年, 我国产能利用率为77.5%, 虽有一定提高, 但整体仍处于历史较低水平, 很多行业过剩问题仍未得到解决, 即使排除了经济周期性波动等原因, 从全局和长远来看, 如不能有效解决如此大范围、大规模的产能过剩问题, 不仅会继续造成对能源、资源的严重浪费, 更会对我国转变经济发展方式造成极大的威胁; 再加上在细分领域存在的低端产品产能严重过剩, 高端产品制造能力较低供给不足等问题, 均在一定程度上表明我国制造业产业结构仍有待进一步优化。

### 6.1.2　我国制造业智能化升级面临的机遇

基于我国制造业发展的基本现状与现阶段发展过程中所面临的现实困境, 唯有通过持续不断的升级逐步实现从产业链中低端向中高端迈进, 才是推动中国制造业由大变强的根本途径。在当前, 制造业智能化升级已成为制造业发展的主流趋势, 亦是各国发展先进制造业、提升产业竞争力的关键。在制造业进入新发展阶段这一大背景下, 我国制造业也面临着以数字化、网络化、智能化为引领实现深度转型的巨大发展机遇。

---

① 胡迟. 产能过剩状况的最新分析及对策（上）[EB/OL]. 国研网, 2016-04-11.

1. 新工业革命为我国制造业产业变革带来巨大的历史性机遇

新工业革命带来的是新一代信息技术、新能源技术、智能制造技术、材料技术、生物技术的技术变革，生产制造方式由规模化、标准化生产向个性化、定制化发展，产业边界逐渐模糊、产业融合加快，企业组织结构扁平化、形成网络型组织，新的商业模式、商业形态的不断出现等一系列的变革。新工业革命所带来的一系列变革为促进我国战略性新兴产业和先进制造业的发展、推动制造业生产方式的变革、自主创新能力的提高以及制造业产业竞争力的提升等提供了重大的历史性机遇。首先，新一代信息技术、新能源、新材料等新技术、新应用的突破性发展，催生出一系列相应的新制造系统和新兴产业，并为其快速发展提供了强劲动力。在此背景下，我国可以抓住新工业革命这一历史性机遇，加快培育发展3D打印、工业机器人等智能制造生产系统和生产设备产业，加大战略性新兴产业和先进制造业的研发投入，促进信息产业、工业设计等生产性服务业的增长，以打造抢占战略产业制高点的新优势，使我国制造业赶超发达国家、实现跨越式发展成为可能。其次，新工业革命背景下，以往处于价值链低端的制造环节地位将上升，为我国确定明确的产业发展方向、制定科学高效的产业发展战略、加快经济转型升级、牢牢掌握未来竞争和发展主动权提供了有利的契机。借此我国可以依托完备的产业体系和庞大的制造业基础，将现代制造技术和先进制造系统应用到制造企业的生产和制造环节中，推动制造业生产方式从标准化、规模化向定制化、个性化、柔性化、低碳化的转变；同时，可以通过加强对全球产业链和价值链的分析，针对技术和产业未来发展做好技术创新规划和主导产业确立，并在产业技术创新中更好地发挥企业技术创新主体作用，努力实现核心技术突破，为从根本上提升我国制造业对产业链的控制力和对价值链的作用力提供支撑。再次，新工业革命为我国提高自主创新能力提供了基础研究与原始创新、配套技术创新、在模仿创新技术上进行改进创新以及改善突破性创新技术的缺陷进行替代性研发等四条途径，给我国制造业创新驱动和转型发展战略的实施带来了机遇。我国制造业可根据各产业的发展情况，通过借助新一代的信息技术，通过不同的路径实现自主创新能力的全面提升。最后，新工业革命催生了大量新技术、新产业、新业态与新模式，为我国制造业突破以往价值链低端锁定奠定了必要的技术经济基础。通过制定适合新工业革命要求的技术标准和产业政策，加大对基础技术、关键技术突破的支持力度，以及促进企业生产技术、生产方式、组织结构的变革，我国制造业可以以智能化创新为导向实现制造业价值链的重构以及高附加值环节的再造，在新一轮的国际竞争中获得独特的竞争优势，进而带动我国制造业核心竞争力的提升。

2. 国家战略部署与一系列产业支持政策的出台，为我国制造业加快结构调整实现转型发展指明了方向

近年来，出于对我国制造业发展的国际国内环境和基础条件的统筹考虑，我国提出"一带一路"倡议，制定实施了《中国制造2025》等一系列国家战略和产业政策，为我国制造业加快产业结构调整转变发展方式指明了方向。为了顺应世界范围内新一轮科技革命和产业变革的挑战以及自身制造业升级发展的内在要求，我国于2015年5月出台了《中国制造2025》十年战略规划，为我国制造业发展指明了前进方向和路径。《中国制造2025》针对国内外竞争新格局以及我国制造业发展现状，确定了未来我国制造业需重点发展的十大高端制造领域，通过体制机制改革、创造公平竞争市场环境、完善金融扶持政策、出台财政税收政策、加强工业领域的多层次人才培养、促进中小微企业的发展、提高制造业对外开放和国际化水平、组织实施机制等行动路径，推进信息技术与制造技术的深度融合，促进制造业数字化、信息化、智能化发展，从制造大国迈向制造强国，为我国制造业智能化升级创造了有利的政策环境。

作为开放发展战略，"一带一路"倡议的实施为推动我国产业转型升级带来重要契机。一方面，我国通过与东南亚、中亚、中东欧等地区64个国家在政策、设施、贸易、资金等方面形成互联互通，开展具有产业互补性的项目合作，并进一步促进跨国产能资源合作，为消化我国过剩产能提供了较大的空间；另一方面，我国可以依靠不断发展的内需，鼓励具有国际经验和经济实力的企业收购外国企业，以获取其先进的技术、知识和人力等资源。践行"一带一路"倡议，为我国制造业转移过剩产能以及吸收先进的资源和要素提供了新的机遇。

### 6.1.3　我国制造业智能化升级面临的挑战

"新工业革命"的核心是以新一轮科技革命为先导，以新一代信息技术、生物技术、新能源、新材料技术等多领域颠覆性技术创新和扩散应用为主要驱动力，以信息化与工业化深度融合为主线，以智能制造为主攻方向，以产业融合发展为主体的经济社会发展方式的变革，给世界产业技术的快速发展以及和分工格局的深刻调整带来革命性影响。与此同时，"新工业革命"同我国加快转变经济发展方式、实施创新驱动发展战略、建设制造强国形成历史性交汇，这使我国制造业既迎来了未来向数字化、网络化、智能化高端升级发展难得的战略机遇，也面临着来自高端制造向发达国家回流以及低端制造向新兴国家转移等方面最为严峻的挑战。

1. 发达国家在"新工业革命"中具有的先发优势或将占据竞争优势

国际金融危机带来的巨大冲击，使欧美国家重新认识到实体经济的重要性，反思之前"去工业化（Deindustrialization）"政策，并根据本国的工业基础和市场环境将振兴制造业上升到国家经济发展战略层面，纷纷推行工业尤其是制造业重振计划，实施"再工业化"战略，旨在重新确立实体经济地位促进高端制造领域的回流，以抢占未来全球产业竞争的制高点。

美国于20世纪50年代至70年代开始实施的去工业化导致成千上万的制造企业倒闭，制造业就业机会急剧减少，而由于承接了美国劳动密集型、资本密集型产业的向外转移，日本加速完成了工业化，亚洲四小龙迅速崛起，中国工业经济持续高速增长。直至金融危机爆发后，美国政府、学者们开始重视和讨论去工业化带来的种种弊端，出台了《美国制造业促进法案》《美国复苏和再投资法案》《先进制造业伙伴计划》等呼吁再工业化。美国再工业化的目标在于促进先进制造业的发展，通过减税、补贴政策吸引鼓励制造业回国建厂投资，更提出购买"美国货"、雇佣"美国人"，以增加制造业就业机会、重振制造业。美国再工业化促使了部分尖端制造业的回归，将导致我国制造业面临就业机会减少、市场缩减、外企投资建厂意愿降低、招商引资难度增加以及实现技术赶超难度加大等压力。

英国则推出了《制造业新战略》，转变"重金融、轻制造"的发展思路，以低碳经济为核心，推出《英国低碳工业战略》《英国低碳转型计划》《低碳产业战略远景》等再工业化战略计划，通过直接支持战略性新兴产业、打造低碳基础设施、为绿色制造企业研发与员工培训提供资金支持等促进低碳制造业的发展。

金融危机后，日本也开始高度重视制造业的发展，实施"制造业再兴战略"和"日本制造业竞争力策略"，并制定了《制造业基础白皮书》，聚焦于顶尖技术的研发和高附加值产品的生产，如将3D打印技术作为优先政策补贴对象，研发出具有世界顶尖技术水平的金属粉末造型3D打印机，以机器人技术创新为突破口，带动产业结构变革，并加大智能家电技术、新能源技术、新材料技术、医疗与生物技术的研究与开发。此外，日本通过采用"小生产线"模式和运用工业机器人，以降低生产成本、提高国际竞争力，从而巩固其制造业大国地位。

德国为了保持其制造业传统优势、提升全球竞争力、确保制造业的强国地位，出台了"工业4.0"战略，该战略以信息物理系统为基础，实施领先的市场战略与领先的供应商战略，通过企业之间的横向集成、产品制造周期的各端点集成、企业内部的纵向集成，实现智能制造、智能工厂、智能物流、智能服务，进而实现制造业个性化、多样化、智能化，提升制造业国际竞争力。此外，德国具备雄厚经济实力、熟练的劳动力以及对创新的持续支持等优势，这也进一步促进其制造业的发展。

可以看出，美、英、日、德等发达国家利用其在新工业革命中具有的先发优势，通过加强顶层设计与统筹规划，并积极制定资金补贴、政策倾斜等多项措施，支持和推进制造业向高端化、智能化方向发展，这使得我国制造业面临高端制造业领域向发达国家的"逆转移"的挑战，如果不能快速赶上，势必会进一步拉大我国与发达国家间的技术差距。如此一来，一方面，会导致我国在国际产业竞争格局中处于被动和依附的地位；另一方面，将会使以往我国承接发达国家产业转移，通过技术外溢和"干中学"获取发达国家的技术，寻求研发、营销等高端资源的升级路径将更加难以实现，进而形成对我国制造业转型升级的抑制，导致我国制造业被固化在价值链低端。

2. 新工业革命将使我国制造业低成本优势加速弱化

改革开放以来，我国制造业凭借劳动成本低、土地廉价以及环境要素成本低等比较优势高速发展，但是近年来我国制造业的城镇就业人员平均工资不断上涨，劳动力成本、土地以及环境要素成本不断上升，我国制造业传统的比较优势不断被削弱。而与此同时，"新工业革命"也将会进一步加速弱化我国制造业的低成本优势，其具体表现在以下两个方面：

（1）在新的制造模式下，美、日、德、英等发达国家应用人工智能、工业机器人等智能化设备进行劳动密集型行业的生产制造，会进一步降低劳动在制造业投入中的比例，从而加速弱化中国制造业的要素低成本优势；

（2）新一轮工业革命将进一步促进越南、印度、印度尼西亚、马来西亚等新兴市场国家劳动生产率提升，且由于新兴市场国家劳动力成本更低，如2015年印度劳动力成本每小时仅为1.7美元，印度尼西亚的劳动力成本仅为中国的五分之一，使得在低端制造业方面这些国家具有更明显的低成本优势。在此形势下，近年来，一些跨国公司为寻求更低成本，有的直接到新兴国家投资设厂，有的则考虑将生产基地由中国向其他新兴国家转移。

此外，随着印度、泰国、印度尼西亚、越南和马来西亚强力五国（"MITI-V"）的崛起，这些国家自身拥有的比较优势也形成了对中国制造业领域的某些竞争优势。例如：印度提供了一批高技能的工程师以及会讲英语的科学家与研发人员，使其在支持高端制造业也具有一定的优势；泰国虽然劳动力成本较高，但全国90%的识字率、每年10万多名的理工科毕业生、较低的企业税率也吸引部分制造业企业投资；印度尼西亚不仅具有较低的劳动力成本，且人口规模大，在电子产品制造业方面具有一定的优势，未来可能会成为承接从中国转移产能的制造商的国家；越南近年来整体生产率则实现了快速增长，制造能力也有了大幅提高，加之其显著的低成本优势，使得越南未来在低成本制造方面可能替代中国；马来西亚的成本相对低廉，而《2016全球制造业竞争力指数》①报告显示，与中国每百万居民中研究者数的1089名相比，马来西亚相对较高为1794名，同时马来西亚一直专注于零部件的组装、测试、设计和开发以及系统生产，因而在高技术制造领域具有一定的竞争力。

通过以上分析可以看出，我国制造业在取得辉煌成绩的同时，也存在着一些问题。在新工业革命下，我国制造业面临着实现赶超发展的重大机遇，同时也面临着高端制造向发达国家回流以及低成本优势加速弱化的挑战。因此，面对新工业革命，我国制造业应主动应对需要，抓住这一重大历史性机遇并克服挑战，针对现有问题积极推动制造业向智能化方向的转型升级。而为实现这一目标，对世界制造业智能化演进与发展的进化历程进行梳理，并积极总结主要工业发达国家以及国内制造业智能化升级实践经验，不仅必要，而且也很重要。

## 6.2 世界制造业智能化演化与发展历程

新一轮全球制造业产业变革背景下，智能化与高端化成为制造业升级发展的必然阶段。回顾世界制造业发展历程，随着制造业领域技术的渐进性和革命性的进步，在制造业发展的不同时期，其向智能化方向的演进与发展大致经历了从"单件小批生产—大规模生产—大规模定制—全球化个性化制造"的四次转变，体现了在特定制度压力以及市场环境下，制造业通过对社会资源尤其是技术资源配置的阶段性调整向着智能化方向不断发展的螺旋式动态上升过程。

1. 单件小批生产是制造业智能化发展的起点（18世纪到19世纪末期）

单件小批生产是工厂依靠不同顾客的个性化需求进行专项定制，此时个人通过机器生产只能完成数额有限的非标准化的产品，生产过程依赖于个人智慧，因此，对个人技术素养有着较高要求，且由于受生产能力、产品产量和需求的限制，大规模生产难以实现，产业组织处于一种高度分散化状态。

在单件小批生产时期，厂商可以操作的商业模式十分简单，首先是需要顾客提供基本的产品概念设计模型，客户选择好相应的设计后与厂商签订相关协

---

① 数据来源：《2016全球制造业竞争力指数》，https：//www2. deloitte. com/cn/。

议，然后厂商根据原始的设计概念和客户的具体化要求进行产品设计，最后根据设计出来的产品生产并提供给顾客，其销售、设计和生产环节都是高度的个性化、手工化。单件小批生产范式发展到后期，被以专业化机械、可更换零部件、组织化的工厂、科学管理的工序为特点的批量生产方式所取代，成为后来大规模生产的雏形。

2. 大规模生产是制造业智能化发展最重要的助力之一（20 世纪初期到 20 世纪 80 年代）

20 世纪初，依托于专业化机器设备组成生产流水线来大批量生产标准化的产品，大规模生产拉开了序幕。相对单件小批生产，大规模生产提高了产品生产的专业化和标准化，不仅充分利用规模经济所带来的效益，降低生产运作成本，同时也大大提高了产品的品质。大规模生产通过以低成本运作模式来刺激市场需求，并依靠扩大的市场需求来拓展其发展空间，从而实现市场需求和规模生产共生模式的增强发展机制。与单件小批生产依赖个人智慧的模式不同，大规模生产依托于机器的智能，将人的智慧通过相应机器设备的展现以取代原先需要大规模人力才能完成的生产需求，从而减少了不必要的人工可能会带来的生产过程中精度和可靠性损失。

同时，大规模生产用专业化机器来替代人工，刺激了专业化机器制造市场的发展，为机器智能的提升奠定了基础。而随着机器智能的提升，其商业模式可操作性也在逐渐提高，即假定设计出来的产品都有市场，企业首先设计可以符合大规模生产模式的产品，然后进行生产制造，最后将产品销售给消费者，以实现产品价值实现。此外，由于大规模生产提高了产品生产效率，其所带来的规模经济以及标准化也辐射到机械制造、产品运输及仓储管理等其他领域，机器智能化发展开始重新塑造人与机器之间的关系，从而成为制造业智能化发展最重要的助力之一。

3. 大规模定制是制造业智能化发展的实践过渡（20 世纪 80 年代到 2008 年）

大规模制造提高了产品的生产效率，然而单一化的产品生产模式很难再满足变化的市场。随着信息技术的发展，以信息技术和制造技术融合为代表的大规模定制在这一时期应运而生。大规模定制的基本思想是通过对产品架构进行解析和制造流程的优化重构，以多元化制造为生产理念，借助信息技术和新型机器制造设备，把原有大批量产品的定制生产问题进行分解，着力打造模块化生产模式，将全部或者部分生产内容转化为定制批量生产，以产品组合模式实现产品大规模定制。大规模定制提高了产品生产效率，增加了制造业在全球范围内的联系，推动以模块化生产的全球价值链的发展，同时也极大地丰富了产品的发展层次，将多元化生产理念融入生产制造中，其代表性的商业模式是企业可以根据消费者的需求进行专项产品设计，然后根据设计的产品提供不同的组合模式，最后消费者选择适当的产品选择。在这种商业模式中，企业的生产设计体现出多样性和消费者互动性的特点。大规模定制体现了人的智慧与机器智能的低层次交互发展，生产模式开始体现出专项化、灵活化和高效化。

大规模定制解决了生产制造过程中存在的产品优化与效率生产问题，通过不同模块间的替代升级和流水线的优化实现了多样化的产品组合，机器设备被附加简单逻辑指令，生产流程中对个人技术素养的要求提高，人与机器设备开始双向交流，产品在生产过程中不断优化；另一方面，大规模定制利用模块化的生产方式可以促使产品在某一层次销售的效率提高，推广了产品生产的多元化理念。生产流程的优化和产品多元化发展，促使制造模式的创新思路向着生产制造系统的柔性化、多元化企业的生产合作、消费者的深层次互动进行探索，为接下来制造业智能化的深层次的发展提供了必要的实践过渡。

4. 全球化个性化制造是制造业智能化深层次再发展的起点（2008 年至今）

由于技术的快速发展，以生产为核心的全球价值链呈现出新的特征，制造企业可以通过信息技术的变革而实现不同价值链的融合，并参与全球性的市场竞争，这种变革使原先相对稳定的市场被打破，从而为制造企业尤其是中小型制造企业的发展提供了新的机遇。在此情境下，一方面，制造企业需要实现生产与变换市场间的动态稳定性，其生产过程的灵活性与智能性在企业发展过程中的重要性日益凸显出来；另一方面，随着消费者需求向着小众化、个性化方向的不断发展，为了与变化的市场能保持较好的联系，企业在将产品质量放在第一位的同时开始注重不同市场下消费者对产品的需求程度，即企业在满足大众消费者的同时也开始注重细分化的小众消费者。因此，随着大数据与信息化制造技术的不断发展和完善，在云计算、物联网等技术支撑下，全球化个性化制造将逐渐取代大规模定制生产方式，成为未来工业的主流生产范式。

全球化个性化制造是制造业在应对全球化、个性化、专业化、动态化的市场环境变化时所做出的灵敏性反应。与大规模定制相比，由于大规模定制的产品所依赖的模块化结构是统一的，定制仅是由制造方企业单向提供，因此这也就意味着大规模定制的生产过程是统一化、标准化的。全球化个性化制造则在吸收大规模定制优点的同时，更加突出产品在生产、设计上的个性化与非标准化的特征，而通过平台化的组织方式，可在众多分散在不同地理位置的生产者与消费者之间实现广泛实时以及频繁的交流互动，在全球范围内开展协同设计、网络众包等业务，亦体现了其全球性的特征。

全球化个性化制造模式下，首先，生产设备与操作人员能实现一定的交流，其具体表现为生产设备可根据实时生产情况对操作人员做出反馈，并根据操作人员的指令进行重新运作，整个生产过程需要人的智慧与机器智能的综合作用，人与生产设备之间的关系由单向命令式结构变成可操作的双向交互式结构；其次，整个产品的价值创造过程鼓励消费者的主动参与，消费者可以根据自身的个性需求定制产品和服务，也可主动参与产品的设计、生产、定价等环节，不仅充分调动了消费者参与生产的积极性，也极大地激发了消费者的创新潜力，促进了制造业由生产型制造向服务型制造的转变；第三，互联网与制造业的深度融合发展，进一步促进了信息、技术、资本、产品、服务等要素在全球范围内实现更灵活的流动和更合理的配置，基于互联网的网络协同制造、云制造等新型网络化、智能化制造模式的发展不断推动全球化个性化制造的创新实践和演化，利用人工智能、大数据分析、信息通信等技术，根据消费者的个性化选择与需求组织生产成为设计制造的主要依据之一。

可见，全球个性化制造模式主要围绕的是对生产者与消费者关系的重构，这不仅促进了制造由传统的单向线性模式（生产→制造→消费者）向着网络化（消费者→生产→制造→消费者、生产→消费者→制造）和生态化（即制造全过程更多采用绿色生态的技术和手段）的交互转变，而且还推动了制造业智能化程度的不断加深，丰富和拓展了生产制造的理念与内容，进而促进制造业向深层次智能化方向的不断进化与发展。

## 6.3　主要工业发达国家制造业智能化升级的经验借鉴与启示

智能化已成为全球制造业发展的客观趋势，以美国、德国、日本为代表的世界主要工业发达国家正在大力推广和应用，并在这一领域加紧布局，纷纷提出了旨在通过智能化升级提振制造业竞争力的战略举措。发达国家制造业智能化发展和实践为我国制造业向智能化方向的转型升级提供了重要的经验借鉴。

### 6.3.1　主要工业发达国家推动制造业智能化升级的重要举措

面临新一轮工业革命和全球产业竞争格局的重大调整，为抢占制造业新一轮竞争制高点，各主要工业发达国家正加速布局制造业向智能化的转型。由于不同国家制造业，其在基础条件、产业结构、领域重点等方面都不尽相同，因此围绕着推动制造业的智能化升级，各国所提出的重要举措亦各自展现出了适合本国制造业的发展特色。其中，以德国提出的"工业 4.0"战略计划、美国制定的"工业互联网"战略规划以及日本提出的"工业智能化"战略最为典型。

1. 德国："工业 4.0"战略计划

"工业 4.0"是德国政府推出的《高技术战略 2020》的十大未来项目之一，是以智能制造为中心的高科技战略计划。2013 年 4 月德国"工业 4.0"工作组发表了名为《保障德国制造业的未来：关于实施"工业 4.0"战略的建议》的报告，并于 2013 年 12 月 19 日由德国电气电子和信息技术协会细化为首个"工业 4.0"标准化路线图。德国"工业 4.0"战略计划旨在以移动互联网、云计算、物联网、大数据分析等新一代信息技术为基础，通过综合利用信息物理系统（CPS），将传统工业生产与现代信息技术相结合，围绕着"智能工厂""智能生产"及"智能物流"三大主题，构建起一个以高度灵活的个性化、数字化产品与服务为特点的智能化生产制造模式，推动制造业向智能化转型。为此，德国政府制定实施"标准化和参考架构""管理复杂系统""一套综合的工业宽带基础设施""安全和保障""工作的组织和设计""培训和持续的职业发展""监管框架"以及"资源利用效率"等八项举措以确保"工业 4.0"战略计划的顺利实现，其内容主要包括：

（1）实现技术标准化和建立开放标准的参考体系。为满足以联网和集成发展的需要，技术要有标准化规定，这样能实现信息的交互；开放标准的参考体系则提供公开完整的技术说明等资料，可以加快网络化推广和吸引社会各方参与。

（2）依据信息化管理方式来管理复杂系统。"工业 4.0"是跨学科、多企协同和异地合作等共同参与，其整个系统必然极其复杂，对于系统的管理也有很高的要求。只有依靠信息化管理方式，不断优化管理模型，才能充分发挥"工业 4.0"的作用。

（3）完善工业网络基础设施搭建。确保企业能连接 CPS，保证企业在生产运作过程中数据能进行高速、稳定、可靠的传输。

（4）建立安全保障机制。第一，保证生产过程的安全性；第二，在生产过程中的信息传输与储存过程要有安全保障；第三，整个生产系统应具有健全的容错机制以降低人为失误可能会造成的不良后果等。

（5）组织架构创新和设计方式变革。"工业 4.0"建立在装备高度自动化和组织分散协同性的基础上，对于组织架构和产品生产设计提出新的要求，需要以创新的组织和变更的设计来引导员工工作的积极性，确保生产活动的有序进行。

（6）注重员工培训和职业发展规划。"工业 4.0"环境下，员工与机器设备之间的关系以及员工与员工之间的交流方式将会出现重大变革，员工的专业知识要求随着快速变化的工作环境而进行适时补充。因此员工的培训以及职业发展规划变得尤为重要，培训为企业提供实用人才，规划为企业长久发展奠定基础。

（7）健全制度建设。包括企业的数据存储保护、数据应用交换过程中安全性、消费者隐私数据保护、与其他国家贸易规则的协调等。

（8）提升资源应用效率。"工业 4.0"不仅将原材料与能源归为资源，也将人力资源和财务资源归纳到资源效率范畴。德国联邦教育与科研部（BMBF）和德国工程师联合会（BD-MA）倡议的"效率工厂"（Effizienzfabrik），就可作为今后各企业提升资源效率的重要参考。此外，建立各类可量化的关键绩效指标体系（KPI）也是评估企业资源利用效率的可靠工具。

2. 美国："工业互联网"战略规划

在美国，"工业 4.0"的概念更多地被"工业互联网"所取代。金融危机后，为应对新产业革命，美国将重振制造业作为美国经济优先发展的战略目标，提出的"再工业化"战略，旨在重新重视和发展工业，包括对现有工业的改造提升和发展新型工业的过程，其核心目标就在于高端制造业。为此，从 2009 年到 2012 年，美国奥巴马政府先后推出了"国家先进制造业战略计划""五年出口倍增计划"等多项举措，帮助重振美国制造业，并逐渐体现出了其政策效果。

2012 年美国将"工业互联网"上升为国家战略，与德国"工业 4.0"强调的"硬"制造不同，"工业互联网"更加侧重于利用软件、网络、大数据等对工业领域服务方式的改造，美国力图利用本国在互联网、信息技术等方面的优势在"软"服务方面对原工业系统的运转形式进行革新，提高资源利用效率、改善传统的生产关系，以数据驱动制造业的智能化转型。为此，美国主要从以大企业发展为主导、政府营造运行环境两方面着手以确保工业互联网战略规划的顺利推进。

（1）着力以大企业发展为主导

2012 年 11 月，美国 GE 发布了《工业互联网：打破智慧与机器的边界》白皮书。随后，2014 年 3 月，GE、思科、IBM、AT&T、英特尔等五家行业龙头牵头组建了美国工业互联网联盟（Industrial Internet Consortium，简称 IIC），目的是推动工业互联网的发展和优化，统筹工业互联网的技术支撑、网络的标准化、安全化和产业的协同化，打造开放式工业互联网生态系统，推广制造企业参与工业互联网的应用发展，并于 2015 年 6 月发布了《工业互联网参考体系结构》。

IIC 作为一个开放性的活性组织，由专业的管理协会进行统一管理，其成员在全球范围内已经超过 220 家，包括了大批跨国企业、科研院所、一流大学和相关政府部门，如微软、华为、斯坦福大学、施耐德电气等等，同时也包括一些中小型专业制造企业。

目前，在推进工业互联网的全球标准化协作方面，IIC 采取了多项举措，具体包括：

第一，主导建立工业互联网通用架构。将现有的、新兴的标准统一在工业互联网的架构之中，在此基础上同时推出相应统一的网络技术参数标准，以此来推动各制造厂商设备间的数据共享，打破原有的存在企业和业务间的技术壁垒，实现传统行业关键领域内的交流，催生产业发展新动力，最终实现产业的发展升级。

第二，支持测试床建立。测试床的建立是推动工业互联网构建过程的基础支撑，是对实地测试和验证生产过程中工业互联网的关键技术、解决方案的可行性和多样性。当前，IIC 已推出 15 个测试床项目，涵盖了工厂设备利用效率、工业数字化、工业环境监测、网络安全、高速网络等多个领域。

第三，积极推广企业成功案例。选取成功的工业互联网成功实践案例，向全球进行推广，同时积极开展相关的工业互联网论坛、进行专项技术的普及性宣讲以及出版专业性著作。

（2）政府营造运行环境

2011 年 6 月，奥巴马宣布一项超过 5 亿美元投资的"先进制造业伙伴计划"，以期通过政府、高校与企业之间的合作来发展美国先进制造业。2012 年 2 月，美国国家科学技术委员会公布"国家先进制造业战略计划"，该计划由美国商务部、国防部和能源部牵头，相关联邦部门参与，旨在协调各部门发展先进制造业的政策。计划制定了五个方面的举措发展先进制造业：一是，通过政府先期采购、公共和私营部门联合投资等方式，加大对先进制造业技术的扶持，尤其是对中小制造企业先进技术的投资；二是，建立适应岗位技能要求的多元化教育和培训系统，提高制造工人劳动力技能；三是，建立健全公共与私营部门合作部门以及新型官产学合作的伙伴关系，加快对于先进制造技术的投资与部署；四是，通过多元化投资组合，优化联邦政府在先进制造业方面的投资；五是通过税收减免政策、政府投资等方式，加大相关制造产业对先进制造业的研发投入力度。

同时，美国政府采取多种措施降低本国制造业生产运作成本，以吸引制造业回流：一是，对国内建厂企业给予税收优惠等措施，将暂时性减税措施更改为永久化，以提高美国制造业吸引资本和投资的能力；二是，大力发展风能等清洁能源，降低能源成本；三是提高劳动生产率，降低单位劳动力成本。

3. 日本：工业智能化的新"机器人"战略

二战以后，日本工业经历了恢复期、成长期和发展期三个阶段得到飞速发展，一跃进入世界先进行列。但随着人口老龄化、劳动成本上升等问题的日益突出，日本也随之启动了工业智能化升级进程。其中，对"人工智能"产业的探索与发展是日本推进工业智能化升级进程的一大特色。自20世纪60年代后期，工业机器人被引进日本后得到了快速发展；70年代，机器人在日本工业领域的应用逐渐深入；80年代，日本工业机器人在工业领域得到大面积普及和广泛应用，到2008年日本机器人数量已居世界首位，机器人产业的发展极大地推动了日本传统制造业的优化升级。

2015年1月，日本国家机器人革命推进小组发布了《机器人新战略》，拟通过实施五年行动计划和六大重要举措，使日本实现机器人革命，依靠机器人的发展来推动制造业智能化的发展，提升日本制造业的国际竞争力，获取信息经济时代的全球化竞争优势。

与传统机器人制造业相比，新战略要求将机器人与信息技术、大数据、网络技术、人工智能等深度融合，在通用工作平台中大规模推广能够多元应用的模块化机器人，将机器人的应用领域从传统的汽车、电子制造领域向食品、医疗、家居服务行业等扩展。同时，转变机器人生产思路，发展能满足生产系统自由化转变的柔性制造模式下的机器人，将以往机器人必备的三要素——传感器、智能控制系统、驱动系统等进行革新，打造以人工智能技术的"智能—控制系统"为主的新一代机器人。推动新时期的世界机器人技术创新在日本发展，营造机器人与生活协同发展的社会模式，引领信息时代机器人的发展。为此，日本政府采取了"推进一体化创新环境的构建""加强专业人才队伍建设""技术开发和标准制定""制定机器人应用领域的战略规划"以及"扩大机器人的参与范围"等五项举措，以确保"机器人"新战略计划的顺利实现，其内容主要包括：

（1）推进一体化创新环境的构建。成立"机器人革命促进会"，负责与产学官合作事宜以及相关信息的发布，建立国际化发展战略，制订改革方案和安全准则。同时，为前沿机器人研究实验室提供政策支持，为未来形成机器人创新基地打下基础。

（2）加强专业人才队伍建设。与生产制造厂商进行合作，培养机器人系统集成、软件开发等技术人才；与高等院校合作，进行大学和研究机构相关机器人研发人才的培育；开展科普培训，让广大人民群众了解新一代机器人的使用方法，普及机器人的应用知识。

（3）技术开发和标准制定。一是，推进人工智能、模式识别、设计模式、运行驱动、端口控制、操作系统和基础硬件等方面的技术开发，在机器人为应用的领域内进行产品开发；二是，争取制定国际标准，并以此为依据进行技术实用化推广。

（4）制定机器人应用领域的战略规划。对制造业、服务业、医疗护理、基础设施、自然灾害应对、工程建设和农业等机器人应用领域未来 5 年的发展重点和目标进行战略规划部署，并逐项落实。此外，对潜在的机器人应用领域，如娱乐和宇航领域等，制订相关行动计划。

（5）扩大机器人的参与范围。一是，以制造业为主，推进机器人的大范围使用；二是，拓展机器人生产参与主体，鼓励各类企业参与到机器人产业之中；三是，"机器人革命促进会"与日本制度改革推进小组合作，制定人类与机器人协同工作的新规则，推进将机器人广泛应用于社会的管理制度改革。

### 6.3.2　主要工业发达国家制造业智能化升级的企业实践

在围绕制造业转型展开的新一轮国际竞争中，美、日、德等主要工业发达国家结合自身实际，围绕本国制造业智能化升级与发展的战略需求制定了各自的战略应对举措，凸显了发达国家为抢占未来制造业发展制高点所做的基础准备与战略布局。与此同时，德国、美国、日本等工业发达国的众多企业也在智能化升级与发展方面进行了积极探索与创新实践，积累了丰富的实践拓展经验，并在企业智能化升级实践中展现出了相应的发展特色。

1. 西门子"数字化工厂"：工业 4.0 的创新实践

在向智能化方向的发展与演进过程中，制造业要经历工业数字化和网络化的技术改造和升级。作为德国工业 4.0 先行者的西门子，早在 2007 年以 35 亿美元收购美国产品生命周期（PLM）领域领导级公司 UGS 时，就已明确指出打造"数字化工厂"是其未来 10 年的重点。

西门子认为跨企业生产网络的融合、虚拟与现实生产的无缝融合以及信息物理系统（CPS）的深度应用是"工业 4.0"的三大关键要素。2014 年 5 月，西门子面向市场强化自身核心优势宣布了公司的"2020 愿景"，强调将专注于"电气化、自动化和数字化"增长领域，并在将原有 16 个业务集团合并为 9 个的同时，单独成立了数字化工厂（Digital Factory）业务集团，通过一系列针对工业数字化领域的并购，集成了目前全球较先进的生产管理系统以及生产过程软件，初步形成了面向未来工业的数字化战略布局。

始建于 20 世纪 90 年代的西门子安贝格电子制造工厂（Siemens Elektronikwerk Amberg，EWA），经过 20 多年的不断完善和发展，借助全面数字化改造和西门子 PLM 软件包的应用，EWA 实现了软、硬件的全面集成。在 EWA，生产过程实现了高度自动化，产品与生产机器之间可以进行通信，整个生产过程均为实现 IT 控制进行了优化，75% 的价值链由生产设备和计算机自主处理，产品质量合格率高达 99.9988%，堪称欧洲乃至全球最先进的数字化工厂智能工厂的典范。2013 年 9 月，西门子工业自动化产品成都生产及研发基地（SEWC）落成并投产，作为 EWA 的姊妹工厂，SEWC 是在德国之外建立的西门子工业自动化全球生产及研发体系中的首家"数字化企业"。SEWC 采用与 EWA 相同的技术，从研发、设计到制造、加工，所有生产过程都实现了高度数字化；高性能的 PLM 程序 Siemens NX、Teamcenter 保证了产品开发部门与制造中心之间数据的直接交换，帮助开发人员设计和模拟新产品，再将所有产品信息从研发过程转发 SIMATICIT 制造执行系统，通过信息的无缝互联对整个生产过程进行实时控制，实现了产品全生命周期的有效集成。EWA 与 SEWC 两座数字化工厂以突出的数字化、自动化、智能化、虚拟化等特征体现了西门子对德国政府工业 4.0 战略的创新实践。

2. 通用电气"开放性网络平台"：以"工业互联网"为中心的业务变革

早在 2008 年金融危机爆发伊始，作为美国工业革命践行者的通用电气（GE）公司就开始逐步转变发展思路，选择将"去多元化"、专注高端制造业、回归工业本质作为企业转型发展路径，并在美国率先提出和倡导了"工业互联网革命"（Industrial Internet Revolution）。通过一系列深刻变革，GE 在工业领域做得更为深入，不断强化在医疗、航空、油气、电力和交通装备制造等关键领域的投资和布局，依托于自身开发的开放式工业互联网平台 Predix 云平台，开展以"工业互联网"为中心的业务变革，从工业软件开发和硬件制造两个维度，努力推动物理与信息、人与机器的融合，持续发力智能化生产和高端设备制造。目前，在全球范围内，通用电气正通过以下三个方面来逐步实现工业互联网战略。

（1）强化自身软件创新能力，构建开放性网络平台

2011 年，GE 在硅谷建立了全球软件研发中心，进行工业互联网的初期规划开发，包括平台构建、应用以及数据分析。之后，GE 在全球范围内相继成立研究基地，进行工业互联网相关技术及系统解决方案的研发。2013 年，GE 投资了 Pivotal 公司，同时，又收购了网络安全公司 Wurldtech，开始着力打造工业互联

网云平台以及网络安全的建设。2015年，GE发布了致力于为工业数据分析提供服务的Predix云平台，其中，Predix云平台将对接入云端的各种工业生产机器设备和供应商所提供的工业数据进行专项化分析，让各类用户能在安全稳定的环境下获得专业性、精确性数据。

（2）在工业领域打造合作联盟，加强平台战略合作

2014年4月，GE与AT&T、思科、IBM和英特尔共同宣布成立工业互联网联盟（IIC）。在工业领域打造合作联盟的同时，GE还承诺将会向所有公司开放其工业互联网软件平台Predix，并在开放的基础上加强其他公司与GE智能平台的战略合作，如与思科在网络产品发展上集成Predix软件，便于收集和分析来自思科网络中的海量工业数据；将Predix软件植入英特尔的产品连接设备和传感器网络；与AT&T、软银等开展无线网络连接业务方面的合作，为工业互联网提供优化无线网络解决方案等。

（3）开展典型示范，扩大舆论影响

GE推出了一系列的工业互联网产品，通过在航空、风力发电、医疗、能源等领域工业互联网的部署与实践，开展工业互联网创新应用典型示范，并收到了一定的成效。例如，GE在其制造的飞机引擎中配备了专门的传感器，然后利用Predix云平台来分析这些传感器所发送的数据，分析飞机运行时所产生的数据是否正常，从而对飞机状况进行精确检修、技术故障预测和保养提醒。同时，与高校合作，创办以工业互联网为主题的挑战赛，参与和举办各种相关的智能化制造的论坛与活动，推广工业互联网概念和基于Predix云平台的案例运用介绍。此外，GE还与政府有关机构、各类行业协会进行密切交流，与其共同完成工业互联网各项标准的制定工作。

3. 发那科FANUC"物联网平台FIELD"：人工智能与机器人技术的深度融合

1956年创建于日本的FANUC（发那科）公司是当今集数控系统研究、设计、制造，销售为一体的机器人制造企业。自1974年，推出首台机器人以来，FANUC公司就一直致力于在机器人技术上的探索，是目前世界上唯一用机器人制造机器人的企业，同时也是唯一的提供集成视觉系统的机器人制造企业。

早在多年前，FANUC就与思科展开合作，进行"零停机"（Zero Downtime）的计划。该计划的实施是基于FANUC和思考共同打造的物联网系统，通过这个物联网系统，FANUC可以实现对厂房里每一台机器人的监管，并且根据反馈的情况，做好相应的技术维修准备工作。到目前为止，大约有2500个机器人参与该计划的测试工作，通过此项计划的实施，至少可以为客户节约大概3800万

美元。

2016 年 1 月，FANUC 再次联手思科，设立了基于 NVIDIA 人工智能系统的物联网平台 FIELD（Fanuc Intelligent Edge Link and Drive）。FIELD 能将自动化系统中的机床、机器人、周边制造设备及传感器进行连接，并且在运行过程中可提供先进的数据分析，从而提高生产过程中的生产质量、效率、灵活度以及设备的可靠性，进而提高设备综合效率（OEE）并促进生产利润的提升。同时，通过 NVIDIA 提供的一系列基于生产设计的 GPU、深度学习软件，结合在云端、数据处理中心以及嵌入式机器设备中的人工智能，在提升机器人生产能力的同时，也为全球自动化工厂机器人配备了自主学习功能，使机器人能够通过自主学习了解其周遭的环境变化，并且与操作人员进行互动。FIELD 延续了之前物联网系统的 ZDT（零停机）功能，并有效结合了思科的云端技术、IOT 数据收集软件以及点对点的安全性。通过使用工业以太网交换机与机器人连接后，再连接思科公司的 UCS 服务器系统，以 FANUC 和思科的 ZDT 数据收集软件的运行来实现数据收集和操作。

目前，具备这些新技术的机器人已经被 FANUC 应用在散堆拾取、生产异常检测和故障预测上。由于 FIELD 结合了前沿的人工智能技术和尖端计算机信息处理技术，使得分布式学习能够进行，机器人与设备所运行产生的数据在网络上被实时处理，让各种设备间的生产协调工作更加智能，人工智能与机器人技术的深度融合使原来难以进行的复杂生产协调得以轻松实现。

### 6.3.3 主要工业发达国家制造业智能化升级经验及对我国的启示

通过上述对主要工业发达国家在推动制造业智能化升级过程中所采取的一系列重要措施，及其企业在智能化升级方面所进行的积极探索与实践的分析，可以看出，向智能化转型升级已成为现阶段先进制造业前行发展的必然趋势。而随着智能化升级的不断深化，传统刻画制造业价值链特征的"微笑曲线"可能会发生相应的变化，向着"沉默曲线"，或者"悲伤曲线"转变，这种转变的出现也为我国制造业抢占发展先机提供了良好的契机。因而，对工业发达国家政府及企业智能化发展理念及实践经验进行总结与分析，一方面，对明确我国制造业智能化转型方向提供可借鉴的发展思路，另一方面，也为我国制造业企业在进行智能化升级过程中规避不必要的风险提供了必要的启示。

1. 制造业智能化升级的国际经验总结

通过对德、美、日等工业发达国家制造业智能化发展战略及西门子、GE、FANUC 等典型的制造业代表性企业智能化升级企业实践的分析，可以看出上述三个国家及其代表性企业在制造业智能化发展方面有着明确清晰的目标和方向，而智能化也将在其未来产业发展中占据越来越重要的地位。具体地，工业发达国家及制造企业智能化升级经验可分别从国家和企业两个层面加以概括：

从国家层面来看，为抢占制造业竞争的制高点，美、德、日等主要工业发达国家纷纷推出旨在以智能制造重振和促进先进制造业发展的国家战略计划，并都积极推动制造业与新一代信息技术的融合，着力于实现本国制造业向智能化方向的转型。为实现这一目标，美、德、日等主要工业发达国家首先是着手进行系统化布局。智能化升级是多产业融合协同发展的结果，其所涉及的范围前所未有地广泛，因此为实现智能化升级目标，美、德、日等国均从战略层面对本国整个制造产业进行了系统化布局其具体表现为：一是，将智能化升级发展理念贯彻到整个国家层面和产业层面，并系统性地描绘出产业智能化发展的关键点和难点，从而进行有针对性的布局；同时，对未来产业发展做出全局性战略规划。二是，注重基础通用、关键核心技术标准的制定以及开放标准参考体系的构建，以此作为参考指引引导本国制造业向智能化方向稳步前行。三是，从政策和制度层面为推进本国制造业智能化的快速发展提供必要的政策支持和制度保障。即通过出台和制定一系列强有力的国家政策并建立完善的制度机制，如包括税收政策在内的扶持政策、财政政策、特殊政策、融资政策、以及给予专业指导与协助等，充分发挥政策和制度上的激励优势，为本国制造业智能化发展激发行业发展的内生动力，确保本国制造业智能化发展战略的顺利实施。

从企业层面来看，工业发达国家制造企业在探索和推进智能化实践应用过程中，首先是不断加强企业自身的信息化基础性建设。智能化升级离不开对信息化基础性建设的持续性投入，以及在新情境下的持续创新。通过两者的交互影响，企业可以构建智能化发展的基点，从而培养出新的核心竞争力。无论是西门子、GE 还是发那科，其在信息化设备建设和应用方面都属于行业内的佼佼者，并通过借助信息化基础性建设所带来的优势为企业的智能化实践应用拓展思路，如西门子所提出的智能工厂就是建立在信息化基础设施高度互联基础之上，通用则是将信息化设备的实践应用延展了到全周期阶段，提出产品解决方案，而发那科则是通过对工业机器人的优化，引入人工智能系统，搭建不同生产设备之间的连接，不断提高企业生产效率。可见，注重企业信息化基础性建设，并借助由此所带来的发展优势增强自主创新能力和核心竞争力，是制造企业向信息化、智能化转型发展的重要基础。其次，是积极进行前端业务数据化布局，提高企业数据处理能力。新工业革命背景下，大数据已经成为制造企业向智能化升级跃迁的核心驱动要素，也是企业与市场实际动向与需求保持动态联系的重要纽带。如果信息化基础设施是智能化运行的载体的话，那么数据收集、分析、处理能力则是为这个载体添加了"逻辑思维能力"。企业正是通过对从变化的市场所收集的数据进行专项和综合分析处理，获取宝贵的市场业务洞察，进而以此为基础对企业生产管理等方面进行实时监控与动态调整，提高企业的智能化程度与水平。如西门子将生产数据进行整合从而实现了数字化工厂的改造实践；GE 通过开放性网络平台 Predix 的架构实现数据驱动业务，将生产端与用户端相结合，在产品生命周期全过程内提供持续性解决方案；发那科FANUC 打造的基于人工智能系统的物联网平台则将人工智能注入生产设备，赋予生产设备智能化"大脑"，使之能够根据生产环境变化对生产方式进行调控。可见，着力进行生产端和产品端的数据化布局，打造智能化生产管理模式，并以用户需求为中心建立互联互通的智能制造系统，实现与信息处理端的对接，加强对产品生产端、客户端的数据收集、分析和处理能力是支撑制造企业向信息化、智能化转型中最为重要的部分。最后，则是广泛而深入地开展横向跨界融合，加速构建智能网络业务平台。随着互联网、大数据、云计算、人工智能等新一代信息技术的快速发展和应用，数字化、网络化、智能化成为制造业未来发展的重要方向，由此亦加速了制造业与多行业之间多种形式的跨界合作与融合发展。西门子在智能工厂建设过程中，就着力推动与其他相关产业的协同融合发展；GE 率先围绕 Predix 平台建立工业互联网创新应用，并通过跨界融合等方式，加速构建平台生态系统；发那科 FANUC 则是数次联手思科以及NVIDIA，共同打造新一代具备人工智能的物联网平台。可见，在向智能化升级过程中，通过广泛而深入地开展横向跨界融合不仅可以提升企业合作发展优势，也可以弥补企业在智能化升级过程中存在的缺陷。此外，以智能网络业务平台的构建推动互操作化、无边界化的新型合作关系的形成，是制造企业通过优势互补实现网络化协同发展，进而搭建起共创、共享、共赢的智能化生态体系的重要载体。

2. 发达国家制造业智能化升级经验对我国的启示

制造业智能化升级是新一轮技术革命与产业革命所引发的制造业发展范式的深刻变革，从工业发达国家及其企业制造业智能化升级经验可以看出，为顺应这一发展趋势，德、美、日等工业发达国家无不围绕着构筑国家先发优势，兼顾当前发展与长远发展积极进行战略布局，制定了相应配套的产业政策，并对产业发展战略方向进行了适应性调整，其国内企业也大范围地协同参与了智能化的升级改造，由此为我国制造业的智能化升级提供了众多可供借鉴的启示。

首先，相应配套的产业政策是制造业智能化升级的催化剂。

制造业的智能化升级离不开政策的指引，如何保证政策成为智能化升级的催化剂而非兴奋剂是发展的关键。德、美、日等工业发达国家在推行智能化升级过程中也适时出台了许多相应配套的产业政策及一系列重要举措来确保本国制造业智能化升级的顺利实施。如：德国推出《保障德国制造业的未来：关于实施"工业4.0"战略的建议》报告后，又采取了相应的举措来确保"工业4.0"战略计划的顺利实现；美国则开展以企业发展为主导，政府提供相应的政策性保障和促进制造业的智能化发展；日本也在发布了《机器人新战略》后，拟通过实施五年行动计划和六大重要举措来实现机器人革命。"中国制造2025"作为未来中国制造业发展的行动纲领，为我国制造业的智能化升级规划出了行动路线图。因此，为确保"中国制造2025"战略的顺利实施，针对"中国制造2025"所提出的目标、原则、任务需要各地方政府制定出具体的实施细则和行动方案，并加快制定相关领域的配套性政策，保证这些目标任务的落地实现，为推进落实《中国制造2025》奠定坚定的政策性保障。

其次，产业发展战略的适应性调整是制造业智能化升级的推动力。

当前制造业的模块化、标准化、自动化是制造企业智能化升级的重要基础，智能化升级是建立在已广泛普及发展的工业基础发展之上，是"制造"走向"智造"的阶段性提升。生产设备、生产流程、信息技术嵌入、新型生产制造标准、网络标准以及通信标准都会随着智能化升级的展开而发生联动性变化。这种变化意味着制造模式的颠覆，在此情况下，产业发展战略也需要做出适应性的调整。具体包括：（1）转型升级战略的调整。当前我国制造业转型升级的主要任务是针对传统劳动密集型企业进行"技术改造"，即针对固有制造体系（主要是流水线生产）的技术改造和设备升级。当前改造如果能顺利进行，就意味着新的制造体系将会取代既有的制造体系，则今后发展的重点就不再仅仅是局限于技术层面的改造，而应是制造系统的升级跃迁以及在新要素投入下整个制造系统结构的适应优化调整。因此，对于制造业转型升级的战略定位不应仅仅是对传统制造产业的改造和新兴制造产业的扶持，而是需要做出适应性调整，制定制造业智能化转型升级战略，通过构建智能化产业体系赋予制造业和制造环节新的竞争优势，以顺应产业发展新形势；（2）技术创新战略的调整。在前沿基础性制造技术突破的同时，更要注重应用性制造技术的创新、应用和推广。智能化升级代表着未来制造的发展方向，其更多地体现为一个循序渐进的过程，而不是对现有生产方式和技术创新的简单融合，因而要避免在该领域技术创新的盲目性和不切实际的"一哄而上"，并结合自身的情况、所处的领域、定位和技术水平等，量力而行。一方面，针对不同的产品，有时在同一生产线通过不同的应用组合，即可将传统生产方式与新兴生产方式进行有机结合，从而取得更好的生产绩效（Kotha，1995）；另一方面，目前不少企业对智能化技术实际需求与应用存在一定的偏差，如果盲目追求智能制造技术的创新应用反而可能会造成不必要的困扰，导致企业生产发展偏离原有既定轨道，陷入发展困境，甚至成为"僵尸企业"。因此，未来普适性的、多技术路径的、持续调整型的技术创新战略和多元化的发展模式对推动制造业向智能化的升级发展更具现实意义。

最后，企业大范围的协同参与是制造业智能化升级的实践基础。

制造企业是制造业发展的主力军，智能化升级发展需要企业在透明、公平和开放的环境下大范围地协同参与。一方面，透明、公平和开放的环境有助于不同企业间的交流，减少因信息不对称而产生的阻隔，方便不同企业展开跨组织、跨行业的合作；另一方面，企业大范围的协同参与有利于大型制造企业和中小企业协同发展的公共服务体系和产业组织结构，便于产业以雁阵形式扩展。另外，企业大范围的协同参与还有利于发挥制造企业本身的自主性，就如西门子参与"工业4.0"，通用推出工业互联网发展战略，发那科 FANUC 着力研究人工智能与机器人技术的深度融合一样都是企业试图将自身的发展与产业前行发展方向相结合，不断提高自身创新资源在产业内部的辐射程度，从而一改传统的独自探索发展的"单点支撑"模式转变为协同合作的"平台支撑"模式。因此，企业大范围的协同参与需要龙头企业和中小企业发展并重，形成产业内良性互动、产业间协调有序的组织结构和制造生态环境。其中，大企业侧重通用型共性技术研发、产业标准制定等，中小企业则依靠平台资源，侧重细分专业化市场、发展生产性服务业、研发定制化和个性化产品，从而促进大中小不同层次企业在智能化升级过程中的统筹推进与协调发展，为我国制造业的智能化升级打下最坚实的实践基础。

## 6.4 国内制造业智能化升级的典型案例与实践经验

在全球新一轮技术与产业变革的新趋势下，向着智能化、信息化方向转型升级也成为我国制造业实现由高投入、高能耗、高污染、低效益（三高一低）的粗放型增长方式向"低投入，低能耗、低污染、高效益（三低一高）"的集约型增长方式转变的重要途径。随着一系列重大战略举措和政策措施的出台，国内不少制造企业在产品智能化、装备智能化、生产过程智能化以及"互联网

+"等方面也积极展开了制造业智能化升级的实践应用与探索，并取得了良好的效益，为我国制造业智能化升级的横向与纵向实施提供了参考与借鉴。

### 6.4.1  国内制造企业智能化升级实践的典型案例分析

1. 应用实践案例之一：以"产品智能化"深化战略转型的美的集团

随着国内家电行业市场竞争态势的日趋激烈，行业内企业正承受着不断加大的经营压力，因此为在行业变革中寻求新的发展模式和市场，作为传统家电制造企业代表的美的集团积极推进企业"智能化"发展战略。其中，在产品智能化领域尤其是在本行业智能家居领域进行重点布局是美的集团"双智战略"的重要组成部分。

2014年，美的发布M-Smart智慧家居战略，正式进入智慧家居领域。随后，美的又制定了"智慧家居+智能制造"的双智战略，将智慧家居作为企业未来发展重点部分。M-Smart智慧家居战略和行动规划是依托互联网、云计算、大数据等先进信息技术，推动美的集团实现由一家传统家电制造供应商，转变为产品智能化的智慧家居服务商，从而实现企业智能化升级的转变。为推动智慧家居的发展，美的集团将实施"1+1+1"辅助创新战略，即打造"一个智慧管家系统+一个M-Smart互动社区+一个M-BOX管理中心"，通过打造智能服务模块，如"空气智慧管家系统""营养智慧管家系统""水健康智慧管家系统""能源安防智慧管家系统"等，拓展顾客对智慧家居的认知，做好与顾客的有效交流。以"水健康智慧管家系统"为例，顾客可以进行智能化饮用水及生活用水管理，如净水器滤芯的更换时间、水质监测和数据报告、饮水机的温度调节实现智能化等，同时，可以根据不同用户群体的需求设置个性化的水健康管理应用。另外，为方便顾客对智慧家居的操控，美的还推出了相应的美居APP，美居APP涵盖了智慧家居品牌系统操作以及M-Smart社区交流，利用美居APP可以建立多元化的沟通方式，也可以和朋友分享智能生活的乐趣。通过对电视、空调等智能家居管理的整合而形成的M-BOX可以使用户从纷繁复杂的遥控器中解放出来，体验智慧生活。

为实现智慧家居从概念到产品的实践，美的三年累计投入150亿元，并在顺德搭建了全球研发总部，作为智慧家居的产品孵化基地。目前，一方面，通过收购诸如德国库卡等国际知名品牌，另一方面则通过行业间的跨界布局，与高通、马威尔、国家电网、华为、IBM、北京邮电大学、腾讯集团等开展跨产业、跨品牌合作，美的已构建出系统化的智慧家居服务体系。依托美的产业群优势和技术研发资源的投入，美的智慧家居已成为行业内为数不多的能够提供硬件、云端、终端的整体智能家居解决方案的企业，引领了智慧家居行业发展趋势。而随着美的智能门禁、智能门锁、智能网关、智能探测、智能控制、智能安防以及包括智能空调、智能冰箱、智能洗衣机、智能空净、智能电视等在内的智能家电产品的纷纷实现落地，美的全系列产品智能化升级的核心优势和市场竞争力也得以充分体现。

2. 应用实践案例之二：以"生产装备智能化升级"向智能制造转型的娃哈哈集团

作为中国饮料行业龙头企业和中国食品饮料行业典型代表的娃哈哈集团，在饮料产品研发方面具备较强能力的同时，还具备较强的智能化设备设计与制造能力，并率先在食品饮料行业进行智能化制造的转型升级。

在娃哈哈的生产车间中，大部分生产设备都应用了由企业自主研发的码垛机器人等多款自用工业机器人，生产工序几乎全都实现了智能化，不仅减少了企业用工，还极大提高了工作效率与产品质量的稳定性，目前这些机器人已遍布全国几十个生产基地。通过与智能制造技术的深度融合，基于现代传感、物联网以及智能机器人等技术，娃哈哈集团集自动化、数字化和智能化为一体，实现了从订单到生产、再到物流一体化管控的智能化制造。这具体表现为：

（1）在生产装备方面，根据产品特点进行创新，推出阻隔瓶注胚系统，大大提高了生产的效率；同时，还对包裹过程进行解析，配套研发出贴标机、果奶灌装机、纸箱成型机、码垛机、螺旋提升机等智能化装备。

（2）在生产控制方面，借助智能化装备实现对生产流程的再造，优化生产工序，实现全自动化生产；并依靠信息技术、物联网等现代技术对制造流程进行实时监控管理，从而提升了制造效率，增加了制造的柔性。

（3）在物流管理方面，针对饮料行业后续物流包装特点，对产品在装车及运输过程进行解析，开发适用于产品批量化、个性化装载的专用智能化设备，建立智能化物流装载系统，实现产品从生产线到出厂车辆的运营分配一体化。

（4）在经营管理方面，通过对集团内部信息管理系统进行升级，构建涵盖生产管理、制造管理、物流管理等新型管理系统，在企业内部实现高效精细化管理的同时，促进了企业外部供应链的高效协同，从而推动了企业向数字化、智能化、绿色化发展。

除了自用机器人外，娃哈哈还在机器人及机器人核心部件等智能化装备领域进行了积极探索，已为铅酸蓄电池企业、炸药企业、汽车电池等企业研发了铅酸电池装配机器人、分拣装箱机器人以及电池自动装配机器人等。借助创新研发，娃哈哈现已成为食品饮料行业唯一具备自主研发、设计，自行制造各类模具、饮料生产装备及工业机器人能力的企业①。通过实施智能化生产以及生产装备的智能化升级，作为传统饮食加工生产企业的娃哈哈正逐渐向智能制造装备生产商转型发展。

3. 应用实践案例之三：开展生产过程智能化改造实现"大规模个性化全定制"的红领集团

在传统服装制造领域内，个性化与规模化总是存在着矛盾。1995年创立的红领集团是一家生产经营高档西服、裤子、衬衣、休闲服及服饰系列产品为主的大型服装制造企业。2003年，红领集团由传统OEM代加工厂商进行创新转型，并将企业未来的发展方向定位于服装的个性化全定制。运用互联网信息技术，红领集团创造性地构建了与客户面对面的个性化服装定制平台——C2M平台（Customer to Manufacturer，即顾客对工厂），并通过对相应的生产工序、生产车间的智能化改造，推进企业生产过程的数字化及管理流程的智能化，进而形成了"大规模个性化全定制"的产品与服务新生产模式。

总体上来看，通过生产过程的智能化改造，以信息处理技术为依托所形成的软实力（即："平台建设""信息处理"以及"顾客个性化定制"三个方面）是红领集团成功实现从标准制造到个性化定制的生产理念转变以及从大规模生产到大规模定制的生产模式变革的重要前提。

（1）平台建设

红领集团通过"酷特智能"定制平台的构建，一方面拓展了客户对产品的接触方式，另一方面也为企业进行专业化的数据分析收集提供了便利，从而为产品实现从现实定制发展到网上自由定制提供支持。依靠信息处理技术红领对用户信息采集点进行数据分析优化，利用数学模型完成从实际到虚拟的转变，建立起C2MO2O定制框架。智能定制平台为顾客的创新思维提供了广阔的舞台，也拓展了产品的来源，也为创新理念转化成创新产品奠定了基础。

（2）数据处理

红领集团建立专属的数据处理中心，通过自主研发的"三点一线"顾客信息测量方式，对平台采集的顾客数据分析处理，在一分钟内为顾客建立属于自己的专属模板。然后对服装定制的关键信息数据化，服装定制的需求进而被分解成若干相关信息参数，再将大批量的数据重新进行多重分类组合，就可以使小批量的订单数据转换成大规模的专一的数据。同时，随着顾客需求的变化，已存储的数据也将进行动态匹配，并形成新的个性化数据，从而实现数据库的

---

① 创新·变革·远见[N].浙江工人日报，2017-05-08（3）.

演化增长。强大的数据处理能力为企业实现大规模的个性化定制提供了关键信息支持。

（3）顾客个性化定制

在产品定制阶段红领集团就充分考虑了客户价值，把客户作为一种创新资源，鼓励客户参与产品设计。在智能平台上，客户依据自己的偏好就服装类型、款式、面料、风格、颜色、LOGO 等进行选择或者自行重新设计，通过智能平台顾客与生产设计部门被有效联系起来，而客户所提供的产品创新思路最终也将在产品生产制造过程中得以体现，顾客个性化定制与大规模生产得到有机结合，有效解决了批量生产与定制生产的矛盾。

此外，红领将研发部门和智能平台进行连接，形成涵盖客户交互、自主研发的自动化系统，以增强企业和顾客之间的交流。同时，通过构建一体化的生产系统，将生产设备和数据处理端口相互关联，在流水线上实现个性化定制的工艺传递，实现设计、生产的同步化进行。同时，通过构建一体化的生产系统，将生产设备和数据处理端口相互关联，以信息控制端来控制生产、设计的同步化进行。首先，将平台获取的信息经过处理重组后发送到生产制造端口，使产品在生产流水线上具有个性化信息特征；其次，将处理重组后的定制化数据信息发送到相关物料部门，进行产品的初次加工，形成个性化电子标签，之后再发送到个性化工序生产车间进行进一步加工；最后，个性化工序生产车间的工人根据对电子标签上的信息进行识别，完成产品的专项个性加工制作。

在工业互联网、移动互联网等新一代信息技术应用的支撑下，通过数据驱动，红领集团用工业化的效率和手段实现了定制化的生产和服务，形成了以"定制"为核心的大规模个性化全定制的新型生产模式。

4. 应用实践案例之四：借力"互联网+"实现商业模式创新和平台化转型的海尔集团

近年来，为顺应全球新工业革命以及"互联网+"的发展趋势，在"中国制造2025"战略指引下，作为世界白色家电第一品牌的海尔集团运用互联网思维，借力"互联网+"积极探索满足用户需求的创新商业模式，并努力推进企业向平台化组织的转型。

海尔将企业生产制造与"互联网"充分融合到一起，以商业模式的创新重构与顾客及其他企业间的合作关系，力图通过对新型顾客关系以及与其他企业间合作关系的优化整合，打造出"多点供给—制造—多点需求"的新型商业模式。为此，2015年初，海尔开始在全国范围内推进互联工厂的建设。目前，海尔在全国已经建立了7个互联工厂，其互联工厂重点分为两部分：其一，实现产品在生产前与用户的连接。面临用户需求的日益碎片化和个性化，海尔借助"互联网+"对用户需求进行定向处理，根据用户的实际需求，通过对基型产品或零部件的重新配置，为用户提供产品生产定制，从而确保企业能在很大程度上满足用户需求，实现了"用户驱动"下的智能制造；其二，确保产品在出厂之后还能和互联工厂再连接上，即产品能够上网，通过机机互联、人机互联使企业成为互联网的一个节点，从而促进了传统单一的硬件产品向"网器"的转变。同时，海尔的互联工厂还向用户开放，实现了产品从研发、生产、配送的全流程透明化、可视化。借助安装在工厂里的摄像头，用户可以通过 PC、手机等互联网终端看到互联工厂的每条生产线，实时掌握互联工厂的生产进度。此外，用户还可以借助移动端查询产品核心模块的供应商信息以及安全、噪声等核心质量信息，从而使用户能全面了解产品的生产过程和质量信息，满足用户全流程的参与体验。借力"互联网+"，海尔实现了智能技术、智能工厂和单个用户的无缝连接，拉近了产品与消费者间的距离，减少了因为信息不对称而产生的对产品认知的干扰，在生产者与消费者之间的建立起了信任机制，实现了企业商业运营模式的变革和创新。

在推进互联工厂建设的同时，海尔还搭建了"U+"智慧生活平台（以下简称"U+"平台）。如果说海尔布局互联工厂是为了探索制造业与"互联网+"融合模式，其侧重点在于对制造业生产模式的创新，进而构建新型顾客关系；那么，搭建"U+"智慧生活平台则是体现了海尔依托"互联网+"实现向软硬结合的平台化发展的新思路。海尔所搭建的"U+"平台是一个完全开放的并联平台，在此平台上汇聚了各式各样的资源，通过对各方优势资源的整合和利用，海尔为用户提供多领域和多样化的产品和服务。目前，通过"U+"平台海尔已实现了智慧空气、智慧美食、智慧洗护、智慧用水、智慧安全、智慧娱乐、智慧健康等7大智慧生态圈的搭建，为用户打造全新智慧生活体验。通过"U+"平台，海尔实现了产品出厂后企业与用户的连接，增强了产品应用过程中与消费的互动，为企业商业模式创新实践提供了条件。同时，"U+"平台也成为加速海尔实施"互联网+"战略推进企业平台化转型的重要推动力。

海尔借力"互联网+"以互联工厂与"U+"平台两者的相互支撑，实现了产品解决方案与产品应用的配对连接，为用户提供满足不同需求的智慧生活解决方案，实现了从用户到服务的商业模式创新以及向网络化平台化生态圈企业的转型。

### 6.4.2　国内制造企业智能化升级实践应用的经验总结

制造企业的智能化升级不是一蹴而就的事情，需要坚持科学的战略发展规划。当今国内很多企业都急于在互联网方面下功夫，希望借此寻找新的机遇。但其中一些企业却难免本末倒置，因此而忽略了自身的发展，这无疑不利于企业开展智能化改造与升级。通过上述对国内制造企业智能化升级实践典型案例的分析可以看出，作为国内制造业智能化转型升级成功典范的美的、娃哈哈、红领、海尔等企业已为我国制造业智能化升级的企业实践提供了丰富的经验，具体可概括为以下几个方面：

1. 充分发挥企业自身主导作用，寻找新的核心竞争力

在上述案例中，四个企业都将智能化作为企业升级转型的最终发展方向。美的集团布局智慧家居，着力发展智能化产品，力图以自身资源和技术的优势来整合智能产品的服务市场，借此推动企业实现智能化升级；娃哈哈集团作为饮料生产的制造业集团，采用了智能化生产设备，加大了生产效率、管理效率，并且借助生产效率的提高，优化了整条产业链，促进了相关产业的发展，保持了其在饮料行业的前行地位；红领集团作为服装业的先驱代表，开创了 C2M 模式，利用数据信息化的优势，实现了制造流程智能化，将个性化生产与大规模生产结合起来；海尔集团在依靠互联工厂实现制造模式变革的同时，还通过打造"U+"智慧生活平台将网络与生产结合起来，充分地发挥"互联网+"的革新创造力，以商业模式的创新和平台化转型实现了企业由"制造"向着"智造"的跨越与升级。由此可见，在向着智能化升级过程中，由企业自身主导智能化变革与发展方向发挥着极其关键性的作用，其明确的创新主导性将引导并建立起企业前期的比较优势，并以此为基础帮助企业选择与智能化升级目标相匹配的发展模式，进而在发展的过程中原有的比较优势将被不断强化最终形成可持续性的竞争优势，并进一步演化成为企业新的核心竞争力。

2. 建立与顾客的有效联系，拓展智能化升级发展理念

信息时代顾客将会有更多的选择，也拥有更多的创新的方式。能否拉近与消费者的距离，缩小与消费者的理念的差别，让消费者增强对于产品的认同感，将会决定企业未来的发展顺利与否。上述案例中，企业都采取与智能化升级实践相匹配的市场发展策略，以企业自身发展为基础，在自身产品可操作的基础之上，力求从变化的市场中寻找出与消费者保持紧密联系的方式。例如，同样是家居制造商，海尔和美的由于自身发展的基础不同，走出了两种截然不同的消费者联络方式，美的旨在推动后续产品服务，追求产品服务圈的建设，而海

尔则追求过程体验,以产品生命周期服务作为其联系消费者的纽带。而娃哈哈由于自身产品属于一次性消费品,因此力争在生产制造效率方面进行革新,红领则是将顾客需求进行信息化处理,转换成可操作的流程,在生产过程中极大地保证和消费者间的联系,充分鼓励消费者参与到产品设计中。由此可以看出,无论是美的、海尔抑或是娃哈哈、红领,在智能化升级过程中都力图建立起与客户的紧密联系,通过提供从客户交互、数据采集到客户服务等一系列端到端的智能化解决方案有效地减小了市场不确定性给企业发展带来的阻力,充分激发了客户创造力与市场活力,将阻力转化为发展动力,并以此为基础不断拓展企业智能化升级发展理念。

3. 加强自身技术建设,全面支撑企业智能化转型升级

企业想要实现智能化转型升级,首先需要加强自身技术建设与发展的准备工作,即一方面提升企业在本行业领域内的制造技术能力,另一方面进行经验累积与前瞻性资源配置,并以此为基础,借助技术创新的推动力量,将迅速发展的新一代信息技术(互联网、物联网、大数据等)渗透到企业,为企业采用新型制造技术和设备奠定基础,这是企业根据自身特色需求推进智能化转型升级的最关键支撑之一。如美的在发布智慧家居战略前就已在家居制造领域内积攒了雄厚的制造经验,拥有了一定的技术优势,同时企业还不断加强与其他相关产业的技术创新与合作;娃哈哈更是设立机器人生产分公司,力图在工业机器人领域有所突破,实现了生产线的自主规划、设计和制造,并对企业各种进口模具以及饮料生产线的部分重要设备或备件实现了国产化替代;红领集团通过长期代工中所积累下来的在生产工艺、制造流程管理等方面的丰富经验,为新工业革命背景下企业在"互联网+服装定制"领域以服装个性化定制的智能化生产实现同一产品不同型号、款式、面料的转换以及流水线上不同数据、规格、元素的灵活搭配奠定了基础;海尔更是在其领域内积极开展智能化转型,倡导生产变革,提出"产销合一"的概念,简化企业组织架构,从传统组织向平台型组织转变,进行商业模式的创新,成为国内家电制造行业智能化转型升级的引领者。可见,正是这些企业一直以来注重加强自身技术建设才为后续智能化转型升级实践提供了有力支撑。

上述对国内制造企业智能化升级实践经验的概括与总结表明,制造企业在进行智能化升级的过程中需要保持正确的认知,企业在迎接这场变革时所做的准备不能再像过去那样狭隘地停留在单纯的对前沿技术的创新,而是要整个嵌入全球化信息经济社会系统多维度的产业多元化变革中。由此得到如下几点启示:

1. 立足现实，放眼未来，合理布局企业智能化升级进程

制造企业进行智能化升级是一次系统全面的转型升级，企业在决定进行智能化升级时，需要立足现实自身发展，根据现有的产业发展情况，结合未来发展趋势，着手进行合理布局，将升级全面系统的升级过程经过解析重构，与当前的发展实现无缝对接。同时对未来的发展做出准备规划，做好前期专用性投资，减少后续转型过程中出现的风险。如此，既可以在现实发展中保持竞争力，也可为未来的发展转型增添资源支撑的砝码，最终通过合理布局实现局部转型带动整体发展，从而实现全方位智能化升级。

2. 将制造技术与信息技术结合，嵌入更大规模的技术创新体系中

制造业智能化升级所涉及的包括信息处理、新材料、制造机床在内的基础支撑技术以及数字建模、AI（人工智能）、工业机器人、专属性控制传感器、数据分析网络等先进技术工具向产品设计、开发，流程制造、物流和服务等各个环节应用扩散与深入性渗透的过程。因此，企业想要依靠先进制造技术来实现智能化升级就必须打破传统、封闭式的技术创新和产业壁垒，嵌入更大规模的技术创新体系中，或者形成依靠产品为主结合市场的创新能力，或者具备"互联红利"的接入和利用海量创新资源的能力，培育、整合企业各层面的能力，才能形成在信息经济时代具备持续性竞争优势的制造企业智能化的制造能力。

3. 打破合作壁垒，构建新的合作平台

要推进制造业的智能化发展即需要国家的高度重视，先行企业的示范引领，更离不开广大中小制造企业的积极参与跟进。但中小企业由于在资金、资源等方面存在的显著劣势，因而在新一代信息技术（互联网、物联网、大数据等）方面的建设往往处于落后状态，更是难以实现以机器人、人机协作等为代表的新型制造技术的交叉融合。因此，中小企业应充分利用互联网信息技术所带来的红利打破合作壁垒，建立新型合作关系，形成多元融合创新发展的新态势。同时还要积极进行集成化、数字化和智能化服务平台的搭建，在服务平台的支持下，借助资源集聚与互补优势，大力发展新一代智能制造技术，并积极进行产品与生产设备的智能化与互联化升级与改造，以推动企业向着更高阶段的高端化、智能化方向的跃迁。

# 第 7 章

# 制造业智能化升级的路径选择

新一轮科技革命与产业变革以制造业为核心，其实质是信息网络技术加速创新与制造技术的深度渗透融合，从而引发制造业在发展理念，技术体系、生产模式等方面的重大变革，进而加速制造业不断向数字化、智能化、网络化方向的延伸与拓展。在以信息网络技术创新引领制造业智能化转型发展的新趋势以及发达国家纷纷把振兴制造业作为重大国策的"再工业化"背景下，面对长期以来我国是制造业大国而非强国的现状，要想实现弯道超车，加快新一代信息技术与制造业的深度融合由数字化、网络化走向智能化成为我国制造业转型升级的关键和主攻方向。为此，紧紧抓住智能化革命为我国制造业转型升级提供的这一历史机遇，结合我国制造业发展实际，基于前文制造业智能化升级驱动机理的理论分析与实证研究，在借鉴不同国家、地区制造业智能化升级实践经验的基础上，以信息技术与制造技术深度融合为主线，选择适宜有效的制造业智能化升级路径，这既是我国制造业寻求智能化转型的重要突破口，也是我国制造业实现跃升发展的迫切需求。

通过借鉴主要工业发达国家及其企业在推进"工业 4.0""工业互联网"和"新一代机器人"等方面的经验和做法，以及对制造业智能化在中国本土部分企业最佳实践的进一步总结和提炼，同时结合制造企业开展智能化升级发展的动力条件及其内、外部驱动要素，转变原有发展模式，积极适应制造环境、制造模式以及全球产业格局发生的深刻变化，产业智能化创新发展成为我国制造业智能化升级的总体路径选择，在此基础上进一步可从生产流程、价值网络及基于互联网思维三个维度出发构建我国制造业智能化升级的主要路径选择。

## 7.1 基于制造业生产流程，以关键制造环节为核心的智能化升级路径

一代信息通信技术尤其是互联网技术与先进制造技术的深度融合，可推动制造业加速向智能化方向转型，进而有效促进制造业生产更高效化、产品更精细化、服务更个性化的新价值网络的形成。在工业化进程依次经历了通过机械化实现机器替代手工、通过电气化推动大规模生产模式形成以及通过自动化实现生产过程自动控制的机械化、电气化以及自动化三个发展阶段的积累，工业发达国家已经具备了向高端智能化制造阶段转型的条件。而由于长期以来，我国制造业的发展主要依靠劳动力、原材料等低成本要素优势，通过对技术、管理的引进促进生产力的快速形成，进而实现规模和体量的扩张，因此与德、美、日等工业发达国家不同，现阶段我国制造业刚刚实现了机械化和局部自动化，整体尚停留在由工业2.0向3.0的突破阶段，与生产流程的自动化、智能化还存在着较大的差距，要实现智能化升级，我国制造业需要采取"并联式"的发展模式，即必须解决"布局工业4.0、普及工业3.0、补课工业2.0"并联推进的问题。在此过程中，全生产流程的智能化将成为推广普及智能化生产方式构建智能化制造体系的重要切入点，由此，以关键制造环节智能化为核心建立起高度灵活的智能化生产制造模式，是我国制造业开展智能化转型升级的重要路径选择之一。

作为智能化生产制造模式的重要载体与集中体现，智能工厂（Smart Factory）是制造技术与数字化、网络化、智能化等技术的交叉融合，由赛博空间（Cyberspace）中的数字化虚拟工厂和物理系统中的实体工厂所共同构成。其中，实体工厂部署有大量的车间、生产线、加工装备等，为制造过程提供硬件基础设施与制造资源；数字化虚拟工厂则是以这些制造资源以及制造流程的数字化模型为依托，与实体工厂之间建立实时、紧密的数字化映射（Digital Twin），实现整个制造流程的虚拟化和数字化。最终，通过网络化分布式且高智能化的生产设施、设备构建智能化生产系统，以实现生产过程的智能化，设备与设备互联（M2M）、生产现场可视化与透明化、工序自动化、生产柔性化、制程管控可视化、制造绿色化等是智能工厂核心特征的体现。

　　目前，我国制造业生产线自动化率平均只有 54%[①]，要提高到智能化，实现生产体系的智能化和全生产流程的智能化，布局智能工厂建设，推进智能化生产方式是关键突破口。但是，智能工厂的建设是一项复杂的系统工程，并不是简单地建几条自动化生产线，也不是单纯地"机器换人"。而在另一方面，由于当前我国制造业发展状况极不平衡，其具体表现为多重工业发展阶段并存，且不同领域、不同行业、不同企业发展水平参差不齐，导致以一套统一标准推进不同行业、不同发展水平制造业企业的智能工厂建设存在困难。因此，基于生产流程、实际需求、实施基础以及智能化程度等方面的差异，智能工厂在不同行业、企业的建设起点、重点、模式和突破环节应各有不同与侧重。

　　一般地，制造业按产品类型与生产控制工艺可分为离散型制造（Intermittent Manufacturing）和流程型制造（Flow Manufacturing），流程型制造又包括重复生产（Repetitive Manufacturing）与连续生产（Continuous Manufacturing）两种类型[②]。在我国，典型的离散型制造主要包括机械制造、家用电器、电子器件、汽车制造、航空制造、船舶制造、装备制造、玩具生产等行业；流程型制造主要包括电子装配、家电产品、各种电器等重复生产行业以及钢铁、石化、食品加工、纺织服装、饮料、制药等连续生产行业。由于产品制造工艺、生产流程等方面的显著差异以及我国选择工业优先发展顺序的历史决定等原因，我国流程型制造如石化、钢铁等行业信息网络技术的应用起步较早，先进企业自动化率基本达到 80%，数据自动采集率已达到 90%[③]，其生产工艺和生产方式已相对较为成熟，工艺过程也已基本实现自动化，因而具有较高的自动化与数字化水平，从而为我国流程型制造行业与物联网、移动互联网、云计算等新一代信息网络技术的融合应用奠定了良好的基础。与流程型制造相比，我国离散型制造行业的自动化、数字化程度则普遍较低，由于离散型制造的生产过程往往包含了很多不确定性因素，这在一定程度上增加了离散型制造生产组织的难度及其配套的复杂度，甚至目前我国不少制造企业的生产在一定程度上仍然依赖手工作业，从而导致了现阶段我国离散型制造行业底层信息化基础仍较为薄弱，利用信息网络技术进行智能工厂建设相对难度较大。因此，我国制造业的智能工

①　夏旭田，徐曼妮. 智能制造步入"万亿时代"，如何打造产业升级"中国路径"？[EB/OL]. 21 财经，2016-09-28.

②　MBA 智库百科：http://wiki.mbalib.com/wiki/%E6%B5%81%E7%A8%8B%E5%88%B6%E9%80%A0。

③　田洪川，蒋昕昊. 我国智能制造实施的行业差异化路径 [EB/OL]. 搜狐网，2017-04-20.

厂建设实践需要结合行业发展的基础、阶段与水平差异，加强分类实施，选择不同的智能工厂建设方式。具体来说：

对流程型制造业，因其具有生产连续性较强、生产计划较为稳定、生产工艺柔性较小、生产流程实施和控制相对较为简单、工作流程自动化程度较高等特点，流程型制造在生产过程中原材料主要通过生产设备进行化学或物理转化，而各生产工序的连续性传导性使得流程型制造对生产环境的智能感知、生产设备的智能控制、生产全流程的智能优化以及系统自主学习、自主响应与自主决策等方面提出了较高要求，因此我国流程制造业智能工厂建设的重点应以生产过程的数字化建设为起点，并基于生产过程动态质量控制的需求逐步向全生产流程智能化控制转变。为此，首先要加速推进生产过程的数字化管理与控制，以生产过程的自动化、信息化建设为基础，与库存、财务、成本、质量、设备、人力资源等业务环节的信息化建设紧密结合，建立起生产全过程可跟踪以及产品逆向可追溯的动态监管体系，并通过构建企业运营全景的可视化平台，实现生产全流程的跨部门协同管理工作；其次，是进一步推进管理流程的智能化，构建智能化管理 CPS 系统，实现计算过程与物理过程的交互与融合，并结合 CPS 应用促进整个生产流程中设备、生产、人员、计划、采购、销售等环节信息的实时共享，通过生产信息的一体化集成管理提高生产流程的自我监控与管理能力，减少人工干预；最后，则是在逐步实现生产过程数字化管理与控制以及管理流程智能化基础上，着力推进管理决策分析的智能化，借助大数据管理对整个生产流程中所产生、采集与处理的海量数据进行识别处理与信息提炼，以确保决策者和各级管理者能够及时精确地掌握生产运作状况，帮助决策者根据实时信息做出快速准确判断，进而通过可视化监控与海量数据感知分析为智能化决策提供支持。

对离散型制造业，因其具有生产周期较长、产品种类繁多、产品由许多零部件构成结构复杂、设备配置灵活、加工过程需要经历各零部件独立生产以及不连续装配等环节、底层制造环节工艺大多各不相同等特点，相较于流程型制造主要由硬件（生产设施、设备等）决定产能，离散型制造业产能主要取决于软件即加工要素配置的合理性，这使得离散型制造对生产过程中的生产工位安排、物料配送路径、车间设备布局配置、工艺路线规划以及生产组织优化等方面的灵活性与柔性化提出了较高要求，因此我国离散型制造业智能工厂建设的重点应是从打造最底层、最基础的智能制造单元（包括智能装备和智能产品）着手，基于生产效率和产品附加价值的提升，开展智能制造生产线的建设实现柔性化生产与制造。为此，首先是加快推进智能化生产线建设，建立基于 EMS

的车间制造执行/控制及设备信息集成（即设备层、控制层、车间层）的智能生产单元，对生产设备添加计算单元、传感器、驱动器以及关键运行参数，通过"工厂/车间—单元—工作站—设备"的信息集成实时监控、评估生产过程、进度以及制造装备运行状况，并传递给执行层和管控层，实现对生产过程的动态监控与智能预警，并进一步通过生产线内部的智能调度与设备智能管控实现各智能制造单元间的协作，确保车间生产制造过程的透明化；其次，是深入实施关键工位机器人的推广应用，对原有生产线和生产设备进行智能化升级改造，在那些劳动强度较大、用工较多、需进行重复多次简单作业以及工作环境较差、安全风险较高的岗位，有序开展工业机器人替代换岗及推广机器人应用，借助机器人重复定位精度高、运行平稳、适用性强等优势提高离散型制造生产线的生产效率、精度以及可靠性，提升精准制造、敏捷制造能力；再次，提供基于产品智能化的智能增值服务，以信息技术应用支撑产品的智能化转型，通过在产品中叠加存储器、处理器、传感器、数控装置、无线通信模块及软件系统等智能组件，为产品添加情境感知、动态存储、分析推理、无线通信以及控制等功能，使产品具有可识别、可感知、可定位、可联网能力，为进一步开展产品智能化服务提供基本条件，进而以产品智能化为基础，在 CPS 智能互联互通的支持下，实现对产品实时运行状态数据的远程在线采集与监测，进而通过对产品上传数据进行有效的筛选、梳理以及充分的挖掘、分析为用户提供远程监控、在线检测、故障预警诊断与修复、日常运维等智能增值服务；最后，依托"智能工厂"构建智能服务体系，促进制造与服务的深度融合，努力由单纯制造向制造服务化转型，智能工厂建设实现了复杂环境下产品生产效率的提升，有效降低了生产成本，为提供智能制造服务创造了良好的运作环境，在此基础上基于智能化生产方式逐步实现向前端诸如研发、设计，后端诸如营销、仓储、物流、售后服务等高端环节的延伸与拓展，以推动制造服务化转型，提高产业核心竞争力实现价值增值。

## 7.2 基于价值网络连接的制造业产业链横向协同与人机纵向集成的智能化升级路径

随着互联网/移动互联网的深入发展，物联网等新技术的逐渐渗透带动了制造业产业链的重构。同时，市场需求的日益多样化及用户消费行为模式的转变也使得未来制造业产业价值链将更趋复杂化并呈现为多组织模式共存的局面。产业价值链（Industrial Value Chain）是产业链中所有企业价值活动的融合，随着信息化和全球化进程的不断加深，工业制成品生产之间的国际分工体系不断向从产业间国际分工到产业内国际分工再深入到产品内不同工序国际分工的纵深发展，产业内的价值创造活动从以一个企业为主导逐步分离为由独立的多个企业共同完成，这些企业都处于产业链中的某一个价值环节，企业能否获取和保持竞争优势不仅取决于其自身内部价值链的不断优化与创新，还取决于在产业链价值链中企业价值链与其上下游企业（供应商、销售商）以及客户价值链之间的有效整合以及与产业价值链的协同程度。

　　20世纪90年代以来，在经济全球化、信息化和知识化的大背景下，制造业的产品研发、设计、生产制造、市场营销、售后服务等生产组织形式开始突破了国家边界限制，制造业领域全球资源配置不断加速由一国范围向全球范围扩展，发达国家与发展中国家的产业分工体系经历了以形成全球产业链和价值链为目标的变革，推动了全球产业链的形成。在此过程中，发达国家与发展中国家遵循各自的要素禀赋优势，以技术层次递减形成了以垂直分工为主的制造业产业生产分工格局，经过多年的国际竞争与发展，发达国家凭借技术、人才、品牌等优势牢牢占据了产业链的高端环节，我国等大多数发展中国家在全球产业链和价值链中"共享"中低端环节，要从低端环节向高端环节的跃迁和攀升则面临着发达国家"路径依赖"和"低端锁定"的风险。2008年国际金融危机爆发后，全球发达国家制造业增速大幅下滑，如：美国制造业增速从2007年的3.3%回落到2014年的1.7%，日本从7.0%回落到1.5%，德国从4.4%回落到1.7%①。在自身制造业地位不断下滑、外部竞争力相对减弱的情况下，欧美等主要发达国家开始重新认识到以制造业为主体的实体经济对一国经济长期稳定和可持续发展的战略意义，相继实施"再工业化战略"，促进制造业的"逆向回流"，力图通过新技术应用支持高端制造业的创新发展以重塑工业发展新基础和新工业体系，这在一定程度上影响了全球产业链的布局，促进了新型产业链分工关系的形成。与此同时，随着全球制造业产业链的结构性变化与重构，新一轮工业革命与我国全面实施"创新驱动发展"战略和"制造强国"战略形成历史性交汇，为我国以劳动密集型产业为主的工业产业结构优化升级提供了良好契机。一方面，虽然过去由于我国制造业主要是依靠低要素成本等优势得以成功融入全球产业价值链体系，同其他发达国家相比，我国制造业一直存在着产

---

①　李晓华．全球制造业新秩序初显［EB/OL］．新华网，2016-10-11.

业竞争力弱、产业链附加值不高的现象，但多数行业都已建立起了较为独立完整的产业链与生产链，也成为唯一一个拥有联合国产业分类中全部工业门类的国家；另一方面，经过多年的发展，我国制造业总产值已位居世界第一，不仅积累了较为丰富的经验、技术和资本，以纺织、服装、家电为代表的"中国制造"也正逐渐摆脱"低端化"标签，并且在航空航天、电力装备、先进轨道交通装备等装备制造业以及新能源汽车等领域更已具备了一定的技术领先优势。我国制造业所拥有的诸多其他国家无可比拟的全产业链优势以及潜在的软实力，再加上正积蓄形成的显著后发优势为新一轮产业革命中我国制造业以新一代信息网络技术为支撑通过价值网络连接逐步形成全产业链的智能协作进而推动制造业产业链的优化升级奠定了基础。基于此，我国制造业应着力于借助物联网、大数据、云计算、移动互联网等新一代信息技术的深度拓展与融合应用，以精准的数据洞察作为核心驱动力，通过产业链的横向协同与纵向集成构建智能化的制造业新价值网络体系。具体而言，即呈现出分别从横向与纵向两个方面进行集成与整合的智能化升级演进路径。

### 7.2.1　基于横向维度的智能化升级演进路径

在横向维度上，我国制造业的智能化升级应沿着"企业内部核心业务集成—产业链整合—产业生态体系构建"的螺旋上升路径展开，即以整个产业链资源整合为中心，在信息技术创新驱动下，通过跨企业价值网络的横向协同推动制造业全产业链的信息交互与智能协作，逐步形成广泛而高效的制造业全产业链协同发展的新生态体系。为此：

首先，要以内部核心业务集成为手段推动制造企业生产与运营一体化、制造与管理一体化的不断深化。以往，我国制造企业传统生产运作方式采取的主要是"以产品为中心"进行生产组织，"以生产调度为中心"进行生产控制的生产管理模式，产品生产主要以"推进式"生产方式为主，在市场需求多样化、复杂化的环境下这种生产管理模式和生产方式越来越凸显出企业内生产组织缺乏柔性，企业对市场变化缺乏快速反应能力等弊端。自20世纪80年代以来随着我国制造企业信息化建设的深入开展，信息技术在企业经营管理的各个层次和环节得到了广泛应用，与企业核心业务的关联程度也不断提高，如：在管理方面，许多企业实施了相应的企业资源计划（ERP）、客户关系管理（CRM）、供应链管理（SCM）等业务应用软件；在过程控制方面，分布式控制系统（DCS，Distributed Control System）、现场总线控制系统（FCS，Fieldbus Control System）等工业控制自动化技术也得到应用与推广。这虽然极大地促进了我国制造企业内部生产管理的优化与经营效益的提升，但由于各系统分散管理，应用缺乏有效集成，数据缺乏有效的关联和共享，从而形成"信息孤岛"，导致了企业制造信息在水平方向的阻断，如此必然会对企业智能制造的实施形成阻碍。为此，我国制造企业应围绕内部核心业务管理和主导业务流程进行战略数据规划，搭建起高效、统一的主数据管理平台，横向融合企业各系统数据，建立起企业从执行到数据管理的信息环，以确保数据特别是共用数据和跨部门数据在整个企业范围的实时性、正确性、完整性与一致性；构建统一的核心业务集成平台，将企业生产计划、制造执行、财务管理、采购销售以及办公管理等多种业务网络进行无缝连接，使之可以互联互通以提升系统间协作效率，并以此为基础实现对整个企业业务流程的实时监控与管理，进而为企业智能生产与管控运营一体化提供保障。

其次，则是要在制造企业内部实现各业务系统无缝连接与数据互通共享的基础上，以产业链企业间资源信息共享与业务协作为核心促进制造业产业链整合能力的提升。随着制造企业内部管理信息集成的不断扩展与深化，企业在横向上对生产控制、财务管理、物流管理以及人力资源管理等业务管理系统进行了有效整合，企业内部实现了物流、资金流和信息流的全程一体化管理与有机协同。虽然内部各类生产要素的广泛互联为制造企业智能化转型奠定了基础，但在多样化市场需求牵引及信息技术驱动下，企业需要对不断变化的市场做出快速响应，制造企业传统"大而全"或"小而全"的生产模式已经无法适应灵活多变的市场环境。另一方面，随着生产和贸易全球化的不断深入，资本、信息、技术、劳动等生产要素在全球范围内频繁流动，全球价值链分工的演进促进了专业化分工水平的提高和效率改进，而新技术的应用则降低了企业的交易成本，在此趋势下，企业会更加关注其技术能力、组织能力、营销能力等核心能力（Core Competence）的形成，从而推动了企业组织形态向虚拟化、小型化、分散化及专业化的方向发展，企业组织的外部边界因被打破而变得模糊与透明，企业间的互动与合作倾向的日益增强使得刚性生产方式下企业与企业间的对抗性竞争关系逐渐被协同竞争关系所取代。因此，作为制造企业智能化运营的重要组成部分，我国制造业应在企业内部实现全流程信息共享和业务协同的基础上，在现代信息技术的支撑下以供应链为主线，推动供应链节点的网络化发展，通过构建高效、智能的供应链管理平台将供应链上所有相关企业（供应商、制造商、分销商、零售商）及用户无缝整合到一个统一、高效及快速响应的协作网络链条中，以打破企业间"业务孤岛"；应用传感器等终端数据采集设备、无线传感网络等物联网技术对供应链各节点状态进行监控与跟踪，进而基于物联网感知信息，通过供应链大数据分析与挖掘以支持供应链业务流程的优化与调整，并借助这种广泛的互联互通推动制造业供应链的网络化协同管理；同时，还需进一步整合产业链上具有互补性的企业间优势资源，利用互联网、云计算等技术建立企业与企业间的数据集中、交互与开放平台，以推进产业链企业间信息资源的集成与全面共享，在此基础上实现产业链各企业间乃至跨产业链的无缝合作与业务协同。

最后，借助制造业产业链整合所形成的强大虚拟化资源整合能力，逐步构建自主可控、实时互联、高效协同的智能制造产业生态体系。通过横向产业链整合我国制造业实现了产业链企业间业务流程的融合以及全要素的泛在互联，这不仅有效地促进了我国制造业全产业链的绩效提升与优化升级，也为我国作为全球唯一拥有制造业全产业链的国家建立智能化的制造业全产业链价值网络提供了必要的支撑。而随着产业竞争形态由单纯的产品竞争转向产业链竞争，传统线性的产业价值链正逐渐瓦解而向着网状的产业生态网络演化，产业生态圈的竞争将成为未来产业竞争的制高点，因此我国制造业应在全力构建全产业链协同发展格局的基础上，以智能化为引领的新理念指导产业升级发展的新实践，积极培育龙头企业，支持产业链中龙头企业实施智能化技术改造与智能制造模式升级，鼓励优势企业率先进行数字化示范车间/智能样板工厂建设，并充分发挥龙头企业在产业链体系中的主导和引领作用，通过示范效应由点到面带动中小制造企业加快数字化、网络化、智能化"并行"改造升级，进而推动大、中、小企业智能化的协同发展，努力营造良好的智能制造产业生态环境；建立完善制造资源共享、动态协作的价值分享机制，推动制造资源的"数据化+模型化"，以"数据化"将物理空间（世界）的人、设备、物料等物理实体以及生产环境、制造过程等建立与数字空间（世界）的精准映射，以"模型化"实现对物理空间生产制造全流程的模拟、仿真以及持续改进，并通过模型的加工、分解、组合形成模块化设计、制造能力，通过不断迭代升级实现社会化智能制造资源与能力的优化配置与动态协同，在此基础上基于制造业与人工智能技术的人机智能融合创新促进整个产业生态效率的不断提升，以推动数字驱动、循环开放、智能融合的产业新生态体系的逐步形成；在开放、共享、协作的智能制造产业生态构建过程中，还需要不断完善核心工业软硬件、工业云、工业大数据和智能服务平台等支撑我国制造业产能共享的关键应用基础设施，进一步强化载体建设促进政府、企业、资本、资源、科研等产业生态要素集聚与知识的传播与扩散，通过各要素间的相互协调与协同运作实现制造业产业链、价值链、技术链、服务链的良性互动，从而在螺旋式上升中推动产业发展核心能力持续、动态地提升，并以此不断巩固和强化对智能制造产业新生态的掌控能力。

### 7.2.2　基于纵向维度的智能化升级演进路径

在纵向维度上，我国制造业则应沿着"生产全过程信息集成——要素集聚——能力开放——制造体系重构"的演进路径循序渐进展开，即以用户价值提升为导向，基于人、智能机器以及海量数据全智能连接所形成的价值网络的人机纵向集成，推动制造业从产品设计研发、工艺规划，到生产制造、市场营销，再到用户服务等各环节信息的无缝连接以及全价值链要素的数字化、网络化，在此基础上依托开放式平台建设持续集聚各类制造要素与资源，并通过研发、生产等制造资源/能力的开放与共享重构制造业供需结构，实现制造体系向智能化的全面升级。为此：

首先，要推动制造企业生产全过程信息的融合联通，为企业内部"生产过程规划（计划管理层）—生产计划的执行（制造执行层）—生产控制（生产控制层）"间的无缝衔接提供数据集成支撑。多年以来，我国制造业大多数企业主要采用的是按计划"自上而下"推动生产的方式，即企业根据客户订单、市场需求预测等情况制订产品的生产计划，下达生产计划和生产任务，安排和控制生产作业并最终产品配送至客户。由此企业大多以计划层作为实施管理信息化的重点，如已被各类制造企业普遍应用的物料需求计划（Material Requirements Planning，MRP）、制造资源计划（Manufacturing Resources Planning，MRPⅡ）、企业资源计划（Enterprise Resource Planning，ERP）等信息系统均是由 MPS（主生产计划）驱动的管理方式；在底层的生产控制层，企业则主要通过应用自动化技术与设备（包括：生产设备、包装设备、检测设备、搬运存储设备）等实现对生产现场的自动化控制以有效解决具体生产制程中的瓶颈。但由于在计划层与生产现场间的信息传递往往多采用手工方式，因而造成企业生产过程自动化控制（重点在下层的生产控制层）与企业管理信息化（重点大都在企业上层的计划层）之间的信息流"断层"。为此，我国制造业需要尽快消除生产全过程中信息流通与数据传输上的"断层"，构建诸如智能制造执行系统（Intelligent Manufacturing Execution System，IMES）、智能生产线管控系统（Intelligent Manufacturing Execution System ，IMCS）等具有分布式、协同性与自治性的智能化系统，通过其与企业生产流程规划等系统的有机结合及现场智能化硬件的有效连接完成对生产全过程所产生的实时生产状态信息自动采集、跟踪以及监控，并能够以多种方式将实时生产信息准确地传递给相关人员以便做出及时的反应及处理，从而在企业生产过程控制、生产执行以及生产计划管理三个层次之间建立起无缝连接，推动企业生产全过程信息资源的整合与联通，从而为企业横向集成以及端到端集成提供必要的数据支持；同时，借助智能化系统的自我学习及维护能力，在企业生产全过程中实现自动操作运行、自动执行故障诊断处理以及自动决策支持等功能，使"制造"与"智控"得以有机融合，最终在企业生产全过程中实现设计、工艺、制造、检验、物流等各环节以及生产流程规划、生产流程控制及产品全生命周期管理（PLM）等的信息互联与"智能化协同"。

其次，则是在面向制造企业实现生产全过程信息汇聚和智能处理的基础上，构建在线化、共享化、市场化的"资源池"，快速形成要素集聚效应，不断推进制造全要素资源的网络化共享、集约化整合以及高效化利用。随着制造装备运行状态、生产现场计划执行进度、制造参数控制以及生产瓶颈的动态变化等一系列生产制造全过程信息实现从企业底层生产过程控制（DCS/PLC）、中层生产执行（IMES）到上层生产计划管理（ERP）等各层级间的实时联通以及快速、准确传递与共享，使得整个企业生产流程中的生产计划、物料流动、流程调度、过程控制、质量管理等纵向信息得以全面融合，有效促进了企业生产过程的全面优化，全面提高了企业对现有制造资源的综合利用效率。以此为基础，我国制造业应进一步以推动生产要素平台化与互联化为重点，彻底打破人、物料、设备、资金、技术、信息和管理等生产要素之间的壁垒与边界，一方面，通过制造资源云化改造，推动企业将涵盖研发、设计、生产、管理、营销、物流、服务等制造全过程中的各类生产要素以及关键工业软件、技术、工具等逐步向云端进行迁移和部署，进而改变我国制造业传统的"以企业为核心组织各类资源"的资源配置模式，促进资源使用方式从原来的专有独享方式逐渐向完全共享方式的转变；另一方面，加速智能工业互联网云平台布局，在线接入生产设备、仓储物流、客户信息、营销体系等制造资源/能力，使之成为智能制造资源集聚共享的有效载体，并通过资源"池"化方式，构建以用户为中心的虚拟的资源存储池、网络池、计算池等，以加速产业链上下游企业分散制造资源的在线整合与聚集。同时，利用资源的"池化"管理按用户需求对"池"中各资源要素不断进行智能、灵活解构、重构以及重新组合形成新的资源（池），最终实现全社会各类制造要素与资源（人、机、物、服务、海量数据）的泛在连接与网络化集聚，从而有效提升制造资源的弹性供给、动态优化以及高效配置能力。

再次，依托丰富的制造资源/能力"云池"，在人、设备、物料、技术、数据、服务等各制造要素在线化以及业务系统集成化基础上，以设计、研发、生产、营销、物流、实验、检测、孵化等制造资源/能力开放、交易为核心，按需为用户提供多粒度、具有不同功能的制造资源/能力，形成供需高效匹配、动态敏捷柔性、开放共享的智能制造资源/能力服务网络体系，从而为制造资源/能力的社会化共享奠定基础。经过改革开放以来的蓬勃发展，我国制造业产能逐年增加，其中部分产品产量已达到全球生产能力的50%—60%以上，但在产能利用率方面，我国制造业却普遍存在产能利用率偏低的情况。2004—2015年，我国工业产能利用率呈现过剩状态，尽管在此期间2013年产能利用率有所上升，但2014年、2015年又下滑甚至达到低于2012年水平，2017年我国工业产能利用率为78.0%，比2016年的73.3%上升3.7个百分点，达到近五年来的最高水平，而后又呈下降趋势，2018年我国全国工业产能利用率降至76.0%，虽在2019年上升达77.5%，但2020年全国工业产能利用率为74.5%，比上年下降2.1个百分点，可见，我国工业总体处于产能持续过剩状态①。而目前，我国有19个制造业行业产能利用率都在79%以下，另有7个行业的产能利用率在70%以下，已经属于严重产能过剩，且利用率偏低的行业范围已由钢铁、煤炭、纺织、有色、水泥、电解铝等传统行业向光伏、多晶硅、风电等战略性新兴产业蔓延，呈现出行业覆盖面广、过剩程度高以及持续时间长等特点。要解决我国制造业产能过剩、供需错配等问题，就需要在制造业全生产制造流程实现智能管控和信息对接并将分布在生产制造各环节上的智能要素进行有效集聚的基础上，通过"产能共享"的方式不断推进制造资源/能力的开放共享，以对未得到合理配置和充分利用的制造资源/能力实现在更大范围内的优化与调度，以有效提高我国制造业的产能利用率，促进制造范式向智能化迁移。为此，我国制造业应基于互联网、大数据、云计算、物联网等新一代信息技术的广泛应用，搭建支持对研发、设计、生产、制造、销售等制造资源/能力的在线开放、调用、交易的制造业共享平台。对于有能力的大型制造企业主要可通过构建多主体参与的研发设计能力开放共享平台在线整合高校、科研院所、制造业协同创新中心等优势研发资源，将技术、知识、经验等智力要素封装成为可移植、可复用的软件工具和开发工具，例如：专业软件库、开发工具集、应用模型库、专家知识库等，并充分发挥基于互联网的开放性平台的作用，在云端快速构建完整的研发测试环境，实现分布、并行与合作的研发设计方式，以有效降低研发成本与难度，提升企业研发效率，在此基础上进一步面向广大中小企业在线开放设计、研发等能力；对于中小制造企业则是要依托共享的研发设计平台，充分

---

① 按照国际通行标准，产能利用率超过90%为产能不足，79%—90%为正常水平，低于79%为产能过剩，低于75%为严重产能过剩。

利用互联网所带来的"连接红利",在低成本共享大企业优质制造资源/能力的同时,借助"众包""众研""众创"等手段,通过平台实现各创新资源、智造等能力与中小企业需求的精准对接,为中小企业研发创新提供助力。此外,在产品种类、技术要求、工艺过程等方面存在的差异使得不同制造企业在自身发展过程中形成了不同的制造能力与优势资源,这也导致了企业中制造能力不足与部分制造资源过剩并存的情况,部分企业(如一些有实力的大型制造企业)虽然拥有较强的制造、服务能力,却缺乏有效的推广途径;而另一部分企业(如中小型制造企业)虽有需求,却缺乏适合的平台,供需对接渠道的缺少造成了大量制造能力/资源的闲置而无法有效发挥潜在价值。针对目前我国制造业大多数企业所遇到的这一普遍性问题,迫切需要推进生产制造能力开放共享平台的建设,通过智能传感器、工业控制系统、物联网技术等的应用制造企业可对其制造资源/能力进行实时、动态监测,剩余的企业制造资源/能力则能够被智能感知并实时共享到开放平台上,这些制造资源/能力将由平台进行统一管理,并提供制造能力的在线发布、协同与交易等功能更大范围地支持制造资源/能力需求与供给的动态优化匹配,以最大限度地实现各制造能力/资源的优势互补与高效协同。

最后,随着制造资源/能力的有效集聚及社会化开放、共享的逐渐形成,一方面,减少了低端、低效甚至无效的制造业供给,而高端、高效、有效的制造业供给则得到了不断扩大,不仅有效改善了我国制造业供需结构,也极大地促进了整个制造体系效率的提升;另一方面,推动了制造业价值创造方式也由价值链向价值网络的转变,面向全行业的生产制造资源/能力的泛在连接与网络化调度服务为企业在其固有资源/能力禀赋基础上进行进一步的资源/能力"创造性重组"提供了新的机制,制造体系中的分工、合作与协同关系得以重构,由以往简单的线性链式关系开始转向多维化、网络化发展,不同的生产者之间构建起协同、协作、网络化的新型制造体系,最终推动我国制造业由孤立、分散、低价值、低效率的制造体系向完整、整合、高价值、高效率的智能化制造网络体系的转型升级。

## 7.3 基于"互联网+"的制造业新业态、新模式的智能化升级路径

当前，世界范围内的新一轮科技与产业革命正在兴起，新技术获得的持续突破性进展加速带动了产业变革。以移动互联网、物联网、大数据、云计算为核心的新一代网络信息技术的快速发展及其应用普及，尤其是创新最活跃、辐射带动作用最大的互联网与传统产业的渗透融合，极大地促进了资源配置效率和全要素生产率的提升，并催生出众多基于互联网基础上的新业态、新商业模式，为我国产业转型升级提供了积极的环境以及全方位的支撑，"互联网+"已成为推动我国经济发展的新动力、新引擎，"互联网+"特有的优势也决定了其可以在我国制造业通过智能化发展实现转型升级的进程中发挥重要的促进作用。

在互联网发展之初，以互联网为载体进行各种生产要素的优化配置以及围绕着生产业务流程开展优化与重组工作无疑是我国制造业利用信息技术进行升级改造的核心内容。随着互联网创新思维的崛起，"互联网+"成为推动我国制造业创新转型升级的内在动力。"互联网+"制造改变了制造业传统的生产（服务）模式和组织方式，其实质在于充分利用互联网开放、平等、协作、共享、交互的特点，基于全面深度互联，实现制造资源的动态优化配置，促进生产关系的变革，进而驱动制造业向智能化方向的升级发展。通过"互联网+制造"的发展，制造业价值链进一步向服务端的延伸，大规模的个性化定制、社交化生产以及网络化协同制造成为制造业发展的新趋势和重要的升级路径，进而基于"互联网+"形成"物联化""个性化（定制化）""服务化""协同化"的智能制造新模式以及"泛在互联""数据驱动""开放共享""融合发展"的新业态，支撑我国制造业向智能化的全面转型升级。具体来说，大力发展基于"互联网+"的"网络化协同制造""大规模个性化定制"以及"服务型制造"是我国制造业通过"互联网+制造"实现智能化升级的重要路径选择。

### 7.3.1 "互联网+"网络化协同制造的智能化升级路径

在传统的制造业创新活动中，新技术、新产品的推出大多依赖于单一企业的技术研发和产业化等活动，随着产业分工的日益深化发展，产品生产的复杂程度不断增加，从而使得靠单个企业或团队无法覆盖或完成全部创新活动；同时，

在市场竞争及生产经营不确定性大大增加的情况下，单个企业也无法涉及生产链上的所有环节，而是要采取与其他各创新主体（企业）协作为主的形式，通过横向与纵向的沟通协调实现创新/生产资源的优化配置。如此一来，敏捷化与柔性化成为制造业在动态市场中不断获取竞争优势的决定因素。为此，在互联网技术与工业融合创新不断推动制造业从数字化向网络化、虚拟化、智能化和云化发展的趋势下，我国制造业需要改变现有及未来的业务模式，建立快速反应机制，利用互联网技术在企业及其客户、供应商、各业务伙伴之间建立起协同互联关系，并通过协同加强产业链协作，以"互联网+"协同制造发展不断提升制造业的数字化、网络化、智能化水平，进而带动我国制造业的智能化升级。

"互联网+"协同制造是要更多地发挥我国互联网的比较优势，强调借助互联网、大数据和工业云等新一代信息技术，促进制造企业内外部、企业之间乃至产业链各环节间资源的重组和优化配置，从而有效降低对研究、设计、生产等资源的获取成本，提高资源的利用效率，并加速向产业智能化高效协同转变，进而实现我国制造业整体竞争力的提升。具体地，结合我国制造企业组织形态，以"互联网+"协同制造为方向，推进产业的智能化升级可围绕以下两个方面展开：

一是，围绕制造企业内部的优化和改进，实现企业内部各部门（系统）的协同。由传统制造型企业转型成为智能型制造企业，需要的不仅仅是通过提升排产的精度和细度、增加存货周转率等达到某些价值片段的增值，而是首先需要实现各部门（系统）、生产流程等在企业内部的协同运作。我国制造企业由于在不同发展时期对制造执行管理有着不同的需求，因此企业内部管理系统大多是逐步得到应用和扩展，如在制造企业内部的财务管理系统（FMIS）、仓储管理系统（WMS）、办公自动化系统（OAS）、设备管理系统（EMS）、质量管理系统（QMS）、人力资源管理系统（HRS）等等，以满足企业各部门不同业务和管理发展的需要。这些信息系统的应用可在一定程度上促进企业内部人员的协同工作，如OAS中的工作流程自动化能够规范各项工作，提高企业协同工作效率；CRMS中的销售能力自动化（SFA）能够帮助销售人员执行统一的销售规范，实现团队的协同工作等等。但由于不同的系统间不能互联互通因而造成了各系统间协同作业无法顺利进行。因此，要解决制造企业内部协同存在的普遍问题，需要以制造为核心在互联网模式下加速驱动企业内部发展更高效的智能化协同，在企业内部自底向上依次实现"硬件物联—生产全流程数据贯通—各生产要素管理间的协同"。硬件物联是针对企业中原有设备和新设备体系间的联通以及数据的采集和利用问题通过在自动化设备上加装传感器和控制器、利用数字化设备的数据通信接口等方式进行设备的网络化改造，并依托物联网技术将传感器、控制器、机器设备、人员和物等联接起来，通过人与物、物与物相联形成覆盖企业全生产流程的智能化网络，以为设备的实时监控、智能化管控以及协同生产创造条件；在被联接的人、物、设备等实现智能交互的基础上，充分采集制造过程中所产生的各类数据信息，并进一步解决应用系统间数据和信息的互通互用问题，通过利用从生产现场采集的实时数据（包括设备、人员和生产任务等）对生产进度和设备运作状态进行实时监控，同时还要进一步规范企业各管理软件（DNC、ERP、MES、PCS等）间以及其与硬件间的数据交换接口，并保证数据接口与数据格式的一致性，通过软件以及软件与数控设备间的数据互联互通支持企业生产全流程数据的贯通与协同；制造企业基于生产设备智能协同控制以及内部数据协同管理，在互联网及相关技术的支持下进一步推动加强业务系统与生产系统的综合集成，通过产品全生命周期各环节（设计研发、生产控制、销售、物流等）与企业内其他业务环节（库存、财务、人力资源等）的互联互通实现企业产品开发、生产制造、经营管理、市场营销等各环节中人员、物料、资金、信息等生产要素间的无缝衔接与业务协同，从而使得企业各部门（系统）间能够进行快速、高效的协同工作，以确保企业对整个生产经营环节中各生产要素（包括生产管理、物流管理、技术管理、资金管理、质量管理、设备管理等）进行更加精准的协同管理。

二是，基于供应链企业间互联推进供应链协同制造。制造智能化的本质在于虚拟网络与实体生产间相互渗透，与标准化、集中化、流程化以及规模化的传统制造模式相比，其所追求的是生产制造单元化（柔性制造单元）、网络化、虚拟化以及智能化。在互联网支撑下，制造业过去的集中大规模生产已经呈现生产扩散化的趋势，企业的生产制造过程则由按功能配置向按流程配置、由串行方式向并行方式转变；"简单、稳定、机械式"的组织则日益向"复杂、动态、有机式"系统演进，网络化和扁平化成为企业组织结构的新特征。利用互联网，制造企业生产分工变得更加专业化和细化，因此我国制造企业在通过内部全流程信息贯通与生产经营管理的协同运作使企业智能生产能力得到提升的同时，还应强调企业间的业务协作，从企业内部的协同体系进一步面向供应链企业间的互联协同进行跨企业边界的各业务功能整合，以企业生产价值链的互联互动实现跨地域、多企业间的一体化协同生产，并以此为基础推进供应链协同制造。为此，我国制造业可结合互联网、物联网、云计算等技术进行供应链各节点跨组织的价值链流程整合以及关键性资源共享，具体可主要围绕价值链两端的研发和服务以及中端的制造构建从设计研发、生产制造再到营销服务为一体的供应链协同制造网络体系。在前端，从整合研发设计业务流程入手，建设基于互联网的协同研发平台，使研发主体从内部研发部门向跨部门、跨企业扩展，并通过融入包括研发流程、性能分析、虚拟仿真等的研发技术与实践方法，以支持参与研发的多企业、多主体在线异地进行流程化协同研发，从而推动研发模式从传统串行模式向并行智能化协同研发模式的转变，在协同研发支撑环境下形成以提升研发效率、缩短研发周期为核心的供应链企业间协同研发网络；在中端，以互联工厂模式为核心构建基于网络的异地、多点协同制造体系，打通不同生产基地、多个工厂、关联企业间的生产流程，依托企业间网络化协同制造集成平台建设为处于分布的（不同地域）、异构（信息、应用资源等）的以及运行在不同环境下供应链各企业间资源（人力、设备、原材料、信息等）的合理调配与利用提供全面支持，通过网络协同组织供应链企业间动态的生产制造，并据此对各企业生产组织协调过程进行管控，以形成跨企业的网络化协同制造能力；在后端，利用物联网智能终端技术实时加强对企业产品应用以及客户服务等数据的采集，以有效支撑产品的智能运行、故障诊断、远程维护以及动态服务，并通过产品应用数据反馈，对产品设计、生产进行持续优化与改进，以形成供应链企业间"设计—制造—服务"的协同联动机制。在此基础上，借助互联网技术进一步将供应链上下游供应商、制造企业、服务企业（围绕设计、制造、物流、销售等环节提供服务的各类企业）、用户等不同类型主体紧密联系在一起，通过彼此间的动态协作与价值感知推进集采购、设计、研发、制造、物流、服务为一体的供应链协同制造体系。

### 7.3.2 "互联网+"大规模个性化定制的智能化升级路径

在产品经济条件下，传统制造业的基本运作思路在于先生产产品再通过中间经销商销售给用户。在实现从产品到用户的过程中，主要依靠的是两大竞争手段：一是，通过一系列市场调查、模型分析，并结合以往的经验以及规律对用户喜好和意向做出一定的判断，并据此进行产品设计再通过大规模生产降低成本，以获取价格竞争优势；二是，通过大量人力、物力、资金等的营销投入以提高产品认知度，获取品牌效应。随着体验经济（Experience Economy）、换商经济（Switching Economy）时代的到来，消费者需求发生了重大改变，呈现出个性化、多样化以及易变性等特点，传统制造业的供给导向模式面对用户需求的差异化以及碎片化已难以持续，需要在生产方式上做出新的调整以满足用户不断变化的个性化、多元化需求。由此，我国制造业应改变传统"以企业为中心"的产销组织方式，进行以用户需求为核心的产品变革，通过发展"互联网

+"大规模个性化定制充分利用互联网等新一代信息技术重构与用户的关系，推动传统大规模制造向大规模定制的转型，进而加快产业的智能化升级。

"互联网+"大规模个性化定制是在互联网的全面支撑下，在制造企业与用户间建立起直接信息沟通渠道，基于互联网获取用户个性化需求，通过小型化、自主化、灵活化的生产组织形式以及柔性化、智能化的生产方式将大规模生产和个性化定制相融合，进而形成以大规模个性化定制为主导的智能化生产模式。具体地，平台化、模块化是以"互联网+"大规模个性化定制推动我国制造业向智能化、高端化升级发展的前提和基础。

大规模个性化定制生产的起点在于用户提出的个性化需求，因此以更快捷、有效的方式获取用户需求信息是制造企业实现大规模定制的关键。因此，首先要推动制造企业利用互联网在线采集和获取用户需求，并以"平台"的方式与用户个性化需求进行对接。通过搭建基于互联网的个性化定制平台，将制造商与用户置于同一平台上，使二者进行直接对接，以打破产需双方的信息隔阂，平台为制造企业与用户提供了沟通交流渠道，使二者间可以进行直接、有效的信息交流，从而加强了信息透明度。借助互联网平台用户可以以一对一的方式或通过基于互联网平台的交流、评论等社交行为就企业产品功能、颜色、规格、款式、材质、细节等方面直接提出要求或意见，也可以回答其他用户的话题、评价其他用户的创意等，甚至用户自身就能够通过在互联网上发起提出自己的产品创意（文字描述、图片设计等），并借助互联网平台向公众推广以获得其他用户的参与与支持（由平台上其他用户为创意进行投票、评价、建议或改进等），并将最终形成的个性化的产品设计与需求提交给制造商，通过这种方式使用户（社区、大众）不再仅仅是出现在制造业生产流程的两端，而是由部分参与转变为全程参与，即主动而广泛地参与并逐渐渗透到制造业产品设计、研制、生产、销售的全过程，包括创意、评估、虚拟设计、预售、实物制造等多个流程。而对于制造企业方，一方面制造企业不仅可以利用互联网在线发布、宣传、推广自己的产品和服务，借助互联网平台还能够减少销售的中间环节，促使制造企业与用户进行更加快速、方便的直接交易，从而大大地简化生产端与消费端的交易过程，降低了企业运行成本，同时，网上直接交易由于不受时间和空间限制，也使得交易效率得到了极大的提高；另一方面，企业利用互联网平台与用户进行实时信息交流，可以更为广泛、便利地获取用户反馈信息，并通过大数据分析等手段对用户行为习惯及偏好进行深入挖掘，为企业快速发现潜在用户群体以及精准洞察用户最新需求动向提供数据基础，并将其迅速准确地传递给企业生产环节，从而将用户需求直接转化为企业的生产排单，使企业实现按需生产、个性推荐及精准营销。此外，在以用户为主导的定制化实践过程中，面对用户个性化需求的多元化与差异化，制造企业利用"互联网+制造平台"可以与用户进行更为充分的信息交互，并基于信息技术强大的数据处理能力，将分散的、众多的用户个性化需求汇聚在一起形成一定规模的批量订单；进一步地，企业还可运用大数据进行"用户画像"，使企业所提供的定制产品不再仅仅局限于外观、颜色、尺寸等较浅层次，而是可以根据大数据分析得到的分析结果为具有不同特征标签（不同时间、不同区域、行为偏好等）的用户群体有针对性地生产更符合其个性化需求的定制化产品。

大规模个性化定制还需要有效解决高度个性化定制产品或生产品种小批量甚至单件定制化生产的规模化、经济性，与传统制造企业刚性、大批量生产单一或若干种产品间的矛盾，以模块化为方式，通过产品或过程重组可以将终端用户所需的个性化定制产品的生产问题转化为或部分转化为批量生产问题，因此形成模块化制造能力是我国制造企业实现大规模个性定制的重要环节。制造企业可基于通用产品的体系架构实施模块化产品开发，将产品按功能或结构划分成为一个个不同的组成部分（模块），每个模块又可以分解为若干零部件，或按"产品—模块—子模块"的构成模式进行产品分层级的结构设计，即产品由若干高层级模块直接组成，高层级模块又由若干个更低层级的模块（子模块）组成。如此一来，产品就由模块组合而成，模块则由零部件（子模块）组合而成，最终每个产品都由若干零部件（子模块）组合而成，由此企业将以产品族的形式构建起适合进行大规模个性化定制的产品模型。由于模块是具有确定接口和功能且能够独立制造的独立单元，因此在模块接口、尺寸、参数等结合要素标准化的条件下，制造企业在生产过程中通过强化产品内部结构的标准化，再以零部件的批量生产及模块间的分解、互换与组合就可以形成不同形态的产品，借此可以有效降低企业产品内部多样性，增加用户可感知的外部多样性。同时，企业可以按照功能及加工、组合要求将产品模块划分为通用（标准）模块、专用模块等不同类型。其中，通用（标准）模块是依据对产品中相同或相似模块进行识别、分类、定义、规范等而建立，一种模块可以参与多个产品的组合，因而在产品族中可以被系列乃至跨系列的多个产品所通用；作为企业产品族模型中可选择的浮动模块，专业模块则是产品为了满足用户某些特定需求所采用的模块。以此为基础，在"互联网+"环境下，制造企业可进一步构建基于互联网的模块化产品平台作为各模块的载体，用户可以根据自身需求在平台上选择相应的模块进行自行配置，由于在模块化产品架构中"产品=通用模块（不变部分）+专用模块（可选部分）"，因此用户利用不同的模块组合就可以构成大量的产品及其变型，其中通用模块体现了统一性和标准化，专用模块以及不同模块的柔性组合方式则体现了个性化、多样化，由此实现标准化与多样化的统一。而当企业在面对用户某些个性化的特殊需求而平台现有为用户提供的模块库中的模块及其重新组合都无法满足时，还可以通过对现有模块改进（即先在平台模块库中查找符合用户需求的相似模块，再对这些相似模块通过改进、替代、添加某些要素等以使之尽可能满足用户需求）或进行专用模块设计等方式实现产品创新，进而使得制造企业能够通过大规模个性化定制生产满足用户个性化、多样化的需求。

### 7.3.3　"互联网+"服务型制造的智能化升级路径

当前，以新一代信息通信技术为引领，新材料、新能源、生物技术等重要领域技术的广泛渗透与交叉融合，以及以智能、泛在等为特征的群体性技术的革命性突破对全球制造业产生了颠覆性的影响。信息技术的发展、互联网应用的不断拓展，在促进制造业商业逻辑由传统的"生产—消费"模式向"产销一体化"商业模式转变的同时，更进一步推动了制造业与服务业的深度融合。在新技术推动下，服务型制造能力成为制造业竞争优势的核心来源，服务型制造亦已成为引领制造业转型升级以及实现可持续发展的有效途径。

所谓服务型制造是工业化进程中制造与服务深度融合、共生发展的一种新型产业形态。具体地，就是制造业以满足市场需求为中心，通过生产组织形式、运营管理方式以及商业发展模式等的优化、升级与创新，由传统单一的加工制造环节不断向价值链两端的服务增值延伸或增强，实现以生产型制造为主向"制造+服务"转型，从单纯提供产品向提供"产品+服务"整体解决方案转变，从而促进制造价值链的扩展与重构，最终实现制造业产业竞争力的提升以及价值增值。2008 年国际金融危机爆发后，国家纷纷推动"制造业回归"和"再工业化"等战略，其核心并不是简单地提高制造业产值比重，而是通过移动互联网、大数据、云计算、物联网、人工智能等新一代信息技术与制造业的融合、制造与服务的融合来提高复杂产品制造能力以及快速满足消费者个性化需求能力，使制造业重新获得竞争优势，例如：美国的"工业互联网"，其本质就是大力支持发展智能化服务；德国则是将智能服务与工业 4.0 作为数字化竞争的两个方面。由此可见，基于国家战略层面，发展服务型制造是各国为顺应新一轮科技革命与产业变革所形成的共识。而对于多数行业长期以来仍处于产业链和价值链中低端的我国制造业而言，在产业互联网的大趋势下，通过实施基于"互联网+"服务型制造发展，不断推进制造业从生产型制造向服务型制造的转变，亦成为现阶段我国制造业突破制约产业价值链提升关键环节，以智能化升级增强产业竞争力，实现由强变大的主动选择。

当前，我国制造业竞争从市场需求来看，正面临由"生产导向型"向"市场导向型"以及"产品导向型"向"服务导向型"的转变；从价值链环节来看，高价值环节正由"以制造环节"为主向"以服务环节"为主转变；从交易方式来看，客户交易正由一次性的短期交易向服务方式的长期交易转变。在此基本趋势下，我国制造业需充分释放"互联网+"的力量，深入推进"互联网+"服务型制造的发展，在提供有形产品的同时，通过以互联网为核心的信息技术的应用对现有服务产品、服务流程或模式进行改善、变革与创新，不断提高服务质量和服务效率，推动服务型制造向专业化、智能化方向发展，从而加速行业向智能化转型升级的进程。具体来看，我国制造业依托"互联网+"开展服务型制造的智能化转型升级可围绕基于产品提供智能增值服务、基于客户需求提供"产品+服务"集成整合的增值服务以及开拓面向服务的新业务等三个层次依次开展积极的探索。

1. 基于产品提供智能增值服务

一般来说，产品价值的体现具有多个层次，其中位于最中心的"核心利益层次"，代表了产品所能够提供给消费者的基本效用或益处，其正是消费者真正想要购买的服务或利益，而核心利益的物质载体则体现了产品的基本形态，如品质、外观、式样、商标、包装等等，即"基础产品"。随着制造业产品的不断完善或产品能力的不断增强以及市场竞争的不断加剧，客户对于产品的需求已不满足于单一的使用功能，转而向产品及服务的多元化方向发展。而作为一种简便易行的模式，借助互联网、大数据、人工智能等信息技术，基于基础产品之上开展多种智能增值服务将是多数中国企业进行"互联网+"服务型制造智能化升级的路径选择。具体可从两方面着手：

一是，基于"互联网+"提供以产品效能提升为目的产品增值服务。在原有基础产品中通过配备智能元器件、传感模块、智能应用软件，将各类传感、识别、连接和云服务等技术综合嵌入产品中，如智能手机、智能汽车、智能家居以及智能手表、智能手环等智能可穿戴设备，由此赋予产品越来越强的信息处理与计算能力，使之拥有专用的应用程序和功能，从而在改变以往相对固定的产品形态的同时改变产品的应用方式。这种依托互联网、云计算、大数据等新一代信息技术提供的基于产品功能增值服务，在实现产品运行稳定性和效用最大化的基础上，有效提升用户对产品的拥有体验，继而获得差异化的竞争优势，取得市场的主导地位。

二是，基于"互联网+"提供产品交易便捷化的增值服务。在以互联网为核心的信息技术的推动下众包、众创、电商、网购、O2O（线上线下）等新业态、新模式极大地提高了产品交易的便捷化水平。因此，制造业在对传统单一硬件产品通过物联网、传感技术、芯片技术、智能处理等的嵌入式应用与内容服务实现融合的基础上，可进一步围绕产品交易便捷化，借助"互联网+"在用户与企业间建立起高效、便捷的连接，通过开展诸如多元化的金融服务、方便快捷的支付手段、精准化的供应链管理以及便捷的电子商务等一系列增值服务，提高产品交易的便捷化程度以及交易效率，以便把产品能够及时、便捷、高效地交付给用户。

2. 基于用户需求提供"产品+服务"集成整合的增值服务

将传感器、软硬件系统等智能化单元"嵌入"产品中，不仅增强了产品的功能与性能，同时也促进了制造业产品由非智能向智能化的转变。随着，产品智能化水平的提升，制造业依托互联网尤其是移动互联网以及大数据等技术，可进一步拓展基于产品智能化的增值服务。即制造业在产品完成硬件智能化后，基于智能化与网联化实现产品、系统、企业与用户之间联通，使智能产品进一步向智能互联产品转变；进而利用嵌入产品内的嵌入式系统、数字传感器等智能装置，一方面，进行数据采集与控制，并对采集到的用户数据通过大数据、云计算等技术对用户行为进行分析处理，建立用户画像，挖掘有价值的用户需求，在此基础上提供更满足用户需求的产品与服务；另一方面，则实现与CPS系统的互联互通，借助物联网对产品运行状态进行远程在线监测与故障诊断，通过互联网传输至与之连接的企业控制中心，在此基础上通过"信息"与'控制"的协同有针对性地为用户提供咨询以及全方位的监控、代维、远程管理、智能运维等服务。

此外，随着制造业产品的不断完善以及客户需求的不断升级，制造业可进一步进行"互联网+"功能创新模式，围绕用户需求提供研发、设计、生产、制造、建置、维护等一体化与系统化的"产品+服务"集成整合的增值服务。

3. 开拓面向服务的新业务

我国制造业依托"互联网+"向服务型制造的转型升级，无论是基于产品提供增值延伸服务，抑或是基于用户需求提供整合集成服务，均是以原有实物产品为基础，通过改造、提升现有的产品/服务或开发新的产品/服务以使产品或服务具有区别于其他竞争对手的差异化，进而能够形成差异化竞争优势。这样基于互联网从单一的产品向"产品+服务"方向的转型，往往并不改变服务化的等级，而只是增加相关服务的类型或改变相关服务的使用与交互模式。随着智能化产品市场规模的日益扩大，用户除需充分考虑产品系统本身的可靠性、稳定性外，对基于产品系统的 MRO，即维护（Maintenance）、维修（Repair）及运营（Operations）等支持服务或融于产品系统中的设计服务的需求将成为常态。但是，由于现阶段几乎所有产品类别都处于较为激烈的市场竞争中，因此单纯围绕产品表现（对老产品进行显著改进和提高或开发具有独特特征和功能的产品/服务）或产品系统（将单独产品和服务进行连接或组合，使现有产品得到系统性的拓展与补充）等方面进行的产品/服务创新较易被复制，进而导致企业逐渐丧失由此所形成的领先优势，利润空间难以得到进一步提升，甚至难以为继。在此情况下，部分有实力、有条件的企业除了开发和为用户提供基于互联网的产品（基于硬件的产品/设备等，提升硬件产品/设备功能）与服务（基于专业化的远程产品/设备状态管理、咨询、维修、检测等服务，以支撑和提升产品的价值），借助企业的品牌、渠道等优势，将包含产品的服务作为价值创造的载体，开拓面向服务的新业务，依托"互联网+"通过向用户提供诸如研发设计、品牌培育、市场开拓、营销策划、物流配送、培训及技术支持、融资租赁等一系列与自身产品紧密相邻的专业化服务，促进制造业服务化等级的提升。随着"互联网+"的深入应用，制造业企业可进一步构建基于"互联网+"的智能应用服务平台，通过网络效应有效聚合各类资源，提供集约高效的平台化服务，从而向更专业的服务商转化。

通过服务型制造的转型，一方面，提升了制造业全产业链服务能力，另一方面，促进了制造业产业价值链重构为既包含制造业价值链增值环节，又包含服务业价值链增值环节的融合型产业价值链，从而推动制造业从产品化向生态化、系统化和智能化的升级发展，进而实现制造价值的增值。

# 第8章

# 制造业智能化升级的推进策略

当前，我国经济已由高速增长阶段转向高质量发展阶段，制造业作为我国国民经济的主导产业，是推动经济长期稳定增长的核心引擎，也是供给侧结构性改革的重要领域。可见，发展高质量的制造业，优化产业供给结构、提升产业质量效益、转变产业发展方式是推动经济高质量发展的重要支撑。

在新一轮科技革命与产业变革深入推进的背景下，以人工智能为核心，包括物联网、大数据、云计算、移动互联网等新一代信息技术与先进制造技术（工业新材料、新工艺、新能源、新装备等）的集群式突破创新及应用，涵盖了制造业设计研发、生产制造、供应链、销售服务等各关键环节，不仅为产业技术创新、软硬件产品升级提供了新引擎，也为我国制造业向数字化、网络化和智能化升级发展提供了新的驱动力，同时制造业"智能+"的拓展也为我国经济高质量发展赋予了新动能。制造业智能化不仅需要选择恰当的升级路径，还应采取合理的保障制造业智能化升级的推进策略，以促进我国制造业智能化转型升级有序有效地开展实施。为此，在智能化升级实践过程中应遵循制造业智能化升级的内在逻辑，并充分考虑我国制造业智能化升级的核心驱动力，面向需求把握制造业智能化升级的实施推进策略，具体可从培育产业重点、资金投入、环境建设以及人才队伍建设四个方面共同推进。

## 8.1　培育产业重点

面临新一轮的工业革命和国际产业分工重塑的重大历史机遇，我国及时出台了《中国制造2025》，明确指出我国制造业未来需要以智能制造为主攻方向，加速大数据、云计算、工业互联网、3D打印等新一代信息技术与制造业的深度融合，推动制造业智能化发展。为实现这一目标，应制定科学、合理的产业布局政策，明确产业重点发展方向，加大智能装备制造、智能制造技术以及工业机器人等产业重点发展领域的培育扶持力度，不断完善相关产业发展政策，大力推进智能装备制造、智能制造技术、工业机器人等重点领域技术研发与创新，通过资源整合实现产业重点领域、关键环节的率先发展与突破。

1. 大力培育和发展智能装备制造产业

以高新技术为核心优势的高端装备制造产业是一个国家制造水平的集中体现，其发展水平决定了一个国家或地区的产业链综合竞争力。新一代信息技术的飞速发展，以及新型感知、自动化等技术的应用，大力发展以数字化、柔性化及系统集成技术为核心的智能装备制造产业是抢占未来经济和科技发展制高点，加快供给侧结构性改革，进而带动我国制造业水平全面提升，实现跨越式发展的必然选择。为此，须做到以下几点。一是，需要抓紧发布智能装备制造产业发展规划，明确每一个阶段的发展方向、目标任务及主要着力点。二是，要优化智能装备制造产业战略布局，选取全国具有产业基础和技术条件的地区作为优先发展的示范地区，引导优势资源向示范地区流动，以突破关键核心技术为目标开展重大项目研究，在此基础上要充分发挥先进智能装备企业的示范、引领作用，学习其先进经验，进而进一步推动智能装备产品的应用化和产业化。三是，要积极落实和完善支撑智能装备发展的财政补贴、税收优惠、金融支持、人才队伍建设以及技术创新环境建设等各项政策措施。四是，加快发展智能化的基础制造装备与成套装备。围绕制造业生产方式向着智能制造、网络制造、柔性制造等方向变革发展需要，有针对性、更有重点地发展一批智能化的基础制造装备、流程制造装备以及离散型制造装备。重点发展高精、高速、智能数控工作母机以及铸造、锻压、焊接、热处理、表面处理等基础制造装备、重型机械装备；对冶金、石油石化、食品加工、造纸、化工、纺织等流程型制造，着力发展冶金及石油石化成套设备、智能化食品加工装备、智能化化工装备以及智能化造纸、纺织等成套装备；对飞机、船舶、电子设备、汽车等离散型，重点发展智能电子制造成套设备、航空航天装备、先进轨道交通装备、高端船舶海洋工程装备以及应用服务于新能源汽车整车制造、动力总成、动力电池等领域先进的成套智能制造装备。此外，就智能装备研发而言，则要专注于高档数控机床、增材制造等核心技术及装备的研发，通过建立智能装备研究所，围绕智能装备重点领域开展项目研究，鼓励高校、企业、科研机构共同参与技术研发，支持智能决策、深度感知、自动执行、分析推理、智能控制等一系列功能开发，不断突破和提升智能装备的精度、速度、效率及柔性程度等。

2. 加快推进智能制造关键技术研发与产业化应用

智能制造技术是推进制造业智能化升级的关键，因而我国必须重点推进智能制造技术研发，重点关注智能制造领域关键共性技术以及基础零部件、智能传感器等关键核心技术的突破与创新，不断提升技术能力，以尽快形成我国在智能制造方面的技术优势，为制造业智能化升级提供技术支撑。为此，首先，进一步加大对智能制造技术研发与创新的支持力度，通过采取设立以及适度资助智能制造方面的相关实验型项目、专项课题等方式开展智能制造技术研究；整合创新资源，培育一批智能制造技术研发队伍，引导构建由企业、高校、科技社团、科研院所等组成的以多元主体协同互动为基础的协同创新网络，完善连接企业与高等院校、科研院所间的技术基础设施配套建设，加强智能制造基础技术的研发，鼓励和支持建设智能制造基础技术创新研究中心、国家实验室、技术创新平台等，加大诱导性经费投入，重点支持智能制造技术转移行为及基础研究成果产业化，进一步促进智能制造技术的研发与创新；重视吸收与消化从国外引进的先进智能制造技术，不断提高技术学习能力，通过"干中学""试验中学"以及"用中学"等途径，在学习和掌握国外先进的智能制造工艺与制造技术的基础上，不断进行适应性的智能化改造，以提高我国制造业的工艺水平和技术能力。其次，应采取"并联式"的发展方式，遵循数字化、网络化、智能化"并行推进、融合发展"的技术路线，加速推进智能制造技术与制造业各产业的深度融合，促进物联网、人工智能、工业互联网、云计算、3D 打印、数控机床等技术在制造企业研发设计、生产制造、运营管理、物流仓储、销售营销、售后服务等关键环节的深度应用。最后，加强智能制造基础共性技术的推广与普及范围，充分发挥企业、社会资本、政府等多元主体在智能制造基础共性技术的宣传推广、技术培训、技术咨询等方面的技术支持服务作用。此外，还需着力解决制造企业智能制造技术的引进成本高和技术对接难等问题，制定并实施配套财税政策，鼓励扶持制造企业对智能制造技术的引进消化吸收与再创新，进一步优化投入方式，如出台相关财政奖补措施、加大智能制造企业信贷投放力度、引导社会资金参与等，进一步降低制造企业智能制造技术引进成本，加快智能制造基础共性技术研发进度，建立和完善智能制造技术对接、配套协作机制，进而推动智能制造技术的普遍应用和产业化，尽快形成从基础、应用研究到产业化应用、规模化发展的长远布局。

3. 加快推动工业机器人产业化发展及规模化应用

工业机器人是制造业的关键支撑装备，其研发、制造、应用是衡量一个国家科技创新和高端制造业发展水平的重要标志。同时，我国过去人口红利的逐渐消失，劳动力低成本比较优势的削弱，在一定程度上造成劳动力短缺，从而引发劳动力成本不断攀升等一系列问题。相比传统的人工劳动力，工业机器人具有降低生产成本、扩大产能、增强生产柔性、提高生产效率、节省生产空间、解决技工不足和人员流动问题、降低投资成本、提升产品质量和一致性以及满足安全生产法规等众多优势。因此，加快推动工业机器人产业化发展及规模化应用，既是我国发展智能装备产业的需要，也是我国优化产业人口结构，提高生产效率降低能耗，实现制造业智能化升级和绿色化发展的需要。具体来说，一是，聚焦智能工业机器人的研发与制造，围绕工业机器人应用领域的市场需求，尤其是汽车制造、电子工业、机械制造、金属加工、橡胶塑料、食品工业、医药设备等需求增长较快的领域，积极开展工业机器人系统集成、设计、制造、试验、检测等核心技术研究，在加强工业机器人基础研究的同时还要注重工业机器人的产品研发生产以及应用推广，推动工业机器人应用的规模化、商业化以及产业化。二是，抓紧实现工业机器人高精密减速器、专用伺服电机和驱动器、高性能控制器、传感器和末端执行器等关键零部件领域的技术突破，大力支持技术向现实生产力转化，从而加快实现工业机器人关键零部件的中国制造，同时充分依托现阶段国产工业机器人在搬运及上下料、焊接、装配及拆卸等应用领域优势，从细分领域进行战略布局，以细分领域突破加快国产自主品牌工业机器人替代进程。三是，加强专利布局，通过对关键零部件以及核心技术等领域进行有效的专利布局以及核心专利与外围专利相协作、增加外围专利申请量包围核心技术等途径，提升我国工业机器人核心专利技术的研发能力与竞争优势，同时支持从事工业机器人产品及应用研究、开发、制造、服务的企业、研究机构共同建立工业机器人专利联盟，构建起产、学、研新型合作机制以及产业链上下游专利等资源共享机制。四是，进一步拓展工业机器人实践应用场景，以"通用+细分"为发展重点，在兼顾通用型工业机器人本体开发的同时，面对不同行业、不同领域特定应用场景下不同的生产过程、需求工位、工艺流程等方面存在的特性差异，针对需求量较大的细分市场加强专用机器人的研发与应用，提升工业机器人行业渗透率与市场容量；优化合理布局工业机器人产业链，在产业链上游关键零部件生产厂商，中游机器人本体制造商以及下游系统集成商之间建立紧密的协作配合、优势互补机制，进而构建起工业机器人产业共荣生态圈。

## 8.2　推进资金投入多元化发展

制造业智能化转型升级是我国产业整体发展的新趋势，而智能化转型作为一项系统工程需要大量的资金投入，尤其是众多中小制造企业，虽有较强的转型升级意愿，但在智能化技术改造、设备引进方面却面临更大的试错成本与风险，由此可能会因资金缺乏而导致企业智能化升级进展缓慢甚至无法实施。为了避免在智能升级过程中形成"资金投入不足—升级发展受限—资金紧张状况加剧"的恶性循环，全面推进制造业的智能化转型升级，有必要拓展资金投入渠道，逐步形成包括财政专项资金、政府采购、税收扶持、金融支持以及社会资本等在内的多元化资金投入格局，为制造业在智能制造+技术研发与产业化等方面提供必要的资金支持。

1. 设立智能制造财政专项资金

目前，我国智能制造尚处于孕育发展阶段，前期智能化设备的更新换代、智能制造系统的开发部署与应用、智能化技术改造等都需要大量的资金持续投入，智能化进程如果单纯依靠企业自身资金是非常困难的，因此可以充分利用现有政策和资金支持渠道，将智能装备、智能技术以及工业机器人等关键领域列为政府优先扶持对象，通过设立智能制造专项资金，并为其建立完善的财政专项资金扶持计划，加强财政资金投入对制造业智能化升级的支持力度和引导作用。在此基础上，还应不断优化财政补贴方式，从而进一步提高财政资金对制造业智能化发展的支持效率。具体可采取以下措施：

一是，加大政策倾斜力度，扩大财政补贴范围，提供普遍性的财政补贴。一般而言，财政补贴只对政府政策规定和指定的项目或事项进行补贴，因此针对企业也只有某些特定的企业才能获得相应的财政补贴，但是这种补贴模式可能会因政府与被补贴企业之间信息的不对称或信息传递交流不及时造成相关补贴与企业实际需求的契合率低下，使得补贴效果往往不尽如人意，进而影响了补贴发放的效率及准确性。为此，可考虑将选择性财政补贴转为普遍性财政补贴，即将围绕"中国制造2025"重点领域和关键任务开展的企业自身研发与经营项目纳入扶持范围之中，对这些企业诸如智能制造新技术、新模式应用，智能车间、智能工厂建设与改造，增材制造设备及技术应用等给予不同程度的财政补贴。

二是，将智能制造专项资金补贴重点从制造企业的生产性环节转向技术研发、创新以及智能产品消费使用等环节。一般地，若将财政专项资金重点主要放在对企业生产智能化环节的补贴上，易导致企业将大量资金用于扩大产能，进而影响企业在研发和技术创新方面的资金投入，继而产生诸如产能过剩、技术创新能力不足等问题。因此，智能制造财政专项补贴应重点为积极开展智能制造技术研发创新、智能制造技术创新平台建设以及智能制造技术创新服务的企业提供必要的资金支持，对包括智能制造高层次人才、研发创新团队引进以及智能制造技术人才培训等提供相应的财政补贴，加大对具备较强研究能力的智能制造研究机构及优势企业财政补贴的力度，以激励制造企业积极进行、广泛参与智能制造的研发创新与产业发展。而将智能制造财政专项补贴转向消费者环节则是指将补贴从供给端转向需求端，即对购买诸如高效节能智能产品、新型绿色智能型家电产品等的消费者给予适当补贴和优惠，一方面刺激市场对智能产品的消费需求，另一方面可间接促使相关企业投入资金和精力进行高端智能化产品研发，进而推动制造企业的智能化升级与发展。

三是，深入推进智能制造首台（套）重大技术装备保险补偿机制。对购买、使用国内在产品原理、结构规格、技术参数等方面有重大创新或突破、拥有知识产权、尚未取得市场业绩的首台（套）或首批次诸如智能制造装备、高档数控机床、机器人等高端装备，以及控制系统、核心部件等的投保企业，由财政资金给予适当额度的保险补偿，充分利用财政资金杠杆作用，降低企业购买、使用风险，进而促进智能制造首台（套）重大技术装备研发创新成果的转化、应用以及市场认可度的提升。

四是，建立健全制造业智能化财政投入资金使用效益监督保障机制。如果对制造业智能化财政投入资金使用及财政补贴政策等的执行情况缺乏必要的监督，由于所有权、使用权和管理权的分离，财政投入资金使用效益也将难以得到保障，进而影响对制造业智能化升级的支持作用。为此，应建立健全制造业智能化财政投入资金使用效益监督保障机制，不断完善和优化制造业智能化相关财政补贴的政策、标准、法规、制度，有关部门应明确补贴条件、标准、申报流程、审核方式以及监督管理等内容；建立财政资金政策发布、申报、审批、立项、拨付、使用、验收等各个环节规范的跟踪审核与监督制度，重点对智能制造财政专项资金实行拨付前审查、拨付后检查、使用后核查，保证财政资金使用的规范、公开、透明。此外，还要拓宽监督渠道，对符合财政补贴条件的企业名单、补贴内容、补贴金额等相关情况向社会进行公示，通过设立并公开举报电话或网络举报受理平台，充分发挥社会监督的积极作用。对违规骗补企业可依据《财政违法行为处罚处分条例》等法规予以处理，并视情节轻重采取暂停或取消其申报的其他项目的补贴申请、取消补贴资格并依法追缴补贴资金、列入"黑名单"等限制性措施，确保制造业智能化财政资金使用的安全性与有效性。

2. 进一步完善和落实政府采购制度

政府采购政策作为一种极为重要的政策工具，在扩大新兴产业市场需求及推动先进技术产业化应用方面发挥着重要作用。因此，我国应进一步加快完善和落实推动制造业智能化升级的政府采购制度，充分利用《政府采购协议》（GPA）例外条款，加强对智能制造、"四基"发展、高端装备等制造业智能化转型升级关键领域创新成果转化应用及智能制造技术产业化的推广与支持。为此：

首先，加快完善和实施《政府采购实施条例》及相应制度，对纳入采购目录符合要求的智能制造的产品和服务，在一定价格允许范围内，优先购买与国外产品或服务具有相同或相近性能和水准的国产产品和服务，设定智能制造产品的强制购买比例，对列入首台（套）的智能制造重大技术装备产品实行政府首购制度。提高对中小企业智能制造创新产品政府采购预留份额及价格扣除优惠。支持智能制造工艺和智能制造产品的研发和应用，推动大中小制造业企业的智能化升级与协同发展。

其次，逐步、有序地适度开放我国政府采购市场。我国应从采购市场的自身需求及维护本国利益角度出发，坚持渐进、有序、适度开放的原则，在谈判进入GPA的过程中，对采购主体、客体、门槛、限额等方面在符合我国自身利益的基础上做出适当让步，在一定程度上有所开放。同时，在不违背GPA例外条款的前提下，我国还可以充分运用GPA中规定的例外条款和给予发展中国家的特殊和差别待遇，在政府采购中优先购买国产或自主研发的智能制造产品、系统等，如：对中小制造企业的智能产品进行保护性采购；对国防、健康、环保等涉及国家利益、社会公共利益的相关领域的智能产品及服务进行采购；对进入市场竞争前的智能制造基础研究、应用技术研究或共性技术开发等进行提前订购等等，进而保护和促进我国制造业智能化升级发展。

最后，建立和完善政府采购运行与监督管理的长效机制。为确保涉及智能制造等相关领域政府采购政策的全面落实，需要切实加强对政府采购活动的监督与管理，建立并完善多渠道、多层次的政府采购运行与监督管理机制。通过规范政府采购文件的编制、采购信息（包括采购项目、采购文件、采购预算金额、采购结果等）的公开以及规范招标程序、标准等，提高政府采购活动的透明度及公信力；推进政府采购电子化交易平台建设，在线实行采购信息发布、招标文件获取、投标、开评标、采购结果发布等政府采购管理各环节操作的"一网通办"，进一步减少采购过程中的人为干预，提高政府采购的便捷性及效率，在此基础上通过对在线采购活动实施全过程在线监督管理，实现对政府采购全过程的可查询、可追溯以及可监督；强化内部控制管理，加强制度约束，严格杜绝政府采购过程中出现"暗箱操作""权钱交易""收受贿赂"或"索要回扣"等各种违法违规及腐败行为，充分发挥纪检监察和审计部门在政府采购工作中的监督作用，同时开辟社会监督渠道，广泛接受新闻媒体和社会公众的监督，维护政府采购活动的公开、公平及公正。

3. 继续深化实施有利于制造业智能化转型升级的税费优惠政策

税费政策对制造业智能化转型升级过程中的技术创新与转化、投资引资等方面都有着重要的影响。从技术方面，数字化、智能化技术是制造业智能化升级产品创新、制造技术创新、商业模式创新以及管理创新等的共性使能技术，而 R&D 经费投入以及从业人员水平是影响技术进步与创新的重要因素，采取适当的税费优惠政策，可以对激励制造企业积极开展智能技术创新、研发与应用活动，加大员工培训投入力度产生重要推进作用。而相应优惠的税费政策也有利于促进优良的投资引资环境的形成，吸引投资更多地向人工智能、智能制造产业等领域集中，进而推动整个产业资源配置与利用效率的提升。因此，政府需继续深化实施有利于制造业智能化升级的税费优惠政策，通过下调主要适用于制造业的增值税税率、提高研发费用加计扣除比例、取消对留抵退税的行业限制、调增出口退税率等一系列税费制度的改革，加大对制造企业智能化建设的支持力度，为制造业不断增强智能化转型升级的动力提供有力支撑。具体来说：

一是，采取分类实施、因地制宜的差异化税率政策。通过对制造业不同类型行业/产业或商品/服务制定实施不同类型的差异化税率，如：上调对高污染、高排放、高能耗的制造产业或产品征收的增值税税率；将高耗能、高污染产品纳入消费税征收范围；对高技术、战略新兴技术、高端装备的产品的出口退税率进行适当提高；而对节能减排、清洁能源、创新产品以及智能制造、高端装备、智能技术以及工业机器人等领域的行业及产品实施较低的增值税税率；鼓励和引导节能、环保、低碳等绿色产品消费，对购买节能环保、科技创新、智能产品等消费行为实施相对较低的消费税税率等，对制造业智能化升级的整体发展战略进行引导。

二是，进一步扩大税收优惠减免政策的范围。为切实降低工业企业网络化、智能化升级成本，除普惠式的税收优惠外，应进一步扩大税收优惠政策范围，对重点行业、重点领域采取更大力度的税收优惠减免政策，税收优惠也应从过去以区域优惠为主调整为以产业优惠为主，从以直接为主向间接为主转变，以促进制造业智能化升级平稳有序地进行。具体包括：实施普惠式制造企业研发费用加计扣除比例优惠政策，适当提高亏损企业研发费用加计扣除比例；对委托研发的企业，提高委托研发费用加计扣除的基数，允许委托方无法扣除时进行受托方部分扣除；扩大固定资产加速折旧税收优惠政策的适用范围，在符合政策的情况下，对全部制造业领域的企业新购进的固定资产以及专门用于研发的仪器、设备或以融资租赁方式增添的设备等允许加速折旧，同时简化固定资产加速折旧的适用条件；降低高端装备、智能制造、工业机器人等领域制造企业所得税税率，增大对使用节能环保技术、工艺、装备进行清洁生产、引进智能制造技术和装备以及开展工业机器人、3D打印等应用的制造企业税收优惠力度，如提高智能化高端技术和设备引进的税前扣除标准，压缩税收减免审批环节，加大智能制造等相关领域专利交易、技术转让所得减免企业所得税优惠力度等等，从而进一步调动制造企业进行智能化升级发展的积极性。

三是，加强对制造业企业污染物排放环保税的征收管理。替代排污费，对应税污染物（包括大气污染物、水污染物、固体废物、危险废物及噪声等）排放尤其是"三高一低"的制造业企业按"多排多缴，少排少缴、不排不缴"原则改征环保税，并且逐步扩大征税范围，积极推进试点示范和先行区建设，倒逼制造企业增强节能减排意识，主动进行技术创新，引进绿色能源，改进工艺设备，不断向绿色、智能化转型。

同时，应注重相关税收优惠政策的连续性、稳定性和协调性，通过灵活运用税额减免、税率下调、税前扣除、费用扣除、亏损结转、提取风险基金等多种方式，鼓励制造企业将资金更多用于研发投入以及智能化更新和改造，加快制造业智能化升级进程。

4. 加强对制造业智能化升级的金融支持与服务

制造业智能化转型升级需要金融的大力支持。针对制造业在智能化转型升级过程中实际金融需求的新变化，需着力落实金融支持制造业智能化发展的政策措施，善于抓住主要矛盾，用好金融工具，进一步加强金融机构与制造业企业在信贷、融资、租赁等领域的深度合作，既要有效满足制造企业对技术创新、产品开发等的融资需求，更好地缓解中小制造型企业的融资难、融资慢、融资贵现象，又要避免大量资金涌入以房地产、股市、贵金属为代表的虚拟市场造成"脱实向虚"矛盾，以切实发挥金融支持制造业智能化升级发展中应有的作用，从而为制造业智能化升级提供良好的金融支持与服务。具体来说：

首先，继续实施更加稳健中性的货币政策。坚持金融服务实体经济的原则，继续实施稳健的货币政策，加强对智能制造、工业节能环保与减排以及绿色低碳循环经济等领域的支持力度。针对制造业企业较为普遍的"短贷长用"和"频繁转贷"现象，采取定向降准、调整监管考核，如将制造业中长期贷款资金支持计划纳入对银行等金融机构的考核等方式，适当引导金融机构增加对制造业的中长期融资；通过开展定向中期借贷便利（TMLF）、抵押补充贷款（PSL）等业务实现对制造业中长期贷款的精准投放，切实加强和提高对制造业智能化技术创新与改造以及智能制造装备（如：新型传感器、智能化仪器仪表、工业机器人等）领域的突破发展与应用推广等方面资金支持的质量。同时，还需要通过综合运用短期流动性调节工具（SLO）、常备借贷便利（SLF）、中期借贷便利（MLF）等多种货币政策工具，加强预调、微调，保持流动性水平的合理适度以及货币市场的稳定运行，为制造业智能化升级提供稳定而可靠的资金渠道。

其次，积极稳步推进利率市场化改革，进一步推动中国的利率市场化进程。利率市场化改革主要包括金融机构利率形成方式的市场化以及央行利率调控方式的市场化两个层面，其实质就是要通过价格机制发挥市场在金融资源配置中的决定性作用。基于市场驱动制定货币利率政策，让金融机构可以自主决定利率水平，通过利率调整方式，引导金融资金更多向制造业倾斜，破解制造业融资难题。因此需要进一步完善存贷款利率定价机制，着力提升贷款端的利率市场化的程度，引导银行贷款利率定价从贷款基准利率转向贷款市场报价利率（LPR），由金融机构根据商业原则自主确定贷款利率水平及合理的浮动区间，同时鼓励商业银行对小微企业按照"保本微利"原则进行贷款利率定价，从而满足不同规模、不同阶段制造业企业智能化发展的融资需求。此外，由于制造业中长期贷款期限长，本身利率就偏高，因此在制造业相关中长期贷款规模上行的情况下，如不能有效降低银行负债成本，存量贷款的成本也将难以进一步得到降低。由此，在加快存量贷款定价基准切换至 LPR 的同时，还要进一步引导 LPR 下行，如通过降准、降息等方式压低负债成本，降低制造业综合融资成本。总之，积极推进利率市场化改革使利率真正地反映出资金的供求关系和市场资金借贷成本，让投资者承担真正的投资风险和成本，才能有效提升金融服务制造业智能化升级的意愿与能力，从而抑制低效投资，更好地发挥金融支持制造业智能化升级资金的使用效率。

第三，进一步优化信贷金融服务，为制造业智能化发展营造良好融资环境。围绕金融服务实体经济，建立起覆盖制造业全生命周期的金融产品及服务体系。为此：一是，在加强金融监管的同时大幅度放宽银行、信托等金融服务的市场准入。在现有机制下支持具备一定能力符合交易所上市条件、发展前景好的制造企业在主板、中小板、创业板、新三板以及境外资本市场等上市和挂牌融资；同时，在不降低门槛的前提下，对智能装备、智能技术以及工业机器人等智能制造重点领域企业首次公开发行股票（IPO）、发行企业债、公司债、中期票据以及新三板挂牌、兼并重组等开辟绿色通道；支持符合条件的大型智能制造龙头企业建立企业财务公司、金融租赁公司等金融机构，以拓宽制造业直接融资渠道；逐步放开银行、信托等金融服务的准入管制。二是，大力推动中小微金融、科技金融、互联网金融等新兴金融业态的发展，积极搭建"信用+融资"对接平台，支持银行、保险等各类从业机构相互合作形成融资、信贷等信息的共享，通过强化信息披露来缓解信息不对称下制造企业特别是中小民营制造企业的信贷融资约束，进而能够更高效地调动和配置资金资源满足制造业智能化升级的融资需求。三是，积极发挥政策性金融、商业金融及开发性金融的优势作用，依托"一带一路"倡议，推动国家开发银行、中国进出口银行等国家政策性金融机构支持有实力的智能制造企业积极开展海外并购、股权投资、创业投资，建立海外研发中心、联合研究中心、科技合作基地等国际合作业务，鼓励智能制造科技企业"走出去"；积极推动创业投资引导基金、产业投资引导基金、天使投资引导基金以及其他各类基金等金融资本进入智能制造领域，对制造企业智能化升级过程中的技术更新与改造、购置工业机器人、高档数控机床、增材制造装备等智能制造装备、引入智能化生产线和智能化制造系统以及智能制造关键技术的研发创新、成果转化与市场开拓等进行重点支持，从而为制造业智能化升级发展给予更多资金支持。四是，激发保险功能，鼓励保险机构进一步发展制造业企业的财产保险、科技保险、专利保险、安全生产责任保险等相关保险业务，并积极探索开发适合制造业智能化发展的制造业贷款保证保险、贷款保证保险、信用保险、重大技术装备保险等保险产品和服务，支持保险机构投资制造业企业发行的优先股、并购债券等新型金融工具，鼓励有条件的保险机构投资设立制造业保险资产管理机构，发起设立支持制造业智能化转型升级的债权计划、股权计划和股权投资基金等金融产品，增强企业信心，为制造业智能化升级提供全方位的风险保障。五是，支持银行、基金、保险等各类金融机构积极创新金融产品和金融服务，加快研发一批适合制造业智能化升级技术创新、产业突破、平台构建以及创新成果产业化等的新型金融产品、工具、业务以及服务，鼓励和引导银行等金融机构推出诸如买方信贷、设备按揭、智能制造专项贷款等专属融资产品，对制造企业智能化升级给予一定的信贷倾斜，鼓励制造企业、保险公司、银行、融资租赁公司积极探索融资租赁、联贷联保、动产融资等创新型融资方式，拓宽融资渠道。

5. 吸引更多社会资本参与构建制造业智能化升级多元化投融资体系

制造业实施智能化转型升级，进行技术研发、创新及产业化应用过程中需要大量的资金支持，仅仅依靠政府的资金投入则难以完全满足制造业智能化升级的资金需求。另一方面，由于缺乏好的投资项目或投资渠道，大量社会资本闲置或很多企业手里并不缺钱，大量社会资本闲置或低效运转而无法得到合理利用。因此，应进一步完善和优化制造业投融资模式，通过政策引导，鼓励社会资本投入先进制造业，积极参与智能制造项目建设、智能化改造升级，进而构建制造业智能化升级多元化的投融资体系。具体而言，可以通过综合运用政府引导基金、政府和社会资本合作（PPP）及"政产学研金介"等方式吸引社会资本参与制造业的智能化升级发展。一是，利用政府信用，由政府出资设立智能制造技术研发与产业引导基金，借助政府财政资金杠杆作用，引导更大规模的社会资本参与智能制造领域投资，尤其对于那些创新能力较强的智能制造高成长企业和初创企业，通过财政手段与市场化方式相融合，大幅增加创新、创业投资的资本供给规模，一方面为有发展潜力的企业开展智能制造技术研发提供资金保障，另一方面也可有效降低智能制造初创企业的创业风险；二是，大力推广政府和社会资本合作（PPP）模式，进一步调动社会资本参与到工业互联网、人工智能、物联网、5G等新型基础设施建设中，并加强与国家智能制造项目的对接，争取国家配套建设资金，通过重要的基础设施和底层技术的转型升级，为制造业智能化升级提供融合基础设施；三是，鼓励构建"政产学研金介"合作平台，即搭建融合政府、企业、研究院所、金融机构、科技中介机构五大主体的互联网平台，以合作平台为纽带，在政府政策的引导下充分发挥财政资金、社会资金以及金融机构的资金供给作用以及科技中介机构的信息支持服务作用支持企业、高校以及科研机构协同推进智能制造技术研发、系统集成创新与产业化应用，加快关键核心技术、共性技术攻关，突破关键核心技术供给瓶颈，带动制造业的智能化升级发展。

## 8.3 努力营造制造业智能化发展的良好环境

在以数字化、网络化、智能化为主导的新一轮科技革命驱动下，3D打印、工业互联网、大数据、物联网等技术与制造业的深度融合正引发制造业技术体系、生产组织模式、组织形态等的重大变革，也给我国新一轮产业结构的制造业转型升级、创新发展带来重大机遇。当前，在我国已经有能力并行跟进这一轮工业革命和产业变革的情况下，准确把握新一轮产业结构调整和科技革命驱动产业升级的规律，在构建智能制造公共服务体系、智能制造标准化体系建设、智能制造应用试点示范建设、营造公平竞争的市场环境、健全知识产权法律保护等方面为制造业智能化升级营造良好的法律、政策与制度环境，以制造业智能化发展引领我国新经济新动能持续增长和高质量发展的关键。

1. 加快构建与制造业智能化发展相匹配适应的公共服务体系

制造业的智能化升级发展需要市场与政府的有机结合，产业政策则是实现二者结合并将它们的作用控制在适当范围内（即兼顾市场与政府的平衡）的重要工具。过去，中国实施政府主导下的工业化战略，以选择性的产业政策来主导资源的配置和产业发展方向，抑制了市场本身机制的作用。随着中国特色社会主义市场经济的建立与发展，市场配置资源的功能与条件已逐步形成并不断完善，围绕供给侧结构性改革主线，加快推动制造业从数量扩张向质量提高的战略性转变，我国产业政策也应适时做出调整，即从差异性、选择性政策向普惠性、功能性政策转变，通过建立和完善市场与政府的公共服务体系支持制造业数字化智能化转型升级高质量发展。具体而言：

一是，坚持"软""硬"并重，加强服务于制造业智能化发展的"硬环境"基础设施以及以大数据为核心的信息"软环境"建设。为此，一方面需进一步加快服务于制造业智能化发展的泛在感知网络以及基础网络建设，实现包括4G网络在内的信息传输网络更大范围的覆盖，积极推进5G网络等新基建建设，加快制造企业内部统一无线网络构建，为制造业推进智造升级过程中将分布广泛、零散的人、机器和设备之间实现互联互通和远程交互，并进一步打通设计、采购、仓储、物流等环节提供全面支撑；另一方面，要加快制造业大数据平台建设，推动工业大数据技术和方法在制造业的推广及应用，支持制造业积极开展企业级大数据基础平台建设，推进制造企业采用分级存储的方式建立数据仓库和数据湖以及企业生产数据池等，在企业层面统一数据模型，构建企业自身的大数据环境，并逐步和系统地将数据基础架构向云端迁移，在此基础上通过网络间互联互通、云间互联实现跨平台的数据共享与分析，进而形成统一的工业大数据资源共享体系。此外，还应进一步优化目前作为我国智能制造产业重要承载地和孵化器的智能制造产业园区、示范区等生产区与生活区的空间布局，鼓励园区建设、使用多层标准厂房、下沉式厂房等，在完善园区内水、电、路、网、气、通信等公共基础设施建设的同时，加强必要的教育、医疗、卫生、交通、住房、文体、商业等配套生活服务设施建设，满足企业所需的生产和生活和需要。

二是，建立健全智能制造公共服务平台。积极搭建智能制造公共技术服务平台，进一步降低企业特别是中小企业、初创企业等发展智能制造的技术门槛和成本，引导和帮助企业加速推进智能化转型升级；推进智能制造公共信息服务平台建设，针对不同地区、不同行业企业智能化升级发展的差异化需求，充分利用市场机制，通过跨企业、跨行业、跨地区等公共信息服务平台建设，有效整合技术供需信息、政府公共信息、交易信息等信息资源，为智能化升级供需双方打破技术、地区、行业壁垒，实现信息互通共享以及更加高效的对接提供支撑；支持高校、科研机构与企业合作，共同构建"产学研用"紧密结合的智能制造协同创新平台，鼓励各创新主体共同参与智能制造基础共性、关键技术以及智能装备、工业机器人等的研发创新，加速推动技术创新成果的标准转化以及智能制造技术成果的转化与应用推广；支持集研发设计、智能物流、标准验证、软件开发、大数据分析、支付结算、供应链金融等各类别服务商以及智能制造产业协会、行业协会等服务机构为一体的多元综合性服务平台建设，通过整合各类服务资源为制造业智能化升级发展提供全面综合的服务。

三是，推动政府职能转型，提高政府的公共服务效率。积极稳妥地推进政府角色、职能和管理理念的转变，通过精准放权、协同放权和有序放权加速推动政府管理模式创新；最大限度地精简行政审批事项，简化行政审批手续，减少办事环节，优化办事流程，从而提高行政办事经济运行效率，为制造业智能化升级发展营造优质、规范、高效的政务服务和环境保障；强调政府引导和市场机制相结合，坚持产业为先，在遵循市场规律的基础上，充分发挥市场在资源配置中的决定性作用，突出和强化企业在制造业智能化升级进程中的主体地位，充分调动企业数字化、智能化转型升级的积极性和创造性，释放市场活力，加强政府对制造业智能化升级的战略引领、规划引导以及政策支持，更好地发挥政府作用，通过持续增强政府市场监督、公共服务职能，不断推动管理型政府向服务型政府的转变，进而为制造业智能化升级创造公平公正、健康有序的竞争发展环境。

2. 加快推进智能制造标准化体系建设

制造业智能化升级是一项庞大、复杂的系统工程，既包括贯穿于企业设备层、控制层、车间层、工厂层以及管理层等不同层面的纵向集成，也包括跨企业价值网络以及基于价值网络连接的制造业产业链的横向集成，此过程需要信息系统、生产制造系统、智能分析系统、自动化控制系统在研发设计、生产制造、销售服务、物流配送等环节的协同互动，标准的制定是智能化发展过程中各类跨平台、跨系统整合、集成与应用必不可少的基础。标准化不仅可以为智能制造系统互联互通、信息融合提供保障，更是智能化装备和产品、智能制造系统以及智能制造技术等的研制、规模化应用和产业化的关键。此外，规范化的术语和定义还可以帮助智能化升级各参与方进行沟通与交流，从而实现整个产业的紧密合作。

目前，虽然我国在智能制造顶层框架设计以及传感器、工业机器人、物联网、云计算、大数据等智能技术标准制定方面已经取得明显进展，但仍存在一些较为突出的问题。如：在顶层设计方面，我国虽已构建了智能架构体系，但与发达国家相比过于具体化，体系化和系统化程度还有所欠缺；在智能技术标准方面，由于缺乏关键技术标准，不同企业、不同产品、不同系统存在着兼容性较差的问题，难以实现系统无缝对接和集成等等，标准化工作还不能很好地支撑和引领制造业智能化发展。因此，随着制造业智能化升级的深入发展，应进一步加快相关标准的制定和修订、试验验证以及示范应用推广等工作，在总结和学习德国4.0标准化路线图以及美国先进制造和工业互联网标准建设等先进理念的基础上，结合我国智能制造发展的特点，整合标准化研究主体和资源，积极推进智能制造标准化体系建设，以适应制造业智能化升级的实践需要，在为积极开展智能化升级的制造企业提供技术、网络以及设备标准的同时，进一步提升我国在全球制造领域的竞争优势。

首先，加强智能制造标准化工作的顶层设计和统筹规划。标准化是智能化的重要技术基础。2015年，工业和信息化部、国家标准化管理委员会共同组织制定了《国家智能制造标准体系建设指南（2015年版）》。以此为基础，按照建立的标准体系动态更新机制，2018年10月12日《国家智能制造标准体系建设指南（2018年版）》（以下简称"指南"）修订完成，指南为我国智能制造标准化工作，解决标准缺失、滞后、交叉重复等问题起到了积极的指导、规范、引领和保障作用。由此可以看出，标准体系的构建并非一朝一夕之事，不仅需要加强顶层设计，即从国家层级构建统一、完整的智能制造顶层参考框架，还需要根据技术、产业发展的新趋势和新需求不断进行调整、改进和完善，逐步建立起先进适用的智能制造标准体系。要做好统筹规划，依据指南在围绕基础共性、关键技术以及行业应用等方面强化国家标准和行业标准的制定和修订，持续完善智能化标准体系的同时，聚焦与智能化相关的物联网、人工智能、智能装备、机器人、工业互联网、大数据、云计算等重点领域，大力推进跨行业、跨领域标准体系建设有序、成体系地开展。要加强智能装备、智能技术以及工业机器人等重点领域的标准体系和标准化管理体制；基础、安全、管理、检测评价和可靠性等基础共性标准；智能制造重点领域急需的智能装备、智能工厂、智能服务、工业软件和大数据以及工业互联网等各项关键技术标准；新一代信息技术、高档数控机床和机器人、生物医药及高性能医疗器材、电力装备、航空航天设备、先进轨道交通装备、海洋工程装备及高技术船舶、节能与新能源汽车、新材料、农业机械装备等重点行业标准；智能产品相关标准、智能工业软件以及智能工业电子产品统一的系统集成、测试测评规范；以及智能制造重点领域（智能装备、智能技术、工业机器人）监测评估、远程运维标准、智能制造能力成熟度模型等的研究制定和试验验证等工作，进一步提升标准体系对制造业智能化转型升级、产业价值链延伸及产业生态系统构建的整体支撑和引领作用。

其次，实施智能制造标准的国际化发展战略，推进我国智能制造标准国际化。强化标准国际化整体推进，建立紧密有效的国际标准制定过程跟踪机制，及时跟踪研究国际标准发展的新动态、新趋势，积极参与国际标准化组织的活动和议事决策，在标准尚未定型、用户尚未锁定的物联网、大数据、云计算、人工智能、工业互联网、量子计算、新能源、新材料等领域提出更多国际标准提案，积极承担国际标准化组织职位，例如：技术委员会/分技术委员会主席/副主席、秘书，工作组/特别工作组召集人/联合召集人、秘书，研究组/特别研究组召集人/秘书，编辑/联合编辑等等。进一步加强与相关国家和地区间在智能制造国际标准化工作中的交流与合作，推动国际标准的共商共建共享，与美国、德国继续开展工业4.0和工业互联网等领域的标准信息交流，借助中德智能制造/工业4.0标准化工作组和中美制造/工业互联网合作平台，一方面，学习借鉴先进制造业国家经验，另一方面在不断学习与借鉴中提高我国智能制造标准研究和制定的能力，进而通过自主知识产权技术标准的输出逐步主导国际标准。加快推进国际标准与国内标准的相互比对、认可、转换及采用，促进标准体系互联互通，从而推动先进适用的国际标准和国外先进标准在我国的转化应用以及中国标准在海外的推广应用。

最后，充分发挥企业、科研院所以及行业组织在标准制定中的重要作用，支持和鼓励企业、科研院所以及行业组织共同组建智能制造重点领域标准制定联盟，产学研用相结合协同推进工业产品互联互通的标识解析、数据交换、通信协议等标准研发与制定；充分发挥企业和行业组织的作用，鼓励和支持具备相应能力的行业协会等社会团体协调相关市场主体共同制定满足市场和创新需要的团体标准，并予以必要规范。坚持以企业为主体、市场为导向，从智能制造体系架构、应用结构以及技术实现等方面开展智能制造产品、技术和服务标准创新项目研究；鼓励和支持骨干企业、科研院所、行业组织等主导或实质参与国际标准制定、修订及相关活动，争取在国际标准制定中赢得更多话语权和主导权；推动政府主导制定标准与市场自主制定标准的协同发展与协调配套。

此外，还需要加大对智能装备、智能技术以及工业机器人等智能制造重点领域标准的宣传力度，加强重点行业智能制造标准的试验验证和推广应用；多渠道、多层次、多形式地开展智能制造基础共性标准、技术标准、重点行业标准的宣传贯彻工作，通过培训、咨询服务等市场化手段加强对标准应用主体的宣传与解读，同时还要建立有效的监督检查工作机制，从而促进和保障智能制造国家标准、行业标准等的有效实施。

3. 扩大制造业智能化应用试点示范范围

组织开展制造业智能化应用试点示范工作不仅可以为制造业智能化升级创造有利的生态环境，而且能够充分调动制造业智能化转型的积极性和主动性，进而促进制造智能化新业态、新模式、新技术的大规模广泛应用和推广。制造业智能化相关的应用试点示范工作主要包括了应用试点示范企业与项目的遴选以及应用试点示范企业与项目的推广两个方面。我国自 2015 年智能制造试点示范工作启动以来，截至 2018 年已遴选出 305 项智能制造试点示范项目，2015—2018 年各年遴选的智能制造试点示范项目数量分别为 46 项、63 项、97 项以及 99 项，覆盖行业类别达到了 92 个①，在推动产业协同创新、促进技术关键领域突破、推进产业智能化转型升级等方面取得了积极的成效。因此，我国应持续推进智能制造应用试点示范工作，扩大应用试点示范企业与项目遴选范围，除传统汽车、机械、电子、食品、家电、纺织服装等制造业产业外，进一步加大智能驾驶、机器人、新能源等战略性新兴领域相关项目遴选，从而面向重点领域和行业开展智能制造单元、智能生产线、智能车间和智能工厂等的集成创新与应用示范，推进离散型智能制造、流程型智能制造、网络协同制造、大规模个性化定制、远程运维服务等智能制造新模式试点示范。同时，制造业智能化应用试点示范工作不能仅停留在应用试点示范企业与项目的遴选环节，还应将智能化应用试点示范企业和项目的新技术、新产品、新模式、新思路以及优秀行业解决方案等向其他制造企业进行推广，积极组织和开展关于智能化应用试点示范企业和项目案例的交流分享会，组织企业参观智能化应用试点示范企业并进行先进经验的交流与学习。通过在智能化升级试点领域率先突破，典型示范引领，形成一批可复制、可推广的先进经验和典型成果，并对试点示范典型经验不断加强挖掘和宣传推广，充分发挥智能化应用试点示范效应，以点带面，以点促面，推动制造业的智能化升级。

此外，我国还可将在行业层面推广智能工厂和在区域层面推广智能化制造体系作为制造业智能化应用试点示范工作的重点。在行业层面开展智能工厂试

① 陈后润 . 2018 年中国智能制造政策及试点示范项目汇总分析［EB/OL］. 前瞻网，2019-05-24.

点示范，可首先在汽车、机械、纺织、机床等重点行业试点建设"数字化车间"和"智能工厂"，并按照"智能生产单元—智能生产线—数字化车间—智能工厂—智能制造系统"的层级逐级推进；同时，积极开展装备智能化升级、工艺流程再造、数据共享、远程诊断维护以及智能化改造等应用试点示范工作，并且在应用试点示范推广工作过程中总结规律和经验，探索形成不同类型的示范模式。在区域层面推广智能化制造体系，可建立优势产业集群智能化升级试点示范，通过产业集群试点示范区域内制造业企业的智能化升级改造，推动区域内产业链上下游企业间开展网络化协同研发、供应链协同管理、网络化制造、协同制造、云制造、共享制造等新型智能化制造模式，进而在有典型示范牵引作用的集群试点的辐射带动下，推进区域层面跨企业的智能化生产制造体系的进一步完善和升级。

4. 积极营造良好的技术创新环境

数字化、智能化技术创新发展是制造业实现智能化升级的重要保证，其对制造业智能化升级产生的积极作用主要体现在：一是，通过运用新技术、新工艺、新设备对现有技术、生产工艺、设施的升级改造、更新以及技术创新成果的规模化应用改善产品性能，丰富产品功能（如智能互联产品），从而提高产品附加值；二是，通过研发高性能低价格的新材料、新能源，开发节能高效的能源设备和节能降耗新工艺、技术，降低能源使用成本、提高能源利用率、减少污染排放，进而实现清洁生产和绿色制造；三是，新技术、新工艺的广泛应用能够降低生产成本，提高生产要素配置效率，进而促进制造业劳动生产率的提升。由于当前我国面向制造业的技术创新环境仍存在着产业技术创新动力不足、以企业为主体的技术创新体系不完善、技术引进消化吸收再创新能力有待提高等一系列的问题，因此亟须结合制造业智能化升级发展的趋势和特点以及我国制造业技术创新实践需求，进一步加强创新环境建设，积极为制造业智能化升级营造鼓励技术创新、遵循市场规律、宽容失败的良好技术创新环境，为持续推进我国制造业"创新驱动、升级发展"提供有力支撑。

一是，充分调动制造企业进行自主创新的积极性和主动性，促进制造企业真正成为技术创新的主体。因此，建立和健全以创新为导向的激励机制，通过改革要素价格形成机制、动态调整企业考核指标以及整合、压缩和淘汰过剩产能等方式引导制造企业加大技术创新研发投入，充分激发企业作为技术创新主体的动力和活力，进而推动制造企业由消极、被动创新转变为积极、主动创新；支持广大中小企业开展智能制造技术研发创新，鼓励有条件的中小制造企业建立企业技术中心，对符合相关规定条件的中小企业进行技术创新、技术改造或新产品开发的研发费用进行税前加计扣除，发挥财政资金引导作用，通过设立财政奖补资金，运用财政补助机制激励中小企业建立研发准备金制度，一方面支持企业有计划、持续地增加研发投入，另一方面也可为企业通过自主立项先行组织开展研发活动提供投入资金，从而以多种途径充分激发中小企业的创新活力；进一步完善科技创新开放合作机制，加强协同创新网络建设，建立有效的风险分担机制、补偿机制和利益共享机制，引导制造企业采取多种方式和途径与科研院所、高等院校间基于"共同投入、共担风险、共享成果、共享利益"原则开展合作研发与创新，促进产学研用的紧密结合与均衡发展，围绕智能制造重点领域广泛组织共建产业技术创新联盟、区域创新联盟、专业技术创新联盟、新兴技术创新联盟等协同创新共同体，协同推动智能装备、技术和产品研发创新；推进规模以上大中型工业企业研发机构全覆盖，引导支持已经设立专职研发机构的工业骨干企业创建智能制造省级以上重点实验室、工程（技术）中心、工程实验室、企业技术中心，支持企业承担国家重大科技攻关、重大设备研制和技术攻关、科技创新基地建设等任务，加强企业研发能力建设，以产业需求为导向，鼓励和支持制造企业引进创新成果进行技术改造，加快智能制造科技创新成果转化与市场应用；进一步深化智能制造科技创新领域的交流与合作，广泛开展国际科技合作，加速融入全球科创网络，加强国际科技合作创新平台/基地建设，并以此为基础建立稳定的国际科技开放创新机制，全方位提升国际科技创新合作的层次与水平。

二是，加强基础共性技术和产业前沿技术研发。首先，要持续加大对基础共性技术及面向行业的前沿技术、竞争前技术的公共投入，围绕重点行业智能化升级的重大共性需求，组织建立基础共性技术研发机构、工业技术研究基地。在机械、电子、食品、冶金、纺织、化工、建材等产业集中度不高，竞争较为激烈的行业，可选择一些具备较强研发与创新能力的转制院所，通过体制机制创新分离院所中从事基础共性技术研究的部门与人员共同参与构建共性技术研发平台与创新基地；在航天装备、轨道交通装备、航空装备、石化等产业集中度较高的产业，可以通过整合各行业内龙头制造企业的技术研发与创新机构来共同建立基础共性技术研发平台与创新基地；在新一代信息技术、增材制造、新材料、智能制造、生物医药等战略性新兴产业，则可选取高校或科研机构的各类技术研发中心共同组织构建国家级前沿技术研究中心，积极开展智能化关键共性技术和前沿技术研发与创新，大力推进技术研发创新成果的转移与扩散，加快创新成果大规模商业化应用进程。其次，加强和完善基础共性技术服务平台建设。围绕制造业智能化领域基础、关键共性等方面的技术需求，进一步完善专业化基础共性技术综合服务平台建设，在为有智能化发展需求的企业提供信息咨询检索、技术咨询、技术转让、技术服务、专利保护咨询与对接、科技成果评价等服务的同时，也为企业寻求合作伙伴以及企业间交易项目的受理与评估等提供管理与服务，在平台建设过程中应鼓励企业、科研院所以及各类协会的共同产业参与；在此基础上，进一步地推动相关公共技术服务平台的集成，进而实现全国范围内的技术共享与服务共享。

5. 营造公平竞争的市场环境

竞争是激发企业创新、保证竞争力持续发展的重要环境因素。而竞争环境不公平，企业创新活动得不到应得的回报，会严重阻碍和限制企业的创新行为。例如，地域、所有制、规模等差异使得企业在发展空间、资源获取等方面受到有形或无形的限制；以往，我国出台的促进创新政策文件也是更多地考虑各种计划和项目，在产业政策方面则具有明显的选择性政策特征等。这些机会不平等、规则不平等现象的存在以及过多地以政府代替市场进行技术选择、产业选择、企业规模选择，不仅限制了市场自身的优胜劣汰机制的发挥，还极大地降低了资源配置效率。消除阻碍市场竞争的各种不利因素，建立公平竞争的市场环境，是激发制造企业创新活力和智能化升级动力的重要前提和基础。为此：

一是，推进产业政策的转型创新。要加快推进中国制造业的智能化升级，实现高质量发展，应在总结以往产业政策经验和教训的基础上，根据制造业智能化升级发展的新变化、新趋势和新任务，不断在产业政策内容、手段等方面进行调整和完善，推进产业政策由针对特定区域、企业、产品、技术、工艺等选择性、特惠式政策向针对激励创新、促进公平竞争、重点扶持中小企业、发挥市场机制在资源配置中起决定性作用等的普惠化、功能性政策转变。在工业领域减少产业政策干预性，即以"少而准"的原则转变和减少产业政策内容，对于市场竞争环境下发展较好的行业主动减少政府干预，而对处于初创期或培育期的战略性新兴产业或诸如工业机器人核心部件、增材制造装备等重点行业则在政策上集中力量进行扶持。加强不同政策的统筹兼顾，推进生产制造环节智能化发展的产业政策与研发、设计、物流、营销等制造业产业链各环节均衡发展产业政策并重，进而加快覆盖制造业全生命周期的政策体系的构建。基于产业发展水平的不同以及不同的层级特点形成差异化的产业政策支持，对一些已经达到国际先进水平甚至国际领先水平的产业，制定和执行政府采购政策，对追赶型产业，制定支持和鼓励技术引进、研发创新政策，对于成熟型产业，制定和出台鼓励和支持优质企业"走出去"的政策；同时，针对"国家—省—市—县"不同层级特点进行适当分工，按照国家层面以保证整体发展战略为核心的战略性新兴产业政策，省、市层面以保持区域竞争优势为主的区域性主导产业政策以及市县级层面以引导特色产业发展为主线的地方性特色产业政策分层制定和实施不同的产业政策，并分层次、分类别、分步骤有序推进。此外，还应充分考虑到制造业智能化升级过程中可能面临着未来诸多的不确定性，因此在前端相关产业政策制定和实施基础上，还应强化后端政策执行过程的跟踪、评估与动态反馈，以便及时对相关政策进行调整优化，进而构建起"制定—执行—跟踪—评估—反馈—调整"的灵活、动态的政策体系。通过产业政策的精准化与精细化确保各类智能化升级主体能够平等有效地获取政策机会并受益。

二是，加快推进市场准入。制造业智能化升级发展需要长期的技术积累与沉淀，因此，我国在推进制造业智能化升级实现产业高质量发展的过程中，除了在顶层设计、试点示范以及标准化体系建设、技术研发投入等方面给予更多支持与倾斜外，在一定程度上还需要借助外来资本积累发展智能化升级所需要的技术。因此，加快制造业特别是高端制造、智能制造的对外开放，进一步放宽市场准入，不仅有利于促进市场竞争，也有利于推进核心技术突破。对外进一步开放制造业，鼓励和支持外资更多地投向高端制造、智能制造、绿色制造等制造领域，并全面实施准入前国民待遇加以市场准入负面清单为核心的市场准入负面清单管理制度，以营造公平竞争环境和构建统一市场准入规则。围绕制造业智能化升级需要，积极引导外资布局智能制造、机器人等领域公共服务和创新平台构建，数字化车间、智能工厂建设及前沿引领技术研发应用等领域。全面放开一般制造业，并在集成电路、新一代信息通信技术产业、数控机床及工业机器人、航空航天装备、节能与新能源汽车、智能汽车关键零部件、海洋工程装备及高技术船舶、新材料、生物医药及高性能医疗设备等领域逐步放宽或取消外资经营范围限制。

三是，培育和规范市场环境。加快完善规范市场行为的法规体系，有效规制滥用市场支配地位的行为，保障不同地区、不同规模、不同所有制的制造企业依法能够公开公平公正参与竞争、平等使用各类资源要素、享有同等权利、享受同样的政策优惠、受到同样的法律保护，防止地方政府为本地企业提供不正当的行政保护，如特定的优惠与补贴政策等。严厉打击各种不正当竞争、限制竞争和垄断行为，进一步完善反垄断法律制度体系，防止行业行政性垄断、部门行政垄断、地区行政垄断等行为，并不断完善反垄断审查机制，营造充分竞争、有序竞争的市场环境。同时，进一步强化规范管理，加快培育针对制造业智能化升级的解决方案供应商，认真执行《智能制造系统解决方案供应商规范条件》，切实规范供应商市场行为，提升供应商服务质量，建立标准化的服务流程，促进市场公平竞争和良性健康发展。

6. 加强知识产权保护与运用

在新一轮产业国际竞争中，制造业智能化升级无疑已成为我国制造业实现高质量发展的主攻方向，要实现制造业智能化升级则离不开技术创新的支持，只有持续不断地进行技术创新，并加快科技成果转化应用，才能更好地促进制造业智能化升级发展。《中国制造2025》也明确提出要加强关键核心技术攻关，切实提高重点领域和关键环节的自主创新能力。但是如果创新主体的研发成果得不到相应的保护，导致研发投入无法收回，久而久之将必然导致创新动力的丧失。因此，知识产权保护作为自主创新的重要环节。知识产权制度能够对需要公开的技术进行合理安排以及对技术利益主体进行独占性的保护，在合理安排技术资源使用范围的同时，还能够保障创新主体的利益，进而激发创新主体进行新的创新与研发活动的动力和积极性。可见，作为自主创新的重要环节，加强知识产权保护是我国制造业加快研发具有自主知识产权的核心技术、提高关键领域自主创新能力，推进数字化转型和智能化发展的重要保障。近年来，我国知识产权保护工作取得了积极成效，但仍存在着知识产权保护体系尚不够完善、新领域新业态创新成果知识产权保护有待加强、知识产权运用平台建设有待强化等一系列的问题。因此，随着我国制造业智能化升级步伐的不断加大，以"产业导向+协同保护+需求牵引"为核心，构建与智能制造导向与产业智能化升级需求相匹配的知识产权战略布局，不断加强智能制造领域知识产权、创新成果保护力度以及知识产权交易平台建设，才能不断激发创新活力，进而为全面推进制造业智能化升级发展提供重要的支撑。具体地：

一是，要进一步完善智能制造领域知识产权制度。为此：首先，要对制造业的创新技术进行深入全面的调查，明确和分析智能制造领域相关知识产权的分类、保护现状以及存在的问题，在此基础上组织行业专家和政策制定专家共同制定完善符合实际的智能制造领域知识产权范围、标准、分类及保护规则等。其次，加强完善和补充现有的知识产权法律制度，增强专利法、商标法、著作权法、反不正当竞争法等法律法规之间的协调性，系统整合各个单行法，统一各个法条之间的标准，确保完善后的知识产权法律法规能够给参与创新的企业主体提供有效的知识产权保护。最后，加强知识产权行政执法与司法保护联动，不断完善行政执法与司法保护的"并行"运作的知识产权保护体系。知识产权行政执法与司法保护相结合是我国知识产权保护的一大特色，要对智能制造领域形成更加有效的知识产权保护，既需要依法全面履行政府职能，又需要充分发挥知识产权司法保护的主导作用，通过两条途径的优势互补、相互配合以及有机协调，实现两法的联动保护。为此，一方面，加强我国知识产权行政执法工作，完善跨区域跨部门的知识产权行政管理和综合执法机制，实现共享执法信息、联合办案、合作执法，不断改进行政管理机关的执法方式，积极推进行政执法队伍信息化、规范化、专业化进程，建立简易案件快审速裁机制提升行政执法效率，进而为开展创新的制造企业提供更便利的维权渠道和更高效的维权服务；另一方面，充分发挥司法保护在知识产权中的主导作用，应该根据现有国情、市场、知识产权新需求不断完善专利法以及相关法律，弥补现有的知识产权保护的空白，切实落实好知识产权法律法规的实施与执行，积极探索司法保护中涉及的审查技术、查明方式等辅助工具，并且要对知识产权行政机关依法进行合理审查与监督，进而为创新主体提供有效的知识产权司法保护。在此基础上，进一步做好司法保护与行政保护两者间的衔接工作，对于行政裁决与司法保护两者间交叉重复的部分，不断减少行政裁决的使用并逐步交由司法保护发挥在这一部分的作用，而对于司法保护存在空白的部分则利用行政裁决对其做一定的补充，通过两者相互弥补、分工协作，为创新主体提供更好的知识产权保护；同时，充分发挥行政调解减少协商成本、在法庭解决问题纠纷等优势，完善行政调解、行政和解、行政裁决等制度，积极运用行政调解手段化解纠纷、解决争议，并进一步推行知识产权纠纷行政调解司法确认机制。

二是，进一步加强对涉及高端装备制造、智能制造等重点发展产业创新成果（新技术新产品）保障制度建设。抓紧完善对涉及节能环保，物联网、大数据、人工智能等新一代信息技术，新能源，新材料以及智能制造等新领域的技术创新成果或者产品的保护制度，加强对这些领域专利、商标、著作权、软件、集成电路布图设计等的知识产权保护。设立专利惩罚性赔偿机制，加大对恶意侵犯专利权的打击力度，对法定赔偿和惩罚性赔偿做出区分，在引入专利惩罚性赔偿过程中要明确专利惩罚性赔偿的适用范围及相应的赔偿数额，同时还可以制定举报投诉奖励制度，鼓励被侵权者和社会各界对侵权行为进行举报投诉，并建立举报投诉快速反应机制，通过进一步加大知识产权司法保护力度，最大限度地维护权利人的合法权益。研究制定共享知识产权的团体专利制度，制定相应的专利产权共享方式规则与补偿办法，通过合理地公开、共享部分科技创新成果，促进智能制造科技创新成果的转化与应用，避免重复研究或不必要的知识产权侵权纠纷；同时，通过共享补偿机制对创新主体的创新成本进行有效补偿，从而促进智能制造科技创新协同的发展。

三是，加强各类先进制造、智能制造等技术和知识产权交易平台建设，充分发挥技术市场的作用。建立健全知识产权平台制度建设，进一步规范和引导知识产权交易平台建设，加强知识产权交易的指导和监督，从而为科技创新主体的技术、知识产权成果转让、运营以及投资运作等提供更好的综合服务。完善平台技术和知识产权相关交易规则和制度，积极探索开展专利许可权交易，并进一步简化交易程序，降低交易成本，以促进各类先进制造、智能制造等技术和知识产权成果通过市场进行转化，进而形成公开、公平、有序的技术和知识产权交易环境。加强对各类技术和知识产权交易平台的宣传推广工作，让更多相关人员（知识产权持有人、购买人和投资人等）、企业能够及时了解和掌握知识产权交易、运营等信息，进而促进更多人员或企业利用技术和知识产权交易平台进行信息共享、知识产权交易、运营、投融资等活动，使平台更高效地服务制造业智能化升级发展。

## 8.4　加强人才队伍建设

近年来，我国智能制造的发展在诸如智能家居及工业机器人等方面取得了较大突破，但仍然存在技术人才短缺的问题，因此，积极推进与制造业智能化发展需求相匹配的人才队伍建设，是破解制约制造业智能化升级发展人才"瓶颈"问题的关键。具体可以从人才培养、高端人才引进、建设智能技术和装备研发与创新团队以及设置人才激励制度等方面举措并全面加强人才队伍建设，为我国实现制造业智能化升级的高质量发展打造智力引擎。

1. 加快人才培养，为制造业智能化转型升级提供有力的人才保障

在人才培养方面，要加快培养制造业智能化升级进程中急需的各类中高级技术、技能、经营、管理人才，建立健全涵盖研发、生产、管理、营销等价值链各环节的人才培养体系，着力提高创新型、复合型、应用型人才培养质量，从而为制造业智能化升级提供人才保障和智力支持。为此：

一是，在政策上应鼓励和引导高等院校围绕制造业智能化升级发展的人才需求推进专业建设和课程改革，并给予高等院校一定自主权，以便其灵活设置与制造业智能化发展相匹配的学科专业。在专业建设方面：一方面可对原有学科专业进行调整，确立新的学科专业重心，基于原有专业培养学生掌握新的专业知识和发展新的专业能力，如数控技术专业不再是仅仅让学生学会使用和操作单个机器的，更要通过课程及实践教学培养学生具备对整个智能生产线设备的调试、维护、维修等能力；另一方面，根据产业发展需要，新增诸如智能科学与技术、人工智能、数据科学与大数据技术、智能制造工程、工业机器人工

程等与智能制造领域相关的学科和专业，通过专业培养相关人才以弥补人才缺口，并逐渐形成与制造业智能化产业布局相适应的学科专业布局。在课程改革方面，主要对智能制造领域相关专业的课程结构和内容进行更新和调整，在提高专业主修课程的方向性以培养学生的专业知识的同时，注重提升专业选修课程的丰富性以扩展学生的知识面和完善知识结构，构建满足和服务于智能制造、绿色制造、"互联网+"制造等领域的课程体系。

二是，扩大高等院校、科研院所等单位在智能制造重大基础性研究、重点科技攻关方向的博士研究生招生和培养规模，提高智能制造、高端装备、工业机器人等重点领域专业学位研究生培养比例，精准对接重点领域高层次人才培养需求。将研究生培养与开展产学研合作有机结合，进行高层次人才培养模式改革，建立科研院所、高校高层次创新人才向企业的流动机制。深化教学改革，提高研究生整体教学水平，通过合理安排课程教学、科学研究与专业实践，使研究生能够在深入掌握基础理论和专业知识的同时，又具备从事科学研究工作或实践工作的能力，促进研究生科研能力、创新能力以及专业能力的提升，使研究生培养能够多渠道、多方面、多层次地服务于制造业智能化发展需求。着力培养科研型和学术型人才，鼓励与支持各高校积极参与智能制造专业群和学科群建设，推动高校探索建立跨院系、跨学科、跨专业交叉培养的新机制，加强智能制造领域复合型人才和学科交叉型人才的培养。

三是，加大智能制造领域应用型人才培养力度，深化产教融合，鼓励应用型本科高校、职业院校与制造业企业合作开展协同育人，采取工作与学习交替进行的"交互式"人才培养模式，使学生掌握实用技能，提高人才的实践能力、解决实际问题的能力以及创新能力，进而培养学生的终身学习能力。进一步加强产业人才实训基地平台载体建设，依托院校、制造企业、产业园区等建设生产性或兼具生产功能岗位的专业技能实训基地、开放性的公共技能实训基地等，了解制造企业智能化转型升级的人才需求和技术更新情况，与企业开展人才定制培养，进而为制造业智能化升级发展培育高素质的技能型和应用型人才。

四是，大力加强智能制造产业人才基层培训机构、公共培训机构建设。不断完善智能制造相关产业发展的高技能人才培训补贴政策，扩大培训补贴的享受范围/条件，提高培训补贴标准。鼓励和支持行业企业、具有资质的职业教育和培训机构增设智能化培训内容；引导和支持高校、科研机构、制造企业共同建立先进制造业专业技术人才继续教育培训实践基地，定期对企业核心环节、关键制造工艺、材料加工、高端产品制造等专业技术人才实施专项培训，使得智能制造专业技术人才能够及时跟进制造业智能化领域前沿发展动态，学习和掌握智能化新技术、新知识，以及先进的智能化升级理念和经验，从而不断提高智能化专业技术人才的培养质量。

2. 加大高端化、国际化人才引进力度，为制造业智能化升级发展添智增力

近年来，为了更好地满足制造业智能化升级中对高端人才的需求，各地纷纷出台智能制造领域人才引进计划，在高层次专业技术人才、管理人才队伍建设方面取得了明显成效，但高端人才队伍建设方面仍存在明显不足。主要体现：一是，目前我国仍缺少智能制造相关领域的高端人才库的支持，虽然我国不少地区为弥补智能制造人才缺口，重点引进和培养了一批智能制造系统集成、智能控制系统、工业机器人、工业软件、工业互联网等关键领域的人才，但整体上来看人才的需求仍远远大于供给，高端人才供给难以有效满足制造业智能化升级需求，没有储备丰富的高端人才库的支持，制约了制造业智能化升级发展；二是，相关领域的海外高层次人才和高水平成熟科研团队缺乏，在海外高层次人才引进过程中仍存在人才引进渠道较为单一，传统高层次人才引进方式较为落后，人才引进政策解读、落实不到位，导致了政策效果不够明显，人才机制对海外高层次人才吸引力不足，遴选评价标准单一、手段趋同等问题。而随着制造业智能化转型升级的深入推进，相关领域人才竞争势必也会越来越激烈，因此需进一步精准聚焦制造业智能化升级发展需要，多措并举加强相关领域高端人才发展和智力引进。为此，一是，推进智能制造相关领域高端人才库建设，征集具有丰富的智能制造相关领域实践经验、掌握智能制造核心技术的高端人才入库，加大力度引进智能制造领域拔尖人才、高层次领军人才，持续优化人才库，全面采集智能制造相关领域高端人才的总量、专业、分布以及结构等有关信息，加强对人才库的梳理，提高高端人才库内的人才利用率。二是，加大对智能制造相关领域海外高层次人才和团队的引进扶持力度，积极推动智能制造领域高端人才的国际化进程；拓展高端人才引进渠道，通过社会人才招聘会、国际猎头公司、高端人才专场招聘会、员工内推、专家推荐、网上招聘、业内推荐、研究中心和博士后工作站平台引进等多种方式引进高端人才和团队。三是，实施更加有效的智能制造相关领域的人才引进政策，强化智能制造人才引进政策的宣传推广，除了政府的信息门户外，还应加强在微信、微博、知乎等新媒体平台上的宣传推广力度，同时配备专门的政策解读人员，就政策理解、人才引进过程存在的困惑进行详细的有针对性的解答。四是，进一步完善智能制造相关领域高层次人才评价标准，使得人才引进政策补贴和优惠对象有明确的标准和依据；加大智能制造相关领域高端人才引进的资金和资源支持力度，提供就业补贴、购房补贴、租房补贴及安家费、科研启动经费、优质的教育资

源以及医疗资源等；采取诸如人才持股、技术入股、提高薪酬等更加多样化、灵活化的方式增强对高层次人才的吸引力，为制造业智能化升级发展聚集高层次技术、管理等人才。

3. 深入推进智能技术和装备研发与创新团队建设

结合我国制造业智能化升级发展趋势，进一步完善智能技术和装备研发与创新团队的扶持政策，拓展团队建设方式，采取项目合作、人才引进、合作培养等灵活多样的形式推进智能技术和装备研发与创新团队建设。加强智能技术和装备领域国内外研发团队合作，积极引进海外智能技术和装备领域的高层次人才团队、研发团队以及创新团队，汇聚一批具有创新能力、科研能力的高水平学科带头人和研发与创新团队；鼓励具有智能化升级条件的制造企业与高校、科研院所共同建设智能技术和装备研发与创新团队；积极探索智能技术和装备研发创新团队遴选新方式，不断优化和完善遴选评价机制，重点培养一批高水平智能技术和装备领域创新团队。

4. 建立健全人才激励和流动机制

合理的人才激励和流动机制有利于吸引人才，激发人才的创新力和创造力。而要留住人才、调动人才积极性，不仅需要构建公平公正的人才考核评价体系，还需要建立科学合理的分配机制作为有效的激励手段。为此，一是改革和完善制造业智能化领域高层次研发创新人才、高技能应用型人才、经营管理人才等高层次人才考核、评价体系。首先，政府应抓紧分类制定高级人才评价标准，考核标准应公平、公正、透明，采取科学有效的评价和衡量方式，确保每一位对于制造业智能化升级做出贡献的高级人才都能够得到公平的评价和回报；其次，突出人才评价的品德、能力与业绩导向，避免唯资历、唯学历、唯职称、唯奖项等倾向，向重能力、重技能、重业绩方向转变，要注重考察人才的创新能力、专业能力，激发人才的创造力、创新力和积极性。最后，要充分发挥市场、政府、专业组织、企业等多元评价主体作用，共同建立多元的、市场化、专业化、科学化的高级人才评价机制，通过引入专业机构等市场化评价要素，对制造业智能化领域高层次人才开展任期评价。二是，完善薪酬分配体系，形成高效人才激励机制。首先，为制造业智能化领域高层次人才提供更具吸引力的薪酬待遇，鼓励对引进的高层次人才实行协议工资制或年薪制等灵活分配方式，允许掌握国内外先进制造技术、工艺技术的高级技术人才通过专利转让、技术入股、智力入股、管理入股等新形式参与分配；其次，对在制造业智能化升级发展中做出突出贡献的企业或人才给予更多的表彰和奖励，充分发挥薪酬分配与激励机制对制造业智能化升级发展的激励作用，例如：通过设置"研发创新奖""智能制造贡献奖"等奖项并给予获奖人一定的资金奖励,并由此带动激励其他各类制造业智能化领域人才,充分调动激发人才的主动性、创造性与积极性,为制造业智能化升级发展做出贡献。

## 8.5 加强政策执行,确保政策落实见效

近年来,顶层设计和政府统筹协调对推动我国制造业智能化转型升级发挥了积极作用。在国家战略以及行动计划指导下,各地方政府以《中国制造2025》为总纲纷纷出台相关政策举措扶持产业发展;财政与金融对制造智能化领域技术研发、应用推广、业务和商业模式转型等方面的支持政策不断推出。虽然,在三大政策推动因素不同程度的推动作用下,我国制造业智能化升级成效初显,但在政策导向与执行落实之间仍存在一定的落差,且政策执行与落实力度也有待进一步提升。因此,还需要注重政策的落实与执行,提高政策执行效率,落实促进制造业加快智能化升级发展,具体地:

1. 进一步加强制造业智能化升级发展相关政策的宣传与解读

进一步加大对已经出台的制造业智能化发展相关政策文件的宣传力度,采取舆论引导、专家解读、专题培训会等多种形式对各类政策进行充分解读,以减少企业不能准确理解和把握政策规定甚至不知晓政策,导致政策在细节执行方面不及预期。具体而言,一是,不断拓展制造业智能化发展各项政策宣传渠道,加大策宣传力度,提高各方对政策的认识和接受度。除了及时将政策相关信息公开在政府信息门户网站,还可以充分利用网络传播速度快、覆盖面广、参与度高的媒介优势,借助微博、微信公众号、知乎等社会化媒体进行政策宣传,同时还要及时发布相关政策的调整和修改也要。二是,建立健全由相关协会、研究机构、政府部门、企业等多方参与的政策信息交流平台,畅通与企业沟通渠道通过建立政策信息平台,一方面可以使企业更快、更全面便捷地获取、掌握和利用相关政策信息;另一方面,借助平台政府可以更好地为企业提供政策宣传、政策解读、政策咨询、政策服务等,同时还可以及时收集企业反馈信息和需求,从而能够对政策实施效果进行持续跟踪,进而更有针对性地加强政策研究。以便对政策进行适时调整与完善。

2. 加强制造业智能化升级发展政策落实情况的监督检查工作

制造业智能化升级发展政策的实施和落实需要有关部门进行有效的监督,通过建立和完善政策跟踪反馈机制,强化监督检查,并对政策实施过程中出现

的问题要及时督促整改，并在适当情况下对政策的实施进行协调。为此，一是，明确各政府部门的权责，编制并公开能够系统说明各政策执行部门权责的权责清单，让相关各方进一步明确各级各有关部门的职责任务。二是，建立领导负责制，对政策贯彻执行环节上出现的问题由各级有关部门、机构领导干部按照职责分别承担相应责任。三是，进一步简化办事程序和手续，提高执行效率，确保将制造业智能化升级发展相关政策落实到位。四是，进一步完善问责制度，将政策各执行环节分解、落实到具体岗位和责任人，遵从谁出错谁负责的原则，对政策执行过程中执行人员出现的错误执行、执行不作为进行问责。五是，加强对政策各阶段实施效果的评估，对发现的问题尤其是反复出现的问题督促落实整改，并及时了解整改进展情况，同时对整改过后的政策执行情况进行跟踪检查，确保问题整改到位。

3. 强化保障，建立健全制造业智能化升级发展政策落实长效机制

一是，强化政策落实支撑点。各级各部门要全面梳理、无缝对接国家级、省级等上级层面出台的促进制造业智能化升级发展的相关政策措施，及时研究制定并出台贯彻落实的具体配套政策，实施细则或办法等，以确保相关政策尽快落地，各地要健全工作机制，加大推进力度，确保各项工作落到实处，并紧紧围绕相关工作任务，不断将推动制造业智能化升级发展的各项工作落到实处。二是，以服务创新为基础，进一步优化制造业智能化升级发展政策的服务保障体系。加快构建多层次、多部门协调联动工作机制，及时响应企业智能化升级需求，精准落实制造业智能化升级发展各项政策服务措施；持续推进政府监管与服务的相互结合与促进，充分发挥政府各部门"全方位监管、全过程服务"的职能优势，形成全链条高效协同的制造业智能化升级的政策服务体系，帮助企业加快智能化升级改造。三是，不断改进政策服务手段、方式，通过优化行政审批事项、对重大项目开通绿色服务通道、为实施重大智能化技术改造项目的企业提供全过程跟踪服务、加强企业个性化服务等，进一步深化政策服务长效机制建设。

4. 拓宽制造业智能化政策覆盖范围，落实各项政策投入

当前，我国制造企业智能化发展的部署重点主要集中在数字化工厂（智能生产）、智能装（设）备、工业互联网以及人工智能/机器人、大数据、物联网、传感器等智能制造技术，而在智能研发、智能设计、智能管理、智能服务等方面则还相对较为薄弱。为此：一是，应进一步拓宽制造业智能化政策覆盖范围，制定全面贯穿于制造业设计、生产、管理、服务等各环节智能化升级的全链条、全方位政策体系；二是，有针对性地安排实施制造业智能化政策，既要兼顾传

统产业与新兴产业，也要兼顾基础与高端，支持制造业从智能化生产单元（装备、产品）向上建立智能生产线、搭建智能车间、建设智能工厂，从流水线智能化到智能化管理，从智能化生产到智能化服务，最终实现制造业价值链的智能化；三是，加强政策的连贯性与一致性，通过强化科技、财政、税务等政府职能部门间的协调配合与信息沟通，破除政策文件的部门分割与交叉重复，保持多部门间政策的一致性。在此基础上，注重政策连贯性，对制造业智能化政策实施过程中反响较好、效果明显的政策仍继续执行，以充分体现政策的连贯性、稳定性。同时，也要积极配合落实新政策投入，做好政策衔接。

## 8.6 积极引导促进中小企业智能化升级改造

我国的制造业规模庞大，而数量众多的中小制造企业则是实现制造强国战略目标，推动制造业智能化升级高质量发展的重要基础。但相较于大企业具有的资金和规模上等优势，广大中小制造企业的智能化转型升级受到资金、技术、人才等方面的多重约束。因此，有必要采取一系列相应措施，通过推进创新、改善服务、优化发展环境等方面的工作，着力破解中小制造企业推进智能化升级面临的资金缺乏、技术能力不足、所需专业人才短缺等诸多瓶颈，进一步引导和促进中小制造企业加快智能化升级改造。

1. 降低融资成本，切实缓解中小企业推进智能化升级的资金压力

要解决中小企业升级发展中面临的资金短缺问题，可从以下几方面着手：一是，设立支持中小企业发展的政策性银行，即政策性中小企业发展银行，为中小企业智能化升级提供有效的金融服务。二是，设立政策性专项基金拨给指定银行，并要求银行必须将该项基金专项用于与智能化升级改造相关的中小企业贷款。三是，政府和金融机构共同设置中小企业信用担保基金和风险补偿基金，从而为具备良好发展前景但抵押担保品不足的中小制造企业提供信用担保。这不仅能够帮助中小企业获得金融机构融资，还能够分担金融机构向中小企业提供融资的风险，从而调动金融机构为中小企业提供融资的积极性，以纾解中小企业智能化升级"融资难、融资贵"问题。四是，建立健全中小企业征信体系，难以把控中小企业的放贷风险以及对违约企业处罚力度不足，是金融机构不愿为中小企业提供融资的重要原因，为此需要建立以政府征信机构为主导、联合金融机构参与、企业信用评级的中小企业征信体系，将中小企业的软硬件信息、融资还贷信息及中小企业法人的身份信息、联系方式、银行账号、个人

征信信息等信息全面引入征信体系中，实现政府、金融机构以及中小企业之间的全面的信息共享扩大化、开放化、透明化，为中小制造企业进行智能化升级营造良好的信用环境。

2. 推动中小企业进行技术研发与创新

推动中小企业的智能化升级发展，就需要不断提升支持和培育中小企业积极培育和支持中小企业进行技术研发与创新，但由于投资大、周期长、风险高、信心不足等，中小企业技术研发与创新事实上困难重重。因此，要破解中小企业创新困境，各级政府需要积极采取多种针对中小企业的措施来推动中小企业开展技术研发与创新。首先，要营造良好的支持创新、宽容失败的文化氛围，使中小企业能够充分意识到创新的重要性和紧迫性，进而树立创新理念，强化创新意识；充分发挥企业家精神的创新性、前瞻性在引导企业积极进行创新实践方面的作用。其次，加大对中小企业的科技创新投入，可以学习美、日等发达国家的政策经验，从每年的科技投入中拿出一定比例的资金专门用于支持中小企业的技术研发创新。再次，利用公共采购、产业引导基金、税收优惠、财政补贴等政府政策工具，使得中小企业也能够享受同大企业一样的政策，提高各种实（试）验设施、科研设施、基础研究平台、研发实验平台等创新资源对中小企业的开放程度，支持和促进中小企业开展技术创新活动，不断提高中小企业智能化升级的技术能力。最后，鼓励中小企业以产学研合作方式共建联合开发机构、实验室等，建立合理的利益共享风险共担机制有效分摊和降低企业科技创新风险，开展协同创新研发；通过搭建专家智库、创新帮扶模式、研发众包、建立帮扶激励机制等手段推动各类社会创新资源与中小企业进行精准对接，加快制造业智能化领域创新研发成果在中小企业的转化与应用。

3. 进一步加强和完善中小企业智能化升级支撑服务体系建设

当前，我国中小企业公共服务体系仍存在服务网络覆盖面小、服务个性化专业化水平有待提高、服务标准规范化程度较低等问题，而难以满足中小企业智能化转型升级的需要，因此，为帮助中小企业加快智能化转型升级步伐，需坚持需求导向，进一步加强和完善中小企业智能化升级支撑服务体系建设，不断增强中小企业智能化升级的公共服务能力。为此：一是，整合诸如中小企业公共服务平台、技术服务平台以及为中小企业提供公共服务的社会中介机构、技术服务机构等各类平台和机构，建立具备覆盖广泛的、综合性、专业性、公益性等特征的中小企业服务体系，充分利用互联网深化工业云、大数据等技术的集成应用，进一步优化完善中小企业公共服务平台网络建设，为中小企业智能化升级改造提供政策解读、信息交流共享、技术解决方案、管理咨询、人才

与培训、投融资等专业化服务；二是，充分利用行业协会、研究会以及商会等
社会性团体的沟通纽带作用，使行业协会、研究会以及商会等社会性团体成为
中小企业和公共服务机构之间传播沟通信息的重要载体，并最大程度激发其服
务于中小企业智能化升级的积极性与创造性；三是，加强中小企业服务机构和
平台服务的标志性、规范性建设，加紧制定相应的服务标准与服务规范，同时
还要不断提高服务机构从业人员素质，通过定期组织专业培训，提高中小企业
服务机构人员服务于中小企业智能化升级的能力和水平。

# 第9章

# 结论与展望

## 9.1 研究结论

移动互联网、物联网平台性、基础性作用不断增强，推动了物理世界和信息世界以信息物理系统（CPS）方式的融合，使制造业领域实现了资源、信息、物品、设备和人的互通互联，以新一代信息通信技术引领未来制造业发展已成为全球共识，信息化、智能化日益成为新阶段制造业发展的核心内容。面临新一轮科技革命与和产业变革，通过融入智能化、互联网等高附加值要素，推动制造业向数字化、网络化、智能化转变，也成为我国制造业调结构、转方式，创新驱动，向更高层次实现高质量发展的必然选择。

基于此，本书在充分借鉴、吸收和运用制造业智能化升级的相关理论和学术成果基础上，第一，从技术、企业、产业和宏观战略等多个方面、多个层次对制造业智能化升级内涵做出界定，明晰其物联网化、融合化、协同化、互联化等的本质，并指出：重塑制造业竞争新优势、满足用户多样化需求、促进产业价值链的优化提升和体系重构以及缓解环境与资源约束矛盾，是制造业智能化升级发展的主要动因；制造模式的智能化、社会化，生产组织的网络化、平台化，产品模式的规模化、定制化以及服务模式的延伸化、互联化等领域的变革发展，是制造业智能化升级的重要趋向趋势。第二，研究表明，制造业智能化升级的持续推进需要强有力的动力系统为其发展提供支撑，由情境制度能力、双元成长、组织惯习、组织学习等动力系统构成要素通过彼此的耦合、协同与互动，为制造业向更高层次的智能化跃迁提供不竭动力，而动力系统的运行会受主体所主导的创新能力、技术能力和人力资源等内部驱动要素以及由客体所产生的市场需求、信息技术发展以及政策变化等外部驱动要素的影响，并据此构建了相应的理论模型，进而通过对深度访谈、问卷调查所获取的微观层面制造企业智能化升级样本数据的统计分析，进一步揭示了制造业智能化升级各驱动要素及其之间的因果关系。第三，基于大量经济运行数据分析发现，我国制造业在取得了巨大成就的同时仍面临劳动生产率偏低、产品附加值不高、自主创新能力弱、资源能源利用率较低、相关产业配套不协调、产能过剩较为严重、产业结构有待进一步优化等诸多矛盾。进入新的发展阶段，我国制造业迎来以数字化、智能化为核心，实现产业向高端化转型升级的重要历史性机遇的同时，也面临来自高端制造向发达国家回流以及低成本优势加速弱化等方面的严峻挑战。第四，对国内外制造业智能化升级实践经验的总结，为我国制造业的智能化升级从制定相应配套的产业政策、对产业发展战略进行适应性调整、鼓励企业大范围协同参与、合理布局企业智能化升级进程、推动制造技术与新一代信息技术的深度融合结合以及构建数字化和智能化服务平台等方面提供了有益的借鉴。第五，通过对国内外制造业智能化升级实践经验总结与借鉴，认为从生产流程、价值网络及基于互联网思维三个维度出发是我国制造业智能化升级的可选择的有效路径。具体包括：基于制造业生产流程，以关键制造环节为核心的智能化升级路径；基于价值网络连接的制造业产业链横向协同与人机纵向集成的智能化升级路径；基于"互联网+"的制造业新业态、新模式的智能化升级路径。最后，基于上述研究，从培育产业重点、推进资金投入多元化发展、营造制造业智能化发展的良好环境、加强人才队伍建设、加强政策执行以及积极引导促进中小企业智能化升级改造等六个方面提出保障制造业智能化升级实施相应的推进策略。

本书研究采用理论与实践分析相结合的方式，研究结论一方面对在新一轮产业变革的背景下准确把握制造业智能化升级的内涵、形态与本质，明晰其核心驱动要素与内在作用机理，在理论和研究技术上具有一定的指导意义；另一方面，对我国制造业智能化升级的可选择路径的积极探索，为理顺我国制造业智能化升级的发展方向，提高制造业核心竞争力和产业附加值，实现内涵化、可持续发展提供思路借鉴。同时，项目研究从多方面、多角度提出的制造业智能化升级的推进策略，也可为保障制造业智能化升级和高端化发展的政策、措施制定提供必要的理论支持和依据。

## 9.2　研究展望

本研究以智能化作为制造业转型升级的主攻方向和重要突破口，对制造业智能化升级机理、路径、策略等问题开展了理论研究，从微观企业层面，通过分析由深度访谈、问卷调查获取的企业样本数据，对制造业智能化升级驱动机理进行了实证检验，取得了一定的研究成果，顺利完成了研究工作计划，达到研究的预期目标。但分析整个研究过程，由于受个人研究能力和水平以及客观研究条件等的限制，本书还存在一些有待解决的问题：

（1）对制造业智能化升级驱动机理进行实证研究的过程中，所需相关数据主要通过问卷调查及企业访谈取得。对初始问卷量表多以现有相关领域中的研究成果为基础进行设计，部分则是根据研究需要自行设计，虽然经过深度访谈及预调查对初始问卷进行了完善和修正，但所设计的量表度量指标仍难免有偏颇之处，从而会在一定程度上影响数据质量。

（2）本书着重于研究制造业智能化升级发展问题，但在研究过程中并未进行行业类别的细分，且研究主要是针对传统制造业企业展开调研与分析。

（3）尽管在研究过程中，通过企业走访、深度访谈与问卷调查等多种方式，获取了丰富的样本数据，并顺利完成了各项研究任务，但限于个人学识、被调查对象配合程度不一、新冠疫情影响以及部分深层次信息难以获取等因素，本书质量受到了一定程度的影响。

鉴于研究存在的上述不足，今后可从以下几个方面对研究做进一步完善和深入：

（1）今后研究可对问卷量表题项进行进一步调整与修正，以使问卷更具科学性与合理性；

（2）由于不同行业的特性存在差异，因此下一阶段可有针对性地对不同行业，尤其是高技术制造业智能化升级的路径、模式等进行差别化研究；

（3）在本书研究基础上，今后可进一步扩大样本规模和调查范围，以便获取更为详尽的相关数据，从而进一步加强分析结果的说服力，同时也将组织专门人员对现有研究工作进行全面完善和补充。

# 参考文献

## 一、中文文献

［1］罗文. 德国工业 4.0 战略对我国推进工业转型升级的启示［J］. 工业经济论坛, 2014 (6).

［2］赵福全, 刘宗巍. 工业 4.0 浪潮下中国制造业转型策略研究［J］. 中国科技论坛, 2016 (1).

［3］高歌. 德国"工业 4.0"对我国制造业创新发展的启示［J］. 中国特色社会主义研究, 2017 (2).

［4］郭政. 德国"工业 4.0"对我国制造业的发展的启示［J］. 上海质量, 2014 (4).

［5］丁纯, 李君扬. 德国"工业 4.0"：内容、动因与前景及其启示［J］. 德国研究, 2014, 29 (4).

［6］唐林伟, 黄思蕾. 从"机器换人"到"人机共舞"：工业 4.0 进程中工程技术人才角色定位与教育形塑［J］. 高等工程教育研究, 2020 (4).

［7］孟涛, 周小柯. 工业 4.0 时代生产新模式及管理创新探讨［J］. 现代管理科学, 2017 (8).

［8］李春梅. "工业 4.0"对经济发展的影响及作用效果：基于德国行业面板数据的实证分析［J］. 科技管理研究, 2019, 39 (14).

［9］胡权. 德国工业 4.0：我国制造业新的挑战与机遇［J］. 中国设备工程, 2015 (1).

［10］胡晶. 工业互联网、工业 4.0 和"两化"深度融合的比较研究［J］. 学术交流, 2015 (1).

［11］吕铁, 李扬帆. 德国工业 4.0 的战略意义与主要启示［J］. 中国党政干部论坛, 2015 (3).

［12］王喜文. 从德国工业 4.0 战略看未来智能制造业［J］. 中国信息化,

2014（15）.

　　[13] 肖俊芳，李俊，郭娴 . 我国工业互联网发展浅析 [J] . 保密科学技术，2014（4）.

　　[14] 李培楠，万劲波 . 工业互联网发展与"两化"深度融合 [J] . 中国科学院院刊，2014，29（2）.

　　[15] 石进，张天娇 . 基于工业互联网的竞争情报系统研究 [J] . 现代情报，2020，40（2）.

　　[16] 任力 . 以工业互联网推进民营企业高质量发展 [J] 人民论坛·学术前沿，2020（13）.

　　[17] 马永开，李仕明，潘景铭 . 工业互联网之价值共创模式 [J] . 管理世界，2020，36（8）.

　　[18] 闵杰 . 工业互联网在中国有适用条件 [N] . 中国电子报，2015-05-12（9）.

　　[19] 王建伟 . 工业互联网助推中国产业升 [J] . 互联网经济，2015（3）.

　　[20] 李君，邱君降，柳杨，等 . 工业互联网平台评价指标体系构建与应用研究 [J] . 中国科技论坛，2018（12）.

　　[21] 李燕 . 工业互联网平台发展的制约因素与推进策略 [J] . 改革，2019（10）.

　　[22] 李君，邱君降 . 工业互联网平台的演进路径、核心能力建设及应用推广 [J] . 科技管理研究，2019，39（13）.

　　[23] 陈肇雄 . 深入实施工业互联网创新发展战略 [J] . 行政管理改革，2018（6）.

　　[24] 王一晨 . 运用工业互联网推动中国制造业转型升级 [J] . 中州学刊，2019（4）.

　　[25] 贾春玉 . 21 世纪的制造技术：智能制造技术 [J] . 机械制造，2001，39（11）.

　　[26] 周济 . 智能制造："中国制造 2025"的主攻方向 [J] . 中国机械工程，2015，26（17）.

　　[27] 王媛媛，张华荣 . 全球智能制造业发展现状及中国对策 [J] . 东南学术，2016（6）.

　　[28] 景熠，李文川 . 智能制造背景下企业 RFID 技术采纳行为机理研究 [J] . 工业技术经济，2017，36（5）.

　　[29] 孟凡生，赵刚 . 传统制造向智能制造发展影响因素研究 [J] . 科技

进步与对策，2018，35（1）.

[30] 吴旺延，刘珺宇. 智能制造促进中国产业转型升级的机理和路径研究[J]. 西安财经大学学报，2020，33（3）.

[31] 韩江波. 我国智能制造发展的案例对比与路径创新研究[J]. 技术经济与管理研究，2019（1）.

[32] 孟俊焕，孙汝军，姚俊红，等. 智能制造系统的现状与展望[J]. 机械工程与自动化，2005（4）.

[33] 朱剑英. 智能制造的意义、技术与实现[J]. 机械制造与自动化，2013，42（3）.

[34] 幸权，柴宗明. 智能制造关系中国制造业的发展[J]. 企业技术开发，2011，30（14）.

[35] 陈旭升，梁颖. 双元驱动下智能制造发展路径：基于本土制造企业的多案例研究[J]. 科技进步与对策，2020，37（10）.

[36] 金江军. 推动两化深度融合的六大方向[J]. 信息化建设，2011（7）.

[37] 姜奇平. 从企业战略转型看两化深度融合[J]. 互联网周刊，2011（1）.

[38] 童有好. 信息化与工业化融合的内涵、层次和方向[J]. 信息技术与标准化，2008（7）.

[39] 魏少平. 信息化与工业化深度融合发展的问题研究[J]. 价值工程，2011，30（7）.

[40] 耿有维. 信息化与工业化融合发展研究综述[J]. 重庆行政（公共论坛），2012，14（6）.

[41] 吴志远. 江西信息化与工业化深度融合分析[J]. 江西行政学院学报，2013，15（4）.

[42] 顾珂里. 中小企业实施"两化深度融合"的认识和途径[J]. 电子商务，2014（7）.

[43] 史炜，马聪卉，王建梅. 工业化和信息化融合发展的对策研究：以融合类业务发展及业务模式探讨"两化融合"的发展对策[J]. 数字通信世界，2010（2）.

[44] 王晰巍，靖继鹏，刘铎，等. 信息化与工业化融合的关键要素及实证研究[J]. 图书情报工作，2010，54（8）.

[45] 胡新，惠调艳，梁思妤. 基于社会环境视角的区域"两化融合"评价

研究：以陕西为例 [J]. 科技进步与对策, 2011, 28 (10).

[46] 易明, 李奎. 信息化与工业化融合的模式选择及政策建议 [J]. 宏观经济研究, 2011 (9).

[47] 张劼圻. 信息化与工业化融合的切入点探析 [J]. 情报探索, 2011 (11).

[48] 陈潮昇. 推动信息化和工业化深度融合发展研究 [J]. 经济研究导刊, 2012 (7).

[49] 陈火全, 郭东强, 欧阳钟辉. 物流信息化是工业化和信息化融合的重要标志 [J]. 吉林师范大学学报 (人文社会科学版), 2010, 38 (4).

[50] 王洪海, 张新. 基于企业视角的信息化与工业化融合影响因素的实证研究 [C] //智能信息技术应用学会. Proceedings of 2010 International Conference on Management Science and Engineering (MSE 2010) (Volume 3). 山东经济学院信息管理学院, 2010.

[51] 茶洪旺, 胡江华. 信息化与工业化融合的财税政策研究 [J]. 北京邮电大学学报 (社会科学版), 2010, 12 (5).

[52] 王高山, 张新. 信息化与工业化融合影响因素分析：一个简单模型 [C] //中国信息经济学会. 2012 中国信息经济学会第四届博士生论坛论文集. 山东财经大学管理科学与工程学院, 山东师范大学管理科学与工程学院, 2012.

[53] 崔建军, 王芙蓉. 工业化和信息化融合发展中的人才支撑作用：以张家口为例 [J]. 社科纵横, 2011, 26 (11).

[54] 王敏洁, 李坤英. 促进工业化与信息化融合共进的政策建议 [J]. 现代经济信息, 2012 (23).

[55] 陶长琪, 陈伟. 江西省新型工业化与信息化的融合及其对经济贡献度分析 [J]. 南昌工程学院学报, 2011, 30 (6).

[56] 李从春. 安徽省高新技术企业信息化与工业化融合研究 [D]. 合肥：安徽大学, 2011.

[57] 李婷. 我国信息化与工业化融合水平测度研究 [D]. 西安：西安邮电学院, 2012.

[58] 荣宏庆. 新型工业化与信息化深度融合路径探讨 [J]. 社会科学家, 2013 (7).

[59] 梁益琳, 张新, 李玲玲. 信息化和工业化深度融合对企业技术创新的影响：基于系统动力学的分析 [J]. 当代经济, 2019 (11).

[60] 于乐, 潘新兴. "两化融合" 相关问题研究综述 [J]. 价值工程,

2012, 31 (14).

[61] 刘九如. 新时代两化融合主要任务 [J]. 中国信息化, 2018 (7).

[62] 孙承志. 新时代信息化与新型工业化深度融合发展与对策研究 [J].
情报科学, 2020, 38 (2).

[63] 黄英艺. 德国"工业4.0"战略对泉州制造转型升级的启示 [J].
泉州师范学院学报, 2015, 33 (1).

[64] 张曙. 工业4.0和智能制造 [J]. 机械设计与制造工程, 2014, 43
(8).

[65] 杜传忠、杨志坤. 德国工业4.0战略对中国制造业转型升级的借鉴
[J]. 经济与管理研究, 2015, 36 (7).

[66] 李政新. "德国工业4.0"对河南工业升级的启示 [J]. 区域经济评
论, 2015 (2).

[67] 王喜文. 智能制造: 新一轮工业革命的主攻方向 [J]. 人民论坛·
学术前沿, 2015 (19).

[68] 安晖. 德国工业4.0剖析 [J]. 高科技与产业化, 2015 (3).

[69] 刘光富, 严荣爱, 陈晓莉. 我国"工业4.0"产业集群发展策略研究
[J]. 现代管理科学, 2016 (7).

[70] 闫敏, 张令奇, 陈爱玉. 美国工业互联网发展启示 [J]. 中国金融,
2016 (3).

[71] 邢帆. 工业互联网是IT业的新机遇 [J]. 中国信息化, 2014 (243).

[72] 吕文晶, 陈劲, 刘进. 工业互联网的智能制造模式与企业平台建设:
基于海尔集团的案例研究 [J]. 中国软科学, 2019 (7).

[73] 刘俊博. 全球制造业变革中的中国制造: 工业互联网与产业转型
[J]. 常州工学院学报, 2015, 28 (1).

[74] 路甬祥. 走向绿色和智能制造: 中国制造发展之路 [J]. 中国机械
工程, 2010, 21 (4).

[75] 王雷, 陈畴镛. 以智能制造促进浙江制造业转型升级研究 [J]. 杭州
电子科技大学学报, 2013, 9 (4).

[76] 左世全. 我国智能制造发展战略与对策研究 [J]. 世界制造技术与
装备市场, 2014 (3).

[77] 董鹏. 智能制造已是制造业的主流趋势 [J]. 电器工业, 2015 (4).

[78] 姜巍. "工业4.0"时代的中国制造业升级 [J]. 中国发展观察,
2015 (3).

[79] 肖静华，毛蕴诗，谢康. 基于互联网及大数据的智能制造体系与中国制造企业转型升级 [J]. 产业经济评论，2016 (2).

[80] 吕铁. 传统产业数字化转型的趋向与路径 [J]. 人民论坛·学术前沿，2019 (18).

[81] 李景海. 智能制造转型的产业政策选择 [J]. 财经科学，2019 (3).

[82] 陈瑾，李若辉. 新时代我国制造业智能化转型机理与升级路径 [J]. 江西师范大学学报（哲学社会科学版），2019, 52 (6).

[83] 王剑. 装备工业转型升级中的智能制造策略研究 [J]. 华东经济管理，2018, 32 (3).

[84] 周振华. 工业化与信息化的互动与融合 [J]. 中国制造业信息化，2008 (2).

[85] 周叔莲. 更加重视和发展信息化 大力推进信息化与工业化融合 [J]. 中国信息界，2008 (2).

[86] 杨培芳，史炜，徐超. 跳出行业看"两化"融合 [J]. 通信世界，2010 (2).

[87] 陶长琪，齐亚伟. 融合背景下信息产业结构演化的实证研究 [J]. 管理评论，2009, 21 (10).

[88] 金江军. 两化融合的理论体系 [J]. 信息化建设，2009 (4).

[89] 吴冈. 信息化和工业化深度融合及其共性技术 [J]. 自动化技术与应用，2013, 32 (1).

[90] 荣宏庆. 新型工业化与信息化深度融合路径探讨 [J]. 社会科学家，2013 (7).

[91] 李峰. 经济新常态下信息化与工业化深度融合的趋势与天津发展战略 [J]. 天津经济，2015 (4).

[92] 刘琳. 积极推进两化深度融合，实现制造型企业智能升级 [J]. 中外企业家，2020 (4).

[93] 赵景. 杭州出口优势产业转型升级研究：基于核心竞争力视角 [D]. 杭州：浙江大学，2011.

[94] 田亚新. 关于技术创新研究的文献综述 [J]. 科技信息（学术研究），2008 (8).

[95] 彭玉冰，白国红. 谈企业技术创新与政府行为 [J]. 经济问题，1999 (7).

[96] 徐洁. 有关技术创新概念的文献综述 [J]. 经营管理者，2009 (19).

[97] 李垒.技术创新促进制造业竞争力提升的作用及其相关性研究 [D].合肥：合肥工业大学，2007.

[98] 赵彦云，张明倩.中国制造业产业竞争力评价分析 [J].经济理论与经济管理，2005（3）.

[99] 王章豹，李垒.我国制造业技术创新能力与产业竞争力的灰色关联分析 [J].科学学与科学技术管理，2007，28（7）.

[100] 冯志军.中国制造业技术创新系统的演化及评价研究 [D].哈尔滨：哈尔滨工程大学，2012.

[101] 何师元.长江经济带高技术制造业竞争力的统计评价 [J].统计与决策，2015（16）.

[102] 米雯静，任海云.技术创新、市场份额与财务绩效关系研究 [J].财会通讯，2015（30）.

[103] 单春霞，仲伟周，张林鑫.中小板上市公司技术创新对企业绩效影响的实证研究：以企业成长性、员工受教育程度为调节变量 [J].经济问题，2017（10）.

[104] 时乐乐，赵军.环境规制、技术创新与产业结构升级 [J].科研管理，2018，39（1）.

[105] 吴振华.技术创新影响产业结构优化的门槛效应研究 [J].中国科技论坛，2021（4）.

[106] 胡昭玲，夏秋，孙广宇.制造业服务化、技术创新与产业结构转型升级：基于 WIOD 跨国面板数据的实证研究 [J].国际经贸探索，2017，33（12）.

[107] 李鸣，平瑛.产业结构优化理论综述及新进展 [J].黑龙江农业科学，2010（3）.

[108] 杨国庚，杨奇.产业结构优化升级研究理论综述 [J].全国商情，2009（9）.

[109] 张立柱，王新华，郭中华.我国产业结构优化及定量化方法研究综述 [J].山东科技大学学报（社会科学版），2007，9（1）.

[110] 赵庆.产业结构优化升级能否促进技术创新效率？[J].科学学研究，2018，36（2）.

[111] 熊义杰，郝思羽.产业集群发展与区域产业结构演进 [J].统计决策，2007（5）.

[112] 陈树良，杨金霞，袁国敏.区域产业结构优化模型的设计 [J].辽

宁工业大学学报（社会科学版），2008，10（4）.

[113] 李红梅. 21世纪中国产业结构调整的战略选择 [J]. 首都师范大学学报（社会科学版），2000（6）.

[114] 张立厚，陈鸣中，张玲. 石龙镇产业结构优化的系统仿真分析 [J]. 工业工程，2000（3）.

[115] 黄继忠. 对产业结构优化理论中一个新命题的论证 [J]. 经济管理新管理，2002（4）.

[116] 吕政. 关于中国工业化和工业现代化的思考 [J]. 中国工业经济，2000（1）.

[117] 杨公朴. 产业经济学 [M]. 上海：复旦大学出版社，2005.

[118] 张建华，李博. KLEMS核算体系与产业结构优化升级研究 [J]. 当代经济研究，2008（4）.

[119] 刘伟，张辉，黄泽华. 中国产业结构高度与工业化进程和地区差异的考察 [J]. 经济学动态，2008（11）.

[120] 陆小莉，姜玉英. 京津冀产业结构优化效果的统计测度 [J]. 统计与决策，2021，37（8）.

[121] 夏平华，宋之光，肖贤明. 广东省产业结构高级化环境影响模型的建立及实证分析 [J]. 科技管理研究，2008（2）.

[122] 张学江. 产业结构优化升级与提高劳动力素质 [J]. 商业研究，2009（2）.

[123] 栾申洲. 对外贸易、外商直接投资与产业结构优化 [J]. 工业技术经济，2018，37（1）.

[124] 胡晓双，裴潇. 财政分权、环境税对产业结构优化升级的影响：基于长江经济带11个省市的实证 [J]. 统计与决策，2020，36（20）.

[125] 施生旭，童佩珊. 中国各地区产业结构优化评价及障碍因素研究：基于DPSIR-TOPSIS模型 [J]. 河北经贸大学学报，2020，41（2）.

[126] 李东海. 产业结构优化对区域创新效率的影响研究：基于创新价值链视角 [J]. 经济问题，2020（10）.

[127] 唐晓华，王丹. 集群企业合作隐性契约的博弈分析 [J]. 中国工业经济，2005（9）.

[128] 马树才. 以经济增长为目标的产业结构调整优化模型 [J]. 辽宁大学学报（自然科学版），2005（3）.

[129] 林春艳，李富强. 区域产业结构优化的模型构建与评价方法研究综

述 [J]．经济学动态，2011 (8)．

[130] 姜照华，刘则渊．可持续发展产业结构优化模型及其求解方法 [J]．大连理工大学学报，1999 (5)．

[131] 宋锦剑．论产业结构优化升级的测度问题 [J]．当代经济科学，2000 (3)．

[132] 赵卓，孙燕东，曾晖. GM (1，N) 模型在产业结构分析中的应用 [J]．技术经济，2003 (1)．

[133] 陈柳钦．有关全球价值链理论的研究综述 [J]．重庆工商大学学报 (社会科学版)，2009，26 (6)．

[134] 波特．竞争优势 [M]．陈小悦，译．北京：华夏出版社，2005．

[135] 张璐．全球价值链背景下中国代工企业品牌升级研究 [D]．南昌：江西财经大学，2014．

[136] 查志强．嵌入全球价值链的浙江产业集群升级研究：基于原产地多元化视角的分析 [D]．上海：华东师范大学，2008．

[137] 范永忠．全球价值链下的制造升级悖论研究 [J]．当代经济管理，2019，41 (10)．

[138] 刘宏曼，郎郸妮．对我国制造业全球价值链分工地位的政治经济学分析 [J]．毛泽东邓小平理论研究，2018 (1)．

[139] 杨翠红，田开兰，高翔，等．全球价值链研究综述及前景展望 [J]．系统工程理论与实践，2020，40 (8)．

[140] 吕越，陈帅，盛斌．嵌入全球价值链会导致中国制造的"低端锁定"吗？[J]．管理世界，2018，34 (8)．

[141] 吴杨伟，王胜．再论比较优势与竞争优势：基于贸易优势的认知拓展 [C] //全国高校社会主义经济理论与实践研讨会领导小组．社会主义经济理论研究集萃 (2018)：高质量发展的中国经济．北京：经济科学出版社，2018．

[142] 吴杨伟，王胜．再论比较优势与竞争优势 [J]．经济学家，2018 (11)．

[143] 邝国良，方少帆，李晓湧．"珠三角"制造业从比较优势到竞争优势的战略转向研究 [J]．国际贸易问题，2004 (7)．

[144] 孙彦平．中国制造业从比较优势向竞争优势转变的研究 [D]．上海：上海海事大学，2006．

[145] 李钢，董敏杰，金碚．比较优势与竞争优势是对立的吗？：基于中国制造业的实证研究 [J]．财贸经济，2009 (9)．

[146] 黄群慧, 贺俊. 中国制造业的核心能力、功能定位与发展战略: 兼评《中国制造2025》[J]. 中国工业经济, 2015 (6).

[147] 贺聪, 尤瑞章, 莫万贵. 制造业劳动力成本国际比较研究 [J]. 金融研究, 2009 (7).

[148] 刘新争. 比较优势、劳动力流动与产业转移 [J]. 经济学家, 2012 (2).

[149] 程承坪, 张旭, 程莉. 工资增长对中国制造业国际竞争力的影响研究: 基于中国 1980-2008 年数据的实证分析 [J]. 中国软科学, 2012 (4).

[150] 赵丹妮. 浅析劳动力密集型产业的衰落与出路: 以浙江省为例 [J]. 现代经济信息, 2014 (9).

[151] 娄杰. 单位劳动力成本对制造业出口的影响 [D]. 杭州: 浙江工商大学, 2015.

[152] 刘丹. 从"中国制造"到"中国创造"重新定位我国制造业: 从动态比较优势角度分析 [J]. 现代商贸工业, 2012, 24 (5).

[153] 陈长缨. 我国产业比较优势出现"跳跃式"升级 [J]. 中国经贸, 2013 (5).

[154] 周劲. 日韩产业结构升级中比较优势的变化及借鉴 [J]. 宏观经济管理, 2013 (3).

[155] 钱书法, 邰俊杰, 周绍东. 从比较优势到引领能力: "一带一路"区域价值链的构建 [J]. 改革与战略, 2017, 33 (9).

[156] 顾国达, 李金城, 张洪胜. 信息化能否增进一国高技术产业的比较优势?: 基于 1995—2011 年 39 国信息化和附加值贸易数据的实证研究 [J]. 浙江大学学报 (人文社会科学版), 2017, 47 (3).

[157] 卢万青, 陈万灵. 营商环境、技术创新与比较优势的动态变化 [J]. 国际经贸探索, 2018, 34 (11).

[158] 王耀中, 杨宝良. 西部开放中的比较优势分析与对外贸易战略选择 [J]. 求索, 2000 (6).

[159] 吕政. 论中国工业的比较优势 [J]. 中国工业经济, 2003 (4).

[160] 徐佳宾. 产业升级中的中国劳动成本优势 [J]. 经济理论与经济管理, 2005 (2).

[161] 岳希明, 任若恩. 测量中国经济的劳动投入: 1982—2000 年 [J]. 经济研究, 2008 (3).

[162] 辛永容. 基于单位劳动成本的中国制造业成本竞争优势实证研究 [D]. 南京: 南京航空航天大学, 2010.

[163] 胡放之，望艳．劳动成本、劳动生产率与中国制造业企业的竞争力 [J]．改革与战略，2012，28（2）．

[164] 武慧敏．中国制造业比较优势及影响因素研究 [J]．中国商贸，2014（7）．

[165] 毛琦梁，王菲．比较优势、可达性与产业升级路径：基于中国地区产品空间的实证分析 [J]．经济科学，2017（1）．

[166] 陈国生，张亨溢，赵立平，等．比较优势和竞争优势对地区制造业转移的影响 [J]．经济地理，2018，38（9）．

[167] 李晓钟，陈涵乐，张小蒂．信息产业与制造业融合的绩效研究：基于浙江省的数据 [J]．中国软科学，2017（1）．

[168] 张来武．产业融合背景下六次产业的理论与实践 [J]．中国软科学，2018（5）．

[169] 植草益．信息通讯业的产业融合 [J]．中国工业经济，2001（2）．

[170] 厉无畏，王慧敏．产业发展的趋势研判与理性思考 [J]．中国工业经济，2002（4）．

[171] 周振华．产业融合：产业发展及经济增长的新动力 [J]．中国工业经济，2003（4）．

[172] 马健．产业融合论 [M]．南京：南京大学出版社，2006．

[173] 朱瑞博．价值模块整合与产业融合 [J]．中国工业经济，2003（8）．

[174] 何立胜．产业融合与产业转型 [J]．河南师范大学学报（哲学社会科学版），2006（4）．

[175] 胡金星．产业融合的内在机制研究：基于自组织理论的视角 [D]．上海：复旦大学，2007．

[176] 胡永佳．产业融合的经济学分析 [M]．北京：中国经济出版社，2008．

[177] 徐盈之，孙剑．信息产业与制造业的融合：基于绩效分析的研究 [J]．中国工业经济，2009（7）．

[178] 汪德华，江静，夏杰长．生产性服务业与制造业融合对制造业升级的影响：基于北京市与长三角地区的比较分析 [J]．首都经济贸易大学学报，2010（2）．

[179] 姜博．产业融合与中国装备制造业创新效率 [D]．沈阳：辽宁大学，2015．

[180] 李琳，罗瑶．中国产业融合对制造业创新效率的影响研究 [J]．区

域经济评论, 2019 (1).

[181] 胡晓鹏. 中国经济增长与产业结构变动的联动效应探析 [J]. 产业经济研究, 2003, 11 (6).

[182] 刘保珺. 我国产业结构演变与经济增长成因的实证分析 [J]. 经济与管理研究, 2007 (2).

[183] 李猛. 产业结构与经济波动的关联性研究 [J]. 经济评论, 2010 (6).

[184] 杨明强, 李世新, 郭庆然. 产业融合与产业竞争力相关性研究 [J]. 统计与决策. 2004 (10).

[185] 马军. 产业融合下的我国制造业发展 [J]. 企业管理, 2011 (2).

[186] 何立胜. 产业融合与产业竞争力 [J]. 河南社会科学. 2005 (3).

[187] 王忠文. 产业融合的效应分析 [J]. 商场现代化. 2007 (9).

[188] 张章颖, 陈莉平. 产业融合背景下产业合作网络的嵌入性竞争优势 [J]. 科技进步与对策, 2009, 26 (18).

[189] 吴福象, 朱蕾. 技术嵌入、产业融合与产业结构转换效应: 基于北京与上海六大支柱产业数据的实证分析 [J]. 上海经济研究, 2011 (2).

[190] 周正平, 冯德连. 产业融合: 中国制造业优势创造探析 [J]. 福建论坛 (人文社会科学版), 2013 (11).

[191] 厉无畏. 产业融合与产业创新 [J]. 上海管理科学, 2002 (4).

[192] 胡汉辉, 邢华. 产业融合理论以及对我国发展信息产业的启示 [J]. 中国工业经济, 2003 (2).

[193] 胡永佳. 产业融合的经济学分析 [D]. 北京: 中共中央党校, 2007.

[194] 周振华. 产业融合与新型工业化道路 [J]. 天津社会科学, 2004 (3).

[195] 李林. 产业融合: 信息化与工业化融合的基础及其实践 [J]. 上海经济研究, 2008 (6).

[196] 刘珂. 产业融合推动产业集群升级的路径探析 [J]. 郑州轻工业学院学报 (社会科学版), 2009, 10 (1).

[197] 单元媛, 赵玉林. 国外产业融合若干理论问题研究进展 [J]. 经济评论, 2012 (5).

[198] 李芮. 产业融合: 我国产业结构转型升级的路径选择 [J]. 现代管理科学, 2015 (6).

［199］黄群慧，霍景东. 产业融合与制造业服务化：基于一体化解决方案的多案例研究［J］. 财贸经济，2015（2）.

［200］赵玉林，裴承晨. 技术创新、产业融合与制造业转型升级［J］. 科技进步与对策，2019，36（11）.

［201］高智，鲁志国. 产业融合对装备制造业创新效率的影响：基于装备制造业与高技术服务业融合发展的视角［J］. 当代经济研究，2019（8）.

［202］姜博，马胜利，唐晓华. 产业融合对中国装备制造业创新效率的影响：结构嵌入的调节作用［J］. 科技进步与对策，2019，36（9）.

［203］姜巍. 适应新常态：中国制造业产业结构需要深度变革与调整［J］. 中国发展观察，2015（1）.

［204］黄群慧. 论中国工业的供给侧结构性改革［J］. 中国工业经济，2016（9）.

［205］彭长桂，吕源. 制度如何选择：谷歌与苹果案例的话语分析［J］. 管理世界，2016（2）.

［206］韩炜，杨俊，陈逢文，等. 创业企业如何构建联结组合提升绩效？：基于"结构—资源"互动过程的案例研究［J］. 管理世界，2017（10）.

［207］云乐鑫，杨俊，张玉利. 创业企业如何实现商业模式内容创新？：基于"网络—学习"双重机制的跨案例研究［J］. 管理世界，2017（4）.

［208］项国鹏，李武杰，肖建忠. 转型经济中的企业家制度能力：中国企业家的实证研究及其启示［J］. 管理世界，2009（11）.

［209］蔡宁，贺锦江，王节祥. "互联网+"背景下的制度压力与企业创业战略选择：基于滴滴出行平台的案例研究［J］. 中国工业经济，2017（3）.

［210］杨德明，刘泳文. "互联网+"为什么加出了业绩［J］. 中国工业经济，2018（5）.

［211］刘江鹏. 企业成长的双元模型：平台增长及其内在机理［J］. 中国工业经济，2015（6）.

［212］吕一博，韩少杰，苏敬勤. 翻越由技术引进到自主创新的樊篱：基于中车集团大机车的案例研究［J］. 中国工业经济，2017（8）.

［213］罗仲伟，李先军，宋翔，等. 从"赋权"到"赋能"的企业组织结构演进：基于韩都衣舍案例的研究［J］. 中国工业经济，2017（9）.

［214］吉艳平，韩明华，郑大亮. 制造企业智能化升级路径选择研究：基于企业主体的视角［J］. 经济体制改革，2018（6）.

［215］刘海兵. 创新情境、开放式创新与创新能力动态演化［J］. 科学学

研究, 2019, 37 (10).

[216] 向永胜, 魏江, 郑小勇. 多重嵌入对集群企业创新能力的作用研究 [J]. 科研管理, 2016, 37 (10).

[217] 张治河, 潘晶晶, 李鹏. 战略性新兴产业创新能力评价、演化及规律探索 [J]. 科研管理, 2015, 36 (3).

[218] 吴岩. 新创企业网络能力对创新能力的影响研究: 基于知识管理能力的中介作用 [J]. 科学学研究, 2014, 32 (8).

[219] 徐立平, 姜向荣, 尹翀. 企业创新能力评价指标体系研究 [J]. 科研管理, 2015 (S1).

[220] 张军, 许庆瑞, 张素平. 企业创新能力内涵、结构与测量: 基于管理认知与行为导向视角 [J]. 管理工程学报, 2014 (3).

[221] 田丹, 赵杨. 从服务创新到基础软件创新: 中国软件企业技术能力成长范式研究 [J]. 中国软科学, 2014 (5).

[222] 詹雯婷, 章熙春, 胡军燕. 产学研合作对企业技术能力结构的双元性影响 [J]. 科学学研究, 2015, 33 (10).

[223] 原毅军, 于长宏. 产学研合作与企业内部研发: 互补还是替代?: 关于企业技术能力 "门限" 效应的分析 [J]. 科学学研究, 2012, 30 (12).

[224] 朱方伟, 于淼. 基于技术知识系统的企业技术能力演化研究 [J]. 科研管理, 2015, 36 (1).

[225] 林亚清, 赵曙明. 基于战略柔性与技术能力影响的制度支持与企业绩效关系研究 [J]. 2014, 36 (1).

[226] 吴伟伟, 刘业鑫, 于渤. 技术管理与技术能力匹配对产品创新的内在影响机制 [J]. 管理科学, 2017, 30 (2).

[227] 李光泗, 沈坤荣. 技术能力、技术进步路径与创新绩效研究 [J]. 科研管理, 2013, 34 (3).

[228] 江志鹏, 樊霞, 朱桂龙, 等. 技术势差对企业技术能力影响的长短期效应: 基于企业产学研联合专利的实证研究 [J]. 科学学研究, 2018, 36 (1).

[229] 闫泽斌, 杨治, 周南. 企业技术能力对外部技术利用的影响 [J]. 管理评论, 2017, 29 (7).

[230] 彭学兵. 先前合作经验对技术外部获取方式选择的影响: 环境动态性和技术能力的调节效应 [J]. 南开管理评论, 2013, 16 (5).

[231] 何继江, 王路昊, 曾国屏. 以技术能力的商业开发促进科技成果转

化：以深圳清华大学研究院为案例 [J] . 科学学研究，2013，31（9）.

[232] 林筠，郭敏 . 知识流与技术能力：探索和利用性学习的中介作用 [J] . 科研管理，2016，37（6）.

[233] 赵曙明，张敏，赵宜萱 . 人力资源管理百年：演变与发展 [J] . 外国经济与管理，2019，41（12）.

[234] 闫佳祺，贾建锋，罗瑾琏 . 变革型领导的跨层级传递与追随力：人力资源管理强度和企业性质的调节效应 [J] . 科学学与科学技术管理，2017，38（10）.

[235] 刘小浪，刘善仕，王红丽 . 关系如何发挥组织理性：本土企业差异化人力资源管理构型的跨案例研究 [J] . 南开管理评论，2016，19（2）.

[236] 肖兴政，冉景亮，龙承春 . 人工智能对人力资源管理的影响研究 [J] . 四川理工学院学报（社会科学版），2018，33（6）.

[237] 赵曙明，席猛，蒋春燕 . 人力资源管理重要性与能力对企业雇佣关系模式选择的影响 [J] . 经济管理，2016，38（4）.

[238] 孙锐，李树文，顾琴轩 . 双元环境下战略人力资源管理影响组织创新的中介机制：企业生命周期视角 [J] . 南开管理评论，2018，21（5）.

[239] 陈志霞，周佳彬 . 信息化人力资源管理研究进展探析 [J] . 外国经济与管理，2017，39（1）.

[240] 孙锐 . 战略人力资源管理、组织创新氛围与研发人员创新 [J] . 科研管理，2014，35（8）.

[241] 杨浩，刘佳伟 . 最佳人力资源管理实践与企业绩效的关系研究 [J] . 科研管理，2015（S1）.

[242] 唐贵瑶，孙玮，贾进，等 . 绿色人力资源管理研究述评与展望 [J] . 外国经济与管理，2015，37（10）.

[243] 田立法 . 企业人力资本资源前沿研究述评与展望：基于分层面视角 [J] . 外国经济与管理，2014，36（8）.

[244] 刘善仕，孙博，葛淳棉，等 . 组织人力资源大数据研究框架与文献述评 [J] . 管理学报，2018，15（7）.

[245] 蒋晓荣，李随成 . 企业—供应商关系承诺影响因素探索性研究 [J] . 管理评论，2014，26（8）.

[246] 盛丹，王永进 ."企业间关系"是否会缓解企业的融资约束 [J] . 世界经济，2014，37（10）.

[247] 郭文钰，杨建君，李丹 . 企业关系对企业绩效的影响研究：资源冗

余与环境不确定性的调节效应［J］.科学学与科学技术管理，2020，41（2）.

［248］曹霞，宋琪.产学合作网络中企业关系势能与自主创新绩效：基于地理边界拓展的调节作用［J］.科学学研究，2016，34（7）.

［249］吴瑶，肖静华，谢康，等.从价值提供到价值共创的营销转型：企业与消费者协同演化视角的双案例研究［J］.管理世界，2017（4）.

［250］肖静华，谢康，吴瑶，等.企业与消费者协同演化动态能力构建：B2C电商梦芭莎案例研究［J］.管理世界，2014（8）.

［251］黄阳华，吕铁.市场需求与新兴产业演进：用户创新的微观经济分析与展望［J］.中国人民大学学报，2013，27（3）.

［252］熊勇清，李鑫，黄健柏，等.战略性新兴产业市场需求的培育方向：国际市场抑或国内市场：基于"现实环境"与"实际贡献"双视角分析［J］.中国软科学，2015（5）.

［253］李淑娟.信息技术服务业创新发展的影响因素与对策研究［J］.中国软科学，2015（2）.

［254］陈志祥，迟家昱.制造业升级转型模式、路径与管理变革：基于信息技术与运作管理的探讨［J］.中山大学学报（社会科学版），2016，56（4）.

［255］冉佳森，谢康，肖静华.信息技术如何实现契约治理与关系治理的平衡：基于D公司供应链治理案例［J］.管理学报，2015，12（3）.

［256］宁光杰，林子亮.信息技术应用、企业组织变革与劳动力技能需求变化［J］.经济研究，2014，49（8）.

［257］李坤望，邵文波，王永进.信息化密度、信息基础设施与企业出口绩效：基于企业异质性的理论与实证分析［J］.管理世界，2015（4）.

［258］黎文靖，李耀淘.产业政策激励了公司投资吗［J］.中国工业经济，2014（5）.

［259］游达明，朱桂菊.不同竞合模式下企业生态技术创新最优研发与补贴［J］.中国工业经济，2014（8）.

［260］韩超，肖兴志，李姝.产业政策如何影响企业绩效：不同政策与作用路径是否存在影响差异？［J］.财经研究，2017，43（1）.

［261］王朝阳，张雪兰，包慧娜.经济政策不确定性与企业资本结构动态调整及稳杠杆［J］.中国工业经济，2018（12）.

［262］南晓莉，韩秋.战略性新兴产业政策不确定性对研发投资的影响［J］.科学学研究，2019，37（2）.

［263］智强，苏竣，汝鹏，等.政策引导下的新兴产业技术创新模式：以

中国风电设备制造业为例［J］．国际经济评论，2013（2）．

［264］曾萍，邬绮虹，蓝海林．政府的创新支持政策有效吗?：基于珠三角企业的实证研究［J］．科学学与科学技术管理，2014，35（4）．

［265］苏敬勤，耿艳．政策作用下创新意愿转化为创新行为的机理研究［J］．科学学与科学技术管理，2014，35（5）．

［266］余明桂，范蕊，钟慧洁．中国产业政策与企业技术创新［J］．中国工业经济，2017（2）．

［267］张杰，陈志远，杨连星等．中国创新补贴政策的绩效评估：理论与证据［J］．经济研究，2015，50（10）．

［268］黄群慧，黄阳华，贺俊，等．面向中上等收入阶段的中国工业化战略研究［J］．中国社会科学，2017（12）．

［269］江飞涛，李晓萍．改革开放四十年中国产业政策演进与发展：兼论中国产业政策体系的转型［J］．管理世界，2018，34（10）．

［270］马庆国．管理统计：数据获取、统计原理与 SPSS 工具与应用研究［M］．北京：科学出版社，2002．

［271］马庆国．中国发展电子商务的现实道路：分析与实证［J］．管理世界，2004（2）．

［272］陈国权，周琦玮．基于空间维度的组织学习理论：组织从内部学习的模型［J］．技术经济，2016，35（12）．

［273］朱美荣．制造企业核心能力跃迁的动力机制研究［D］．哈尔滨：哈尔滨工程大学，2013．

［274］卫海英，骆紫薇．中国的服务企业如何与顾客建立长期关系?：企业互动导向、变革型领导和员工互动响应对中国式顾客关系的双驱动模型［J］．管理世界，2014（1）．

［275］袁小量．制造企业低碳竞争力演化研究［D］．哈尔滨：哈尔滨工程大学，2012．

［276］荣泰生．SPSS 与研究方法［M］．重庆：重庆大学出版社，2009．

［277］吴明隆．结构方程模型：AMOS 的操作与应用［M］．重庆大学出版社，2010．

［278］黄群慧，贺俊．"第三次工业革命"与中国经济发展战略调整：技术经济范式转变的视角［J］．中国工业经济，2013（1）．

［279］丁纯，李君扬．德国"工业4.0"：内容、动因与前景及其启示［J］．德国研究，2014（4）．

[280] 王喜文. 日本机器人新战略 [J]. 中国工业评论, 2015 (6).

[281] 郑大亮, 韩明华. "互联网+"环境下制造企业开放式创新模式研究: 红领集团的案例分析 [J]. 科技与经济, 2017, 30 (5).

[282] 中投顾问产业研究中心. 扼住智能制造的喉咙: 智能工厂 [J/OL]. 控制工程网, 2016-01-29.

[283] ISTIS. 产业升级, 制造业形成全球产业链 [J/OL]. 开放资源服务平台, 2006-08-01.

[284] 邹蕴涵. 我国产能过剩现状及去产能政策建议 [J]. 发展研究, 2016 (7).

[285] 国家信息中心分享经济研究中心. 中国制造业产能共享发展年度报告 (2018) [EB/OL]. 国家信息中心互联网门户网站, 2018-03-02.

[286] 黄群慧. 中国制造业有能力创造新辉煌 [J]. 中国领导科学, 2017 (5).

[287] 习近平. 决胜全面建成小康社会夺取新时代中国特色社会主义伟大胜利: 在中国共产党第十九次全国代表大会上的报告 [J]. 党建, 2017 (11).

[288] 国家发展和改革委员会, 商务部. 市场准入负面清单 (2019 年版) [EB/OL]. 国家发展和改革委员会门户网站, 2019-10-24.

## 二、英文文献

[1] GRUBER F E. Industry 4.0: A Best Practice Project of the Automotive Industry [C] // IFIP International Conference on Digital Product and Process Development Systems. Springer Berlin Heidelberg, 2013.

[2] KEINERT M, KRETSCHEMR F. Marking Existing Production Systems Industry 4.0 ready [J]. *production Engineering*, 2015 (2).

[3] ADENUGA O T, MPOFU K, BOITUMELO R I. Energy Efficiency Analysis Modelling System for Manufacturing in the Context of Industry 4.0 [J]. *Procedia CIRP*, 2019, 80.

[4] YU C C, YUANGYAI C, CHENG C Y. Intelligent Robot of Inclined Assembly Sequence Planning in Industrial 4.0 [J]. *MATEC Web of Conferences*, 2018, 192 (3): 01006.

[5] SHAN S, WEN X, WEI Y, et al. Intelligent manufacturing in industry 4.0: A case study of Sany heavy industry [J]. *Systems Research and Behavioral Science*, 2020, 37 (4).

［6］ Industrial Internet Consortium. The Industrial Internet Reference Architecture technical document ［DB/OL］. Iiconsortium, 2015-06-30.

［7］ LOEBBECKE C, PICOT A. Reflections on Societal and Business Model Transformation Arising from Digitization and Big Data Analytics: A Research Agenda ［J］. *Strategic Information Systems*, 2015, 24 (3).

［8］ THOBEN K D, WIESNER S, WUEST T. "Industries 4. 0" and smart manufacturing- a review of research issues and application examples ［J］. *International Journal of Automation Technology*, 2017, 11 (1).

［9］ KAGERMANN H, WAHLSTER W, HELBIG J. Recommendations for Implementing the Strategic Initiative INDUSTRIE 4. 0. Final report of the Industrie 4. 0 Working Group ［R］. München: acatech-National Academy of Science and Engineering, 2013.

［10］ RÜßMANN M, LORENI M, GERBERT P, et al. Industry 4. 0: The Future of Productive and Growth in Manufacturing Industries ［R/OL］. Boston Consulting Group, 2015-04-09.

［11］ SWINK M, NARASIMHAN, KIM S W. Manufacturing Practices and Strategy Integration: Effects on Cost Efficiency, Flexibility, and Market-Based Performance ［J］. *Decision Sciences*, 2005, 36 (3).

［12］ PORTER M E. Location, Competition, and Economic Development: Local Clusters in a Global Economy ［J］. *Economic Development Quarterly*, 2000, 14 (1).

［13］ PENEDER M. Industrial Structure and Aggregate Growth ［J］. *Structural Change and Economic Dynamics*, 2003, 14 (4).

［14］ DAVERI F, SILVA O. Not Only Nokia: What Finland Tells Us about " New Economy" Growth ［J］. *Economic Policy*, 2004, 19 (38).

［15］ MASAKAZU K, CHIHIRO W. External Stimulation Accelerating a Structural Shift to Service - oriented Industry - A Cross Country Comparison ［J］. Journal of Services Research, 2004, 4 (2).

［16］ ANDO M. Fragmentation and Vertical Intra-Industry Trade in East Asia ［J］. *The North American Journal of Economics and Finance*, 2006, 17 (3).

［17］ GEREFFI G. 3-International Trade and Industrial Upgrading in the apparel Commodity Chain ［J］. *Journal of International Economics*, 1999, 48 (1).

［18］ STURGEON T, LEE J R. Industry Co-Evolution and the Rise of a Shared Supply - base for Electronics Manufacturing ［R］. Aalborg: Nelson and Winter

Conference, 2001.

[19] KAPLINSKY R, MORRIS M. The Globalization of Product Markets and Immiserizing Growth: Lessons from the South African Furniture Industry [J]. *World Development*, 2002, 30 (7).

[20] COSTINOT A. On the Origins of Comparative Advantage [J]. *Journal of International Economics*, 2009, 77 (2).

[21] MELITZ M J, CUÑAT A. Volatility, Labor Market Flexibility, and the Pattern of Comparative Advantage [J]. *Journal of the European Economic Association*, 2012, 10 (2).

[22] KEESING, DONALD B. Labor Skills and Comparative Advantage [J]. *American Economic Review*, 1966, 56 (2).

[23] ROBERT E, BALDWIN. Determinants of the Commodity Structure of US Trade [J]. *American Economic Review*, 1971, 61 (1).

[24] CHOR D. Unpacking Sources of Comparative Advantage: A Quantitative Approach [J]. *Journal of International Economics*, 2010, 82 (2).

[25] LE Q P. Evaluating Vietnam's Changing Comparative Advantage Patterns [J]. *Asean Economic Bulletin*, 2010, 27 (2).

[26] HARADA T. Advantages of Backwardness and Forwardness with Shifting Comparative Advantage [J]. *Research in Economics*, 2012, 66 (1).

[27] AMOROSO N, CHIQUIAR D, RAMOS-FRANCIA M. Technology and Endowments as Determinants of Comparative Advantage: Evidence from Mexico [J]. *North American Journal of Economics and Finance*, 2011, 22 (2).

[28] ROSENBERG N. Technological Change in the Machine Tool Industry: 1840-1910 [J]. *The Journal of Economic History*, 1963, 23 (2).

[29] GAINES B. The Learning Curves: Underlying Convergence [J]. *Technological Forecasting and Social Change*, 1998, 57 (1-2).

[30] FAI F, TUNZELMANN N V. Industry-Specific Competencies and Converging Technological Systems: Evidence from Patents [J]. *Structural Change and Economic Dynamics*, 2001, 12 (2).

[31] LIND J. Convergence: History of Term Usage and Lessons for Firm Strategies [R]. Stockholm: Stockholm School of Economics, Center for Information and Communications Research, 2004.

[32] RASCHE C. Von der multiplen Positionierung zum multifokalen

Management ［M］// HINTERHUBER HANS H, FRIEDRICH STEPHAN A, AL-ANI, et al. Das Neue Strategische Management. Wiesbaden: Gabler Verlag Wiesbaden, 2000.

［33］III P E B, CHAKRABARTI A. Dynamic Knowledge Strategies and Industry Fusion ［J］. *International Journal of Manufacturing Technology and Management*, 2001, 3 (1).

［34］NIEDERGASSEL B, CURRAN C S, LEßING M, et al. What Drives Partners in Industry-academia Cooperation? A Special Consideration of Reducing Uncertainty Through Computational Chemistry ［J］. *International Journal of Technology Intelligence & Planning*, 2007, 3 (4).

［35］YOUNG A. gold into Base Metals: Productivity Growth in the People's Republic of China during the Reform Period ［J］. *Journal of Political Economy*. 2003, 111 (6).

［36］ACEMOGLU D, GUERRIERI V. Capital Deepening and Non-Balanced Economic Growth ［J］. *Journal of Political Economy*, 2008, 116 (3).

［37］BALLY N. Deriving Managerial Implications from Technological Convergence Along the Innovation Process: A Case Study on the Telecommunications Industry ［R］. Zurich: Swiss Federal Institute of Technology (ETH Zurich), 2005.

［38］GERUM E, SJURTS I, STIEGLITZ N. Industry Convergence and the Transformation of the Mobile Communications System of Innovation ［R］. Hessen: Phillipps University Marburg, Department of Business Administration and Economics, 2004.

［39］HACKLIN F, KLANG D, BASCHERA P. Managing the Convergence of Industries: Archetypes for Successful Business Models ［M］// SANDRA D, MATTHIAS K. Media and Convergence Management. Berlin Heidelberg: Springer Berlin Heidelberg, 2013.

［40］DRATH R, HORCH A. Industrie 4.0: Hit or Hype? ［Industry Forum］ ［J］. *IEEE Industrial Electronics Magazine*, 2014, 8 (2).

［41］LASI H, FETTKE P, KEMPER H-G, et al. Industry 4.0 ［J］. *Business & Information Systems Engineering*, 2014, 6 (4).

［42］Bitkom e. V., VDMA e. V., ZVEI e. V. Umsetzungsstrategie Industrie 4.0: Ergebnisbericht der Plattform Industrie 4.0 ［M］. Berlin: Bitkom Research GmbH, 2015.

[43] JÜRGEN G, ANJA C, CHRISISTIAN D. Innovationspotentiale auf dem Weg zu Industrie 4.0 [J]. Heinz Nixdorf Institut, 2015, 10.

[44] HERMANN M, PENTEK T, OTTO B. Design principles for Industrie 4.0 scenarios: a literature review [R]. Dortmund: Technische Universität Dortmund, 2015.

[45] POSADA J, TORO C, BARANDIARAN, et al. Visual Computing as a Key Enabling Technology for Industrie 4.0 and Industrial Internet [J]. *IEEE Computer Graphics and Applications*, 2015, 35 (2).

[46] FREUND C L, WEINHOLD D. The Effect of the Internet on International Trade [J]. *Journal of International Economics*, 2004, 62 (1).

[47] CHARLIE K, GUNTHER M, MICHAELA T, et al. ICT and Regional Economic Dynamics: A Literature Review [R]. Luxembourg: Publications Office of the European Union, 2010.

[48] BOOTHBY D, DUFOUR A, TANG J. Technology Adoption, Training and Productivity Performance [J]. *Research Policy*, 2010, 39 (5).

[49] BAYO-MORIONES A, BILLON M, LERA-LOPEZ F. Perceived performance effects of ICT in manufacturing SMEs [J]. *Industrial Management & Data Systems*, 2013, 113 (1).

[50] CHURCHILL G A. A Paradigm for Developing Better Measures of Marketing Constructs [J]. *Journal of Marketing Research*, 1979, 16 (1).

[51] TREGENNA F. Manufacturing Productivity, Deindustrialization, and Reindustrialization [J]. UNU-Wider, 2011, 119 (4).

[52] The White House. 2013 Economic Report of the President [R/OL]. The White House, 2013-03-14.